作者简介

杨 兰 贵州大学文学与传媒学院副教授。早年从事民俗宗教文化的田野调查与研究，近十年致力于教育扶贫、乡土教育与文化传承的行动研究，对贫困与教育的相关因素有较多关注。在《教育发展研究》等海内外学术刊物发表《"后撤点并校"时代小规模学校的复兴》等论文30余篇。

教育部2012年规划基金一般项目"'撤点并校'产生的教育资源配置均衡问题及其对策——以贵州省为例"（课题编号12YJA880154）研究成果

『撤点并校』产生的

教育资源配置均衡问题

及其对策

以贵州省为例

杨　兰◎著

人民日报学术文库

人民日报出版社

图书在版编目（CIP）数据

"撤点并校"产生的教育资源配置均衡问题及其对策：
以贵州省为例／杨兰著．—北京：人民日报出版社，
2018.6

ISBN 978－7－5115－5555－7

Ⅰ．①撤… Ⅱ．①杨… Ⅲ．①农村学校—中小学教育
—教育资源—资源配置—研究—贵州 Ⅳ．①G639.21

中国版本图书馆 CIP 数据核字（2018）第 140670 号

书　　名："撤点并校"产生的教育资源配置均衡问题及其对策——以贵州省为例
作　　者：杨　兰

出 版 人：董　伟
责任编辑：陈　红　黄慧琳
装帧设计：中联学林

出版发行：人民日报出版社
社　　址：北京金台西路 2 号
邮政编码：100733
发行热线：（010）65369509　65369846　65363528　65369512
邮购热线：（010）65369530　65363527
编辑热线：（010）65369844
网　　址：www.peopledailypress.com
经　　销：新华书店
印　　刷：三河市华东印刷有限公司

开　　本：710mm×1000mm　1/16
字　　数：278 千字
印　　张：15.5
印　　次：2018 年 8 月第 1 版　　2018 年 8 月第 1 次印刷

书　　号：ISBN 978－7－5115－5555－7
定　　价：68.00 元

序 言

探索农村教育发展的正确道路

杨东平

看到杨兰这本书稿的时候,正值云南昭通市的"冰花男孩"刚刚成为"网红",而热心乡村教育公益的马云,呼吁取消100人以下乡村小规模学校、发展"寄宿制"学校的言论引爆了舆论。这一现象至少说明了两个问题:一是农村贫困地区的义务教育问题还没有得到很好的解决;二是如何解决这一问题,也还没有形成基本的共识。

农村教育究竟应该如何发展,使之适应社会现代化的实际需要,是中国教育没有解决好的重大而复杂的问题。新世纪以来,农村持续时间最长、执行力度最大的教育政策,俗称的"撤点并校",也就是马云所主张的集中规模办学、发展农村"寄宿制"学校的思路。效果究竟如何呢?"冰花男孩"已经提供了一个回答。因而,破解农村教育的困境,重要前提之一,就是对这一已经实行了十多年的教育政策进行专业地评价和反思,从学校教育、资源配置、人口流动、民生和社会保障等角度综合认识农村教育的真相与问题,从而"对症下药",校正我们再出发的坐标。

这正是杨兰的这本《"撤点并校"产生的教育资源配置均衡问题及其对策——以贵州省为例》的价值。尽管围绕这一政策的研究已经不少,但本书仍然有独特的理论价值。杨兰和她的团队长期扎根贵州农村,开展多种教育实践和调查研究。本课题是以长顺县和雷山县两个少数民族县为样本的实证研究,运用多种政策分析方法透视"撤点并校"现象,扎实的田野调查提供了十分丰富的山区教育变迁的信息,不仅反映了农村教育具有普遍性的问题,也反映了少数民族地区具有特殊性的教育问题,十分发人深思。

书中描述的贵州农村"撤点并校"的进程大致是这样的:2000 年

前是将高中集中到县城,多个初中合并为一个初中;2000年后开始大规模的小学撤并,2004年开始举办"寄宿制"学校,2006年前后举全力进行"寄宿制"学校攻坚,2011年农村"寄宿制"学校按照初中为主、小学为辅的方针建设,农村学校逐渐形成小学进乡(镇)、初中进(县)城的格局。可见,在以集中办学、效率优先的"撤点并校"过程中,教育资源逐渐上移,农村中小学被一步步地抽离出农村,形成目前农村教育三类学校并存的格局:县城的大规模、大班额学校,乡镇以"寄宿制"学校为主,乡以下的为村小、教学点,即小规模学校。这是在西部农村具有普遍性的教育图景。这三类学校的问题各不相同,但都很严重,需要区别对待、加以针对性解决。

对一项公共政策的不同评价,归根结底基于不同的价值观,因为公共政策的定义之一,就是对社会价值所做的权威性分配。围绕"撤点并校"政策,可以清晰地看到不同的利益相关方各不相同的价值立场。

由于大规模撤并学校可以大量节省教育经费,方便行政管理,从提高行政管理和资源配置效益的角度来看,政府是这一政策最主要的推动者和受益者。这一动机而后叠加了拉动城镇化、满足自上而下的政绩评价等其他非教育的因素,因而所向披靡,势不可当。这一政策设计的初衷,是认为集中资源办学,教师配置充足,课程可以开齐开全,因而可以提高教育质量。但是,诸多研究显示,它对于初中阶段的学业改善较为有效,而对小学阶段的影响并不显著。因为学校设施仅仅是影响学业成绩的一方面;在儿童的情感和生活需求未被满足之时,课程和教学设施是难以奏效的。对儿童尤其是低龄儿童影响最大的,是情感和安全感的匮乏、脱离家庭的孤独感、生活难以自理,甚至受到欺凌和侵害,等等。

因而,多数农村家长本能地反对撤并学校,正是基于"儿童中心"的立场,考虑到儿童的安全、情感、健康,认为让低幼儿童寄宿或者长途跋涉是有违伦理的。其实教育部也明确规定三年级以下不得实行寄宿,但在现实中,这一规定基本被管理主义的价值所颠覆。本研究的调查显示,半数学生不喜欢"寄宿制"生活,因为缺少父母关爱,生病没人照顾,学校人多、不讲究卫生,学习受打扰、冬天学习很冷,等等。家长对"寄宿制"办学的认可程度低:"因为孩子太小,担心在学校晚上睡觉踢被子,感冒生病,生了病也不放心他独自去学校;星期天回来回去的担心路上摔跤,打架,路程太远,那天整天都不安心去干活。"还有一些家长则担忧老师无法管教,担心孩子学坏,只得带孩子一同出去打工。

　　"效率优先"、城镇化导向的"撤点并校"政策,伤害最大的就是教育公平的价值。集中资源办学、学校进城进镇,被管理者视为缩小学校差距、促进教育公平之举;但教育资源的层层上移,造成"城挤乡空村弱"的局面,事实上是加大了城乡教育差距。教育公平更为基本的方面,是关注并改善处于最不利地位的弱势群体的处境。"学校进城"满足的是有能力进城择校的农民家庭的需求,而沉淀在底层的小规模学校、后20%弱势群体的利益则在很大程度上被忽视了。农村教育"底部攻坚"需要关注和改善的,就是这一群体。

　　由于"寄宿制"学校被视为农村教育问题的"最佳方案"和"目标模式",因此特别需要加以讨论。只要稍微深入一些,就可以知道农村"寄宿制"学校的现实远不是那么美好,面临的困难和问题很多。譬如交通问题,在西南山区由于山高谷深,村民居住分散,路况差,学校撤并后大部分的村寨学生上学行程遥远,校车接送机制尚未形成,即便实施车辆接送,大型车进不去,小型车成本高。现实的情况是62.75%的学生步行,3.92%坐校车,11.76%坐营运中巴车,7.84%坐农用车,5.88%坐黑面的,5.88%坐摩托车。又如教师配置问题,教辅人员奇缺,实行营养午餐,买菜、买粮、打饭、算账都需老师去完成,致使老师负担倍增。饮食和交通费用,则加重了学生家庭的经济负担。歌露营的专项调查通过对住校生和走读生的比较,发现寄宿会增加农村学生的抑郁风险,住校生更容易沦为校园霸凌中的受害者,其学业成绩显著低于走读生。此外,住校生在身体发育及自尊心上也落后于走读生,低龄住校的儿童尤为显著。

　　其实,世界各国都有在地广人稀的地区包括草原、山区举办的教育,但几乎没有将"寄宿制"作为解决方案的,都是办好家门口的学校,

3

让儿童就近入学并生活在家庭之中。解决家校距离过远的方法主要是校车接送。我国农村之所以走上以"寄宿制"学校为主的道路,从90年代起在西部普及义务教育的过程中,财政部、教育部就力推"寄宿制"学校,主要还是教育投入不足的制约,通过集约化、规模化的方式少花钱而普及教育。教育投入不足至今仍然是我国农村教育的基本制约,但解决的方案似乎应当是国家的财政支出切实加大教育的比重;在教育财政的分配中,给予农村基础教育更大的比重,改变长期以来重高等教育、轻基础教育的弊病,而不是将负担转移给弱势的农民家庭。

今天讨论农村教育的出路,其实并不是"寄宿制"学校与小规模学校之争,因为无论是"寄宿制"学校还是小规模学校,决定性的因素都是教师,只要教师的供给和品质得以保障,这两种学校都可以办好。此外,农村教育的变革也不仅仅是增加教育经费这样的简单诉求。如果我们花很多钱,让一小部分农村孩子挣扎着进入大学,大多数人成为教育的失败者甚至过早地离开学校,这是我们的理想吗?或者说,模仿和照搬城市化的应试教育,是农村教育的出路吗?例如,本研究所揭示的,民族地区儿童的汉语教学从汉语拼音开始,难倒一大片,使他们一上学就成为"学困生",这就完全不是钱的问题。又如,即便在村小执教的农村老师,也已经对乡土文化、民族文化无所知晓,缺乏相应的情感和技能。这些事实都揭示了农村教育问题的复杂性。

我们需要回答什么是农村教育发展的正确道路,什么是真正符合农村需要的教育,这需要对教育进行整体性地反思。这也是一个世界潮流。2015年年底,联合国教科文组织发布的研究报告《反思教育:向"全球共同利益"的理念转变》,提出要重新审视教育目的。"教育的经济功能无疑是重要的,但我们必须超越单纯的功利主义观点以及众多国际发展讨论体现出的人力资本理念。教育不仅关系到学习技能,还涉及尊重生命和人格尊严的价值观,而这在多样化世界中是实现社会和谐的必要条件。"①

---

① 联合国教科文组织编. 反思教育:向"全球共同利益"的理念转变? [M]. 北京:教育科学出版社,2017.

超越功利主义、经济主义、城市中心、学科中心的视角，我们可以获得关于好的农村教育全新的认知。如《重新定义发展中国家的教育》的作者揭示的，贫穷国家辍学率高的重要原因之一，是教学内容与生活严重脱节，上学对于生活改善和就业无用。长久以来，教育投资者和研究者的行为基于一个从未被怀疑过的假设，即"只要考试分数提高了，投入就是值得的"。教育规划重点关注的数学、科学、语言和社会研究领域的西方传统教学模式，虽然可能会提升学习者的知识水平，却对改善贫困儿童的生活状况没有多少帮助。而诸如洗手之类健康生活习惯的养成、简单的预防措施就可大幅减少疾病，提高预期寿命。因而，作者相信"贫困地区的学生需要的不是更多的学业方面的技能，他们更需要能够让他们提升自己收入前景和身心健康的生活及生存技能。这些技能包括财商素养、创业技能、维持自身健康的能力以及一些管理能力，如团队合作，问题解决和项目管理的能力"。这种被称为"为生活而教"的新的教育模式，学校的教育目标从"达到一定标准测试的考试成绩"，转变为"对学生及其社区的经济和社会福祉产生积极的影响"。通过以学生为中心的小组学习的方法，学习与生活相关的内容并在实践中加以应用，在这一过程中增强学生的自信和成就感。在他们离开学校后，无论是上大学还是留在乡村，都更能获得成功。①

其实，这与20世纪二三十年代我国的乡村建设中，陶行知提出的生活即教育的理念一脉相承："来自生活的教育，依据生活而教育，为改善生活而教育。"这种因地制宜、面向农村、面向生活的教育，也是低成本的。陶行知认为要在一个落后的农民国家普及教育，一是要省钱，二是要省时间，三是要通俗，用穷办法普及穷人所需要的"粗茶淡饭的教育"，反对用浪费的方法去普及穷人所不需要的"少爷教育""小姐教育""书呆子教育"。20世纪80年代后期，国家开展的农村教育综合改革，主张普通教育、职业教育、成人教育"三教统筹"，促进农

---

① Mark J. Epstein & Kristi Yuthas. 重新定义发展中国家的教育——我们需要新的方法去构建相关的市场、创业精神和健康保健方面的技能[Z]. Winter 2012. Http://t. cn/RpDSW-pD.

科教相结合,在农村取得了积极的成效,可惜后来"无疾而终"。这些都是需要认识和接续的农村教育的"中国故事""中国经验"。

伴随乡村振兴战略的实施和落实国务院《关于全面深化新时代教师队伍建设改革的意见》,我国农村教育的改革发展也在进入新时代。相信在已有研究的基础上,杨兰和她的团队的农村教育研究,将有新的发现和贡献,再结硕果。

2018 年 2 月 12 日

前　言

一、选题缘由

"撤点并校"政策又称"集中资源办学"政策,是萌芽于1992年、正式实施于2001年的中国农村基础教育布局调整政策。该政策实施以来,取得了一系列的成效,部分地区学校规模扩大、教育资源配置得到了优化、农村教育质量得到了提高。然而在这一过程中,资源集中并未带来预期效益,反而造成资源的限制或短缺,加重了农村孩子的体能消耗和心理负担,出现普遍推迟入学年龄、担心道路安全问题而失学辍学或阶段性失学、初中辍学严重等问题。

随着城镇化的发展,持续多年的农村"撤点并校"、集中资源办学政策,演变为"学校进城"的运动,出现"高中进县城、初中进乡镇、小学寄宿制"的新趋势,有的地方甚至出现兴办农村义务"教育园区"的现象。民进中央向2012年全国"两会"提交的提案显示:"从2000年到2010年十年间,我国农村的小学减少了一半,从55万所减少到26万所,平均每天消失56所农村小学,初中从6.4万所减少到5.5万所。"①农村学校日渐萎缩凋敝,教学点师资稀缺,陷入困境,甚至成为农村孩子辍学的新诱因。在学龄人口日渐减少、理应实行"小班小校"的人性化教育之时,县城的学校却人满为患,班额和学校越来越大,教育资源的配置与新课程改革的目标实现形成矛盾。

虽然"撤点并校"是一个老话题,然而从教育资源配置均衡的角度以及保障儿童公平教育及安全来看,重新审视"撤点并校"仍具有明显的现实意义。

2012年9月7日,国务院出台了《关于规范农村义务教育学校布局调整的意见》,要求各地"暂停农村义务教育学校撤并,坚决制止盲目'撤点并校'。对于撤

---

① 农村小学10年减少近30万所　民进中央建议设底线[Z]. Http://www. sina. com. cn. 2012年03月13日08：46《南方日报》。

并带来的突出问题必须认真解决,同时采取多种措施办好村小和教学点"。① 为了进一步了解"撤点并校"过程中产生的中心学校规模过大、学生班额过大、教学点师资稀缺等教育资源配置不均衡现象背后的深层原因和制度因素,本选题将从教育管理学的角度,以贵州省长顺、雷山等县一些典型的城乡中心学校及对有关领导部门的相关统计信息为研究对象,并对学校校长、教师、学生及学生家长等进行详细地问卷调查和访谈,收集上述群体对"撤点并校"政策实施情况的了解程度、学校撤并状况、过程原因、学生上学情况等信息,进而深入研究教育资源分配不均的制度决定因素,以期为"撤点并校"的科学实施及促进区域性教育公平提供有益的对策。

二、研究范畴的界定

(一)何为教育资源

教育资源是人类公共的社会资源,包括教育资产、经费、设施等硬件,也包括教育制度、理念、知识、经验、技能等软件,同时,它还是教育领域内外人际关系的总和。

许丽英(2007)认为:"教育资源,指维持、组成、参与并服务于教育系统的一切资源,包括人力资源、物力资源、财力资源、时空资源、信息资源、文化资源、权力资源、制度资源、政策资源、关系资源……其中人、财、物等物质性资源是最基础的教育资源,也是教育得以运转的基础和前提……文化资源、权力资源、制度资源、政策资源、关系资源等非物质社会性资源虽然不能作为独立的要素直接参与教育过程中,但这些资源在教育资源系统中往往具有支配性地位,它们直接或间接地影响和支配着人、财、物等物质性资源的获取。"②

本研究涉及的教育资源包括投入教育系统的人、财、物,即资产、经费、设施如校舍、食堂、教学设备等硬件,也包括教育政策、制度、权力、教育理念、知识、经验、技能、课程等软件,教育管理者、教师、教辅人员、学生、家长等人力资源。

(二)什么是教育资源配置

"教育资源配置是指各种教育资源,包括人力、物力、财力、时空、信息、文化、

---

① 国务院办公厅. 关于规范农村义务教育学校布局调整的意见(国办发〔2012〕48 号)〔Z〕. 中华人民共和国中央人民政府网站. Http://www. gov. cn/zwgk/2012 – 09/07/content_2218779. htm.

② 许丽英. 教育资源配置理论研究——缩小教育差距的政策转向〔D〕. 东北师范大学博士学位论文. 中国知网, http://kns. cnki. net/KCMS/detail/detail. aspx？ dbcode = CDFD&dbnam.

权力、制度、政策、关系等,在各种不同的使用方向之间的分配。"①主要包括四个层面的内容:第一是社会总资源对教育的分配,例如,我国教育资源的配置占 GDP 的 4%,这是以下各层次教育资源配置的前提;第二是教育资源在各级各类教育间的分配,比如,在民办学校与公办学校之间,在学前教育、初等(基础)教育、中等教育、高等教育之间的分配;第三是在各级各类教育系统内的分配,例如,高等教育资源在各高等学校之间的分配、中等教育资源在各中等学校之间的分配、初等教育资源在基础教育学校之间的分配;第四是指教育资源在各地区教育间的分配,例如,不同的省市之间、县与县之间、东部与西部、城市与农村之间的教育资源分配。

"教育资源由谁配置、配置给谁以及如何配置(教育资源的配置原则、配置方式等)决定了教育资源配置的基本格局。"②教育资源最基本的配置方式有政府配置与市场配置两种方式,通常情况下,"义务教育阶段的教育资源配置主要受政府权力控制,而市场则是作为一种补充性因素存在"③。在我国,基础教育属于公共产品,主要由政府来配置。"撤点并校",就是一种政府对农村基础教育进行配置的方式,其核心是农村中小学学校布局结构的调整,既包括中等、初等学校的数量、校舍、规模、类型("寄宿制"与非"寄宿制")的调整,也包括各类师资(教学、教辅、后勤人员等)、教学设备、教学资源(教材、课程设计、课件、网络媒体教育信息源等)的配置。

(三)教育资源的均衡配置

教育资源具有稀缺性和有限性的特点,由于地区之间、教育相关利益群体之间经济发展与权力的差异,导致教育资源的配置或教育的发展呈现不均衡及差异性的动态特征。教育资源的均衡配置,其实质是对教育均衡发展的追求。教育均衡发展的理论基础是教育公平。

王璐(2013)认为:"教育均衡发展理念以教育公平理论为基石,但是教育公平理论强调的是机会、结果与状态的平等,而教育的均衡发展理念则是一个考虑到区域均衡、学校均衡、群体均衡、质量均衡、资源均衡配置和尊重差异等纬度的整体理论架构,是为了达到教育公平的目的,对相关政策、条件和资源的合理掌控与

---

① 许丽英.教育资源配置理论研究——缩小教育差距的政策转向[D].东北师范大学博士学位论文.中国知网,http://kns.cnki.net/KCMS/detail/detail.aspx?dbcode=CDFD&dbnam.

② 同上.

③ 同上.

调配。"①

　　翟博(2006)把教育均衡发展分为三个层次:"从宏观层面分析是教育供给与需求的均衡,从中观层面分析是教育资源配置的均衡,从微观层面分析是学校教育过程包括内部课程教学资源配置的均衡、教育结果的均衡以及教育评价的均衡。"②

　　基础教育的均衡发展包括了以上三个层面的内容。其中"基础教育在学校间实现均衡发展,包括学校布局和规模均衡合理,学校教育经费投入、设备设施、师资配备、生均教育资源、学生生源均衡等多方面,这是实现学校教育均衡发展的基础"③。农村中小学布局结构调整即"撤点并校"正是出于"实现学校教育均衡发展"而出台的教育资源配置政策。

　　本研究将教育视为公共产品,所涉及的教育资源配置,主要指政府配置的人、财、物资源,仅指贵州农村中小学学校的数量、规模、类型及各类师资的配置情况,涉及学校教育过程的均衡发展问题,包括决定人、财、物配置的权力、制度、政策、关系等非物质社会性资源。

　　本研究认同教育资源的配置原则是使有限的教育资源得到充分有效的利用及促进教育的均衡发展,教育资源的配置以公平、效率、稳定为目标,在不同的条件下,公平和效率是有冲突的,而稳定的教育投入则有利于缩小地区之间的差异,最大化地实现教育资源均衡的配置。教育作为公共产品,公平的原则宜优于效率的原则。因此,本研究更注重在教育发展差异化的前提下,如何解决"撤点并校"过程中产生的教育资源配置失衡问题,最大化地实现教育资源的均衡配置,最大化地保障教育弱势社群得到最基本的教育公平和最具可能性的优质发展。

　　三、研究方法

　　(一)多学科的视域和多种研究方法的结合

　　作为一个与村落社区、城镇化发展诸多问题关联,和政府、学生、家长、教师等群体利益相关的农村中小学布局调整的公共政策,其教育资源配置均衡问题不仅仅是一个教育经济学或教育管理学的问题,也是一个社会学的问题,或许也涉及区域文化和民族文化传承与发展问题,因此,本课题尝试以多学科的视域和多种研究方法的结合进行研究。

---

① 王璐.国际视野下的义务教育均衡发展研究:理论基础、对象层次与任务内容[J].比较教育研究.2013(2).
② 翟博.教育均衡发展:理论、指标及测算方法[J].教育研究.2006(3).
③ 翟博.教育均衡发展:理论、指标及测算方法[J].教育研究.2006(3).

1. 文献研究法

阅读和学习国家有关农村学校布局调整的政策文件、公开的统计数据资料、教育研究者和工作者相关的研究成果,梳理学术界近十年来主要的研究发现、研究视角、观点和进展,为本研究积累丰富的学术基础。

2. 问卷调查法

以贵州长顺、雷山县为样本,利用课题组设计的《学校布局调整情况调查问卷 A(家长问卷)》《学校布局调整情况调查问卷 B(教师问卷)》《学校布局调整情况调查问卷 C(学生问卷)》和《学校基本情况调查表》,除被访者的基本情况外,调查了解样本学校撤并标准和依据、撤并预期效益(成本与质量)实现情况、资金投入(校舍与校车)、人员(教师及保育员、司机)投入、道路交通路况及投入、学校规模、班额与可及的服务、学生安全(路途住宿及午餐)、食堂与午餐管理、家庭经济成本、学校课程、家庭教育与本土文化传承等情况,为课题的研究提供第一手的资料。

3. 访谈法

分别与教师、教育部门的管理者、学生、家长等"撤点并校"中的利益相关群体进行一对一的半结构访谈,或参与式的小组访谈,以了解"撤点并校"计划的产出过程、实施情况、成绩效果评价、困难和问题、解决的办法和建议、不同利益群体的角色及行为选择等。

(二)研究方法的具体运用

1. 量的研究。通过近十年贵州省实施集中资源办学以来的学校数、学生人数、教师人数、教学点等宏观统计资料,对贵州省"撤点并校"状况进行研究,在确凿的数据资料基础上,描述贵州"撤点并校"农村学校的动态变化,形成自己的研究发现。

2. 质的研究。本研究将采用一对一访谈与参与式调查等质的研究方法。由于要讨论"撤点并校"对教育资源新失衡问题的影响,该部分采取了访谈法收集信息,并从中去发现教师、家长、学生行为选择的决策因素。

3. 比较法。纵向比与横向比相结合。通过纵向比主要考察不同区域的不同地理、经济条件下的学生进入不同学校的机会,通过横向比较来探究家庭背景等对学生入学机会的影响。

四、研究框架和思路

(一)研究思路

首先对集中资源办学("撤点并校")政策的出台及相关文件进行历史回顾,描述研究发展现状,通过调研和文献回顾,揭示出当前"撤点并校"过程中存在的问题。从存在的问题入手,引出不同利益群体在保留撤并校点和选择学校过程中的具体行为表现。

研究将建立在大量调查基础上,从主管教育部门的管理、农户行为选择的目的、学校发展的限制因素、教师教学资源的配备和利用、学生课堂教学需求及其对教育资源均衡的认知、参与程度、各相关群体在教育资源配置中的行为表现等,分析他们的行为选择、行为主体意识、行为差异,进而分析其行为发展的限制因素及制度需求。

通过以上分析,提出农村教学点或小规模学校的建设发展、科学分配教学班额、教师及教学管理资源配置优化的路径分析,从制度创新的角度提出相应的政策建议。

(二)研究框架

1. 第一部分:文献研究

通过文献研究,对"撤点并校"的政策背景与现实存在的问题及需求进行介绍。2006 年集中资源办学政策("撤点并校")正式出台以来,已在很多农村地区取得了较好的效果。但是随着城镇化进程的加快,城乡教育资源配置不均日益凸显,部分学校教学点超班、超额上课现象严重,导致教育资源利用率不高,教学质量偏低,交通安全问题成疑,"寄宿制"学校管理不完善,小规模学校出现困境。

2. 第二部分:主体内容

(1)宏观统计数据的说明与应用

本部分是对研究所用数据的概况介绍,主要包括研究过程与数据来源、数据分析方法及数据特征等统计描述,如男女性别比例,民族分布,城乡地域分布,农村学校数量、班额、师生数量等数据状况,该部分主要用图表展示。

(2)校点布局对教育资源配置的影响

校点布局评估中主要包括"撤点并校"过程中因必要而留下的农村教学点的数量、办学条件等状况,以及这些教学点的教学资源配备情况和师资情况,另外通过对学校容纳学生能力、师生人数比例以及学生家校的距离等相关评价指标来衡量校点布局的合理性及其对教育资源配置的影响和相互关联性。

(3)城乡基础教育状况对比

受地形地貌、社会经济等条件的影响,城乡基础教育资源之间存在着巨大的差别。主要体现在学校建筑面积、软硬件设施、现代教学设备、学生是否住宿、班额分配情况、教育资金投入等多项指标。条件越优越的学校对学生的吸引力也越强,因此,城乡学校的基础设施是影响在校学生人数、班额分配的一个重要因素。

(4)"撤点并校"过程中相关利益群体的具体表现

在执行"撤点并校"政策的过程中,涉及教育的主管部门、学校、教师、学生及学生家长(农户)五个重要的利益相关群体,不同群体的权力关系、行为选择和具体表现都会影响教学点的撤并与保留。因此,研究各群体的不同表现,对于揭示新的教育资源失衡的问题有着重要的启示作用。

3. 第三部分:分析及建议

基于相关研究和数据分析,运用公共产品理论、教育管理理论、资源配置理论、参与式发展理论、善治理论、博弈论等对科学合理配置资源、促进教育均衡发展、探索校点可持续发展模式、增加财政教育资金投入和师资投入及科学管理控制班额等研究结论进行分析与阐释,并据此提出对管理制度改革的相关建议。

拟突破的难点:

(1)教育资源配置均衡的重要影响因素是保留校点的布局状况及其办学条件,因此,通过构建校点布局的评估指标体系来探索校点分布与教育资源配置之间的关系是本研究的难点之一。

(2)通过"撤点并校"中相关利益群体的行为分析找到其行为产生的制度原因及制度需求,从而找到相关利益群体在选择行为中的博弈均衡点,是本研究拟突破的又一个难点。

(3)在研究方法与技术上注重定量分析与社区参与式管理机制构建,比较切实可行,针对性强,现实意义较大。

目　录
CONTENTS

第一章

中国农村学校布局调整政策回顾与研究综述

第一节 农村"撤点并校"和建设"寄宿制"学校的政策回顾

一、1992 年萌芽：西部牧区、少数民族地区举办"寄宿制"

西部地区面积占全国总面积的 71.4%。"一师一校"校点约有 9 万个，占全国校点的 80% 以上。由于学龄人口的数量逐渐下降，许多农村的村小已没有足够的学生。"在一些高山、高原、高寒及牧区、半农半牧区和荒漠地区，大约 80% 的初中生、50% 的小学生需要实行寄宿。"①

教育行政部门认为，生少师多，校舍浪费，造成了教育成本的增高，西部低水平的教育投入、特殊的地理环境和办学形式能否保障教育质量也成为疑问。为此，中央和地方政府决定调整学校布局，一方面"撤点并校"，撤销大量乡村学校，集中优势资源办好中心学校；另一方面实施农村"寄宿制"学校建设工程。②

早在 1992 年，国家教委、国家民委印发了《关于加强民族教育工作若干问题的意见》，要求"民族地区的办学形式，力求符合当地的实际与需要，灵活变通，既要考虑学校的规模效益，又要适合当地自然环境和各民族生产生活的特点，以方便少数民族子女入学"③。提出在"人口稀少、居住分散的地方或经常流动的牧区，学校的布局要相对集中，从一定年级起举办'寄宿制'学校。在民族杂居地区，提倡不同民族合班或合校分班上课"④。

---

① 教育部就农村"寄宿制"学校建设工程答记者问[Z]. 教育部网站, 2005 - 08 - 14.
② 杨兰. 农村中小学"撤点并校"政策回顾与反思[A]. 杨东平. 中国教育发展报告（2010）[C]. 北京：社会科学文献出版社, 2010 - 03.
③ 教育部就农村"寄宿制"学校建设工程答记者问[Z]. 教育部网站, 2005 - 08 - 14.
④ 国家教委、国家民委关于加强民族教育工作若干问题的意见[Z]. 人民网, 2009 - 10 - 21.

二、2001 年正式实施:小学就近初中相对集中优化教育资源配置合理规划

2001 年 5 月,国务院《关于基础教育改革与发展的决定》,要求"按照小学就近入学、初中相对集中、优化教育资源配置的原则,合理规划和调整学校布局"①。对于如何"撤点并校",中央提出的第一个前提条件是"方便学生就近入学"②,第二个原则是"适当合并"③,同时强调"在交通不便的地区仍需保留必要的教学点,防止因布局调整造成学生辍学"④。鉴于学校布局不仅仅是教育系统的事,还与地方的社会发展密切相关,因此中央提出学校调整"要与危房改造、规范学制、城镇化发展、移民搬迁等统筹规划"⑤。为了"避免布局调整产生新的浪费"⑥,要求"调整后的校舍等资产要保证用于发展教育事业。在有需要又有条件的地方,可举办'寄宿制'学校"⑦。

三、2002 年鼓励全面实施:中央财政转移支付农牧区山区边疆少数民族寄宿生活费

2002 年 7 月,国务院《关于深化改革加快发展民族教育的决定》提出加快"寄宿制"步伐,中央财政通过综合转移支付,对农牧区、山区和边疆地区"寄宿制"中小学校学生的生活费给予一定资助;少数民族和西部地区各级财政也要相应设立"寄宿制"中小学校学生生活补助专项资金。⑧ 这一鼓励性的政策标志着从 2002 年起,"撤点并校"、举办"寄宿制"学校的政策在农牧区、山区和边疆地区全面铺开。

2003 年,国务院《关于进一步加强农村教育工作的决定》提出"继续推进中小学布局结构调整,努力改善办学条件,重点加强农村初中和边远山区、少数民族地区'寄宿制'学校建设"⑨。"要以加强中小学校舍和初中'寄宿制'学校建设……

---

① 国务院关于基础教育改革与发展的决定[Z].吉林教育督导网,2001 - 05 - 29.

② 同上.

③ 同上.

④ 同上.

⑤ 同上.

⑥ 同上.

⑦ 同上.

⑧ 国务院关于深化改革加快发展民族教育的决定(国发[2002]14 号)[Z].教育部网站,2002 - 07 - 27.

⑨ 国务院关于进一步加强农村教育工作的决定(国发[2003]19 号)[Z].教育部网站,http://www.moe.edu.cn/jyb_xxgk/gk_gbgg/moe_0/moe_9/moe_38/tnull_89.html.

为重点,中央继续安排专项经费实施贫困地区义务教育工程,安排中央资金对'寄宿制'攻坚进行重点支持……中部地区没有实现'寄宿制'目标的县也要集中力量打好攻坚战。"①

四、2004 年如火如荼开展:中央财政重点支持农村"寄宿制"工程建设

2004 年 2 月,教育部、财政部《关于进一步加强农村地区"两基"巩固提高工作的意见》则以加强农村初中建设为重点,进一步改善农村中小学办学条件。再次强调遵循"小学就近入学,初中相对集中的原则,对各地正在进行的农村学校布局结构调整工作提出了稳步推进,提高办学规模和效益"②的要求:"要根据当地实际,重点加强农村'寄宿制'初中建设,有条件的地方可以建设九年一贯制的农村'寄宿制'义务教育学校。为避免因就学路程较远造成小学生失学、辍学,对于地处偏僻的教学点应予以保留。中央财政将视各地中小学布局调整工作的开展情况,给予适当的奖励和支持。"③

同年,教育部、国家发展和改革委员会、财政部《关于印发〈西部地区农村"寄宿制"学校建设工程实施方案〉的通知》对"'工程'的目标和任务,覆盖范围和资金安排、规划和要求,中央专项资金的分配原则、地方各级人民政府对'工程'所负有的主要责任,质量管理、组织实施、农村'寄宿制'中小学正常运转保障机制等做了详细的安排"④。

从此,大规模的农村"寄宿制"学校建设工程在西部普遍展开,成为农村中小学布局调整的重点工作。

2004—2007 年,中央投入 100 亿元用于实施"农村'寄宿制'学校建设工程",在中西部地区的 953 个县建成 7651 所寄宿学校,满足了 195.3 万名新增学生的就学需求和 207.3 万名新增寄宿生的寄宿需求。

在"撤点并校"和"寄宿制"学校工程在全国各省份普遍展开的同时,教育界、学术界、部分人大代表政协委员、媒体、民间公益机构对"撤点并校"政策的执行效果及其对农村基础教育的影响进行了调研,发现该政策一刀切带来了一些负面影

---

① 国务院关于进一步加强农村教育工作的决定(国发〔2003〕19 号)[Z].上海市人民政府网站,2003 - 09 - 17.

② 国务院关于进一步加强农村教育工作的决定(国发〔2003〕19 号)[Z].教育部网站,http://www.moe.edu.cn/jyb_xxgk/gk_gbgg/moe_0/moe_9/moe_38/tnull_89.html.

③ 教育部、财政部.关于进一步加强农村地区"两基"巩固提高工作的意见[Z].吉林教育督导网,2004 - 02 - 12.

④ 西部地区农村"寄宿制"学校建设工程实施方案[Z].中华人民共和国财政部网,2009 - 10 - 21.

响。鼓励性的撤并和"寄宿制"学校兴建政策,客观上引导地方政府尤其是西部贫困地区的政府在农村中小学布局调整问题上采取了大撤大并或盲目撤并的做法,背离了义务教育法"就近入学"的原则,引发了新的辍学、上学远、上学难,部分撤并学校资源闲置浪费,部分合并学校资源紧缺等问题,引起了中央的重视。2006年开始,中央对萌芽于1992年、正式实施于2001年、如火如荼开展于2004年的农村中小学布局调整("撤点并校"和"寄宿制")政策进行了反思和降温。

五、2006年慎重对待:防止过度"撤点并校"

2006年6月,教育部分别发出《关于实事求是地做好农村中小学布局调整工作的通知》《关于切实解决农村边远山区交通不便地区中小学生上学远问题有关事项的通知》,要求"各地认真落实科学发展观,按照'以人为本'的要求,立足本地实际,充分考虑教育发展状况、人口变动状况和人民群众的承受能力,按照实事求是、稳步推进、方便就学的原则实施农村中小学布局调整,确保适龄儿童少年顺利完成九年义务教育……农村小学和教学点的调整要在保证学生就近入学的前提下进行,在交通不便的地区仍须保留必要的小学和教学点,防止因过度调整造成学生失学辍学和上学难问题,并积极运用现代远程教育手段,满足教育教学的需求"①。

教育部同时要求"正处于初中适龄人口高峰期的地方遵循先建设、后撤并的原则,初中布局调整,避免出现由于布局调整造成学校班额过大、教育教学资源和条件全面紧张的问题;条件不具备的地方可暂不调整。要严格防止以布局调整为名减少教育投入,防止原有教育资源的浪费"②。

教育部还要求"慎重对待'撤点并校',为每一个孩子提供就近入学的便利。原则上低年级学生应就近入学。对于低学龄儿童上学道路偏远、交通不便的,要保留、改建一批小学或教学点。对于学龄儿童少,学生居住相对分散的,要采取合校分班、走教送教和普及推广教学光盘等方法,为低年级学生创造学习条件。"'寄宿制'学校建设以初中为主,小学高年级学生确需住校的应征得当地学生家

---

① 教育部.关于实事求是地做好农村中小学布局调整工作的通知,关于切实解决农村边远山区交通不便地区中小学生上学远问题有关事项的通知[Z].教育部网站,2006 – 06 – 12.

② 教育部.切实做好农村中小学布局工作[Z].搜狐教育,http://learning.sohu.com/20061207/n246868496.shtml.

长同意后也可以寄宿"①。

这一系列对"撤点并校"降温的文件,强调对"撤点并校"持谨慎的态度,需要通过调查研究并征求当地学生家长的意见,坚持就近入学、方便入学的原则。

2007 年 3 月,全国人大常委、民进中央副主席朱永新在《关于呼吁改变集中资源办学政策一刀切、促进山区及少数民族地区基础教育合理布局的建议》的提案中说:"集中资源办学(政策)已经实施了四五年,公路沿线或有一定规模行政村的中心校无论是在硬件还是在软件方面,都已经享受了国家或省或社会资源的支持,而那些计划中被撤并但事实上无法撤并却没有资源投入的'自生自灭'的校点,或者已经撤了却失学辍学现象严重的校点,是应该到了公平享受资源的时候了。"②

六、2010 年暂缓实施:避免简单化操作及引发新的矛盾

2010 年 1 月,教育部《关于贯彻落实科学发展观进一步推进义务教育均衡发展的意见》要求:"地方各级教育行政部门在调整中小学布局时,要统筹考虑城乡经济社会发展状况、未来人口变动状况和人民群众的现实需要,坚持实事求是,科学规划,既要保证教育质量,又要方便低龄学生入学,避免盲目调整和简单化操作"③。该意见还要求"进一步规范学校布局调整的程序,撤并学校必须充分听取人民群众意见,避免因布局调整引发新的矛盾"④。对三种不同情况的农村学校,提出了不同的撤并原则和要求。第一,"条件尚不成熟或自然环境不利地区,暂缓撤并或小学低年级原则上暂不撤并"⑤;第二,"对必须保留的乡村小学和教学点,要加强师资配备,并充分利用现代远程教育手段传送优质教育资源,保证教育教学质量"⑥;第三,"对已经完成布局调整的学校,要改善办学条件特别是寄宿条件,保障学生的学习生活"⑦。

---

① 教育部. 切实做好农村中小学布局工作 [Z]. 搜狐教育, http://learning. sohu. com/ 20061207/n246868496. shtml.

② 朱永新. 关于呼吁改变集中资源办学政策一刀切、促进山区及少数民族地区基础教育合理布局的建议 [Z]. 民进中央宣传部网站,2007 - 03.

③ 教育部. 关于贯彻落实科学发展观进一步推进义务教育均衡发展的意见 [Z]. 中华人民共和国中央人民政府网站,2010 - 01.

④ 同上.

⑤ 同上.

⑥ 同上.

⑦ 同上.

七、2012 年坚决制止盲目撤并：备案、听证、纠偏

2012 年 3 月,在《第十一届全国人民代表大会第五次会议政府工作报告》中,国务院总理温家宝首次提出处理好提高教学质量和方便学生就近上学的关系:"资源配置要向中西部、农村、边远、民族地区和城市薄弱学校倾斜……因地制宜处理好提高教育质量和方便孩子们就近上学的关系。办好农村寄宿学校,实施好农村义务教育学生营养改善计划。加强校车和校园安全管理,确保孩子们的人身安全。"①

2012 年 7 月 23 日,教育部发出《规范农村义务教育学校布局调整的意见(征求意见稿)》(以下简称《征求意见稿》),要求"合理确定县域内教学点、村小、中心小学、初中学校布局,以及'寄宿制'学校和非'寄宿制'学校的比例,保障学校布局与学龄人口居住分布相适应"②。

《征求意见稿》提出了不同人口基数、不同年级学校进行布局调整的设置要求和标准:"农村义务教育学校布局要保障学生就近上学的需要。农村小学一至三年级学生原则上不寄宿,就近走读上学;小学高年级学生以走读为主,确有需要的可以寄宿;初中学生根据实际可以走读或寄宿。原则上每个乡镇应至少设置 1 所初中,3 万人口以上的乡镇可设置 2 所初中;人口相对集中的村寨,要设置村小或教学点;人口稀少、地处偏远、交通不便的地方,应保留或设置教学点。"③

考虑到不同的交通条件,《征求意见稿》提出:"各地要根据实际条件合理确定学校覆盖范围,一般应使学生每天上学单程步行时间不超过 40 分钟;具备公共交通或校车服务条件的,学生每天上学单程乘车时间应不超过 40 分钟。"④

为了避免盲目"撤点并校"引发干群矛盾,规范"撤点并校"政策方案的备案程序,《征求意见稿》要求:"确因生源减少需要撤并学校的,县级人民政府必须严格履行撤并方案的制定、论证、公示、报批等程序。要统筹考虑学生上下学交通安全、寄宿生学习生活设施等条件保障,并通过举行听证会等多种有效途径,广泛听取学生家长、学校师生、村民自治组织和乡镇人民政府的意见。学校撤并应先建后撤,保证平稳过渡。撤并方案要逐级上报省级人民政府审批。在完成农村义务

---

① 国务院. 政府工作报告[Z]. 中国农经信息网,http://www.caein.com,2012 – 03 – 05.

② 教育部. 规范农村义务教育学校布局调整的意见(征求意见稿)[Z]. 中国教育和计算机科研网,2012 – 07 – 23.

③ 同上.

④ 同上.

教育学校布局专项规划备案之前,暂停农村义务教育学校撤并。"①

对于盲目"撤点并校"造成干群矛盾,激化问题的,要坚决制止或纠偏:"多数学生家长反对或听证会多数代表反对,学校撤并后学生上学交通安全得不到保障,并入学校住宿和就餐条件不能满足需要,以及撤并后将造成学校超大规模或大班额问题突出的,均不得强行撤并现有学校或教学点。已经撤并的学校或教学点,确有必要的应当恢复。"②

《征求意见稿》对小规模学校的资源配置,提出了新的要求:"对保留和恢复的村小与教学点,要采取多种措施改善办学条件,着力提高教学质量。提高村小和教学点的生均公用经费标准,对学生规模不足100人的村小和教学点按100人核定公用经费,保证其正常运转。"③对于学校撤并带来的突出问题,比如,"寄宿制"学校学生宿舍以及设施不足、校车运行存在安全隐患、生源过于集中和师资不足造成的大班额现象等,要进行专项督查,防患于未然,强调"对因学校撤并不当引起严重不良后果的,要依照法律和有关规定追究责任"④。

2012年9月7日,国务院办公厅《关于规范农村义务教育学校布局调整的意见》正式出台,重申"保障适龄儿童少年就近入学是义务教育法的规定……县级人民政府要制订农村义务教育学校布局专项规划,合理确定县域内教学点、村小学、中心小学、初中学校布局,以及"寄宿制"学校和非"寄宿制"学校的比例,保障学校布局与村镇建设和学龄人口居住分布相适应,明确学校布局调整的保障措施"⑤。

该意见要求"严格规范农村义务教育学校撤并程序和行为……保障群众充分参与并监督决策过程……撤并方案要逐级上报省级人民政府审批。在完成农村义务教育学校布局专项规划备案之前,暂停农村义务教育学校撤并"⑥。对于强行撤并带来交通、校舍、安全、激化基层矛盾等严重负面问题的,要重新论证和规划,甚至恢复。

对于保留和恢复的村小学和教学点,文件从生均公用经费、教师配备、资源倾斜、农村教育信息化资源等方面提出原则性要求。对于学校撤并带来的"寄宿

---

① 教育部. 规范农村义务教育学校布局调整的意见(征求意见稿)[Z]. 中国教育和计算机科研网,2012 – 07 – 23.

② 同上.

③ 同上.

④ 同上.

⑤ 国务院办公厅关于规范农村义务教育学校布局调整的意见[Z]. 中央政府门户网站,2012 – 09 – 07.

⑥ 同上.

制"、校车安全、大班额等突出问题,均做出了比较细致的规定。

例如,"为'寄宿制'学校配备教室、学生宿舍、食堂、饮用水设备、厕所、澡堂等设施和聘用必要的管理、服务、保安人员,寒冷地区要配备安全的取暖设施。有条件的地方应为学校配备心理健康教师。要科学管理学生作息时间,培养学生良好生活习惯,开展符合学生身心特点、有益于健康成长的校园活动,加强'寄宿制'学校安全管理和教育"①。

强调"认真落实《校车安全管理条例》,切实保障学生上下学交通安全。要通过增设农村客运班线及站点、增加班车班次、缩短发车间隔、设置学生专车等方式,满足学生的乘车需求。公共交通不能满足学生上学需要的,要组织提供校车服务。严厉查处接送学生车辆超速、超员和疲劳驾驶等违法行为,坚决制止采用低速货车、三轮汽车、拖拉机以及拼装车、报废车等车辆接送学生"②。

"高度重视并逐步解决学校撤并带来的'大班额'问题。各地要通过新建、扩建、改建学校和合理分流学生等措施,使学校班额符合国家标准。班额超标学校不得再接收其他学校并入的学生。对教育资源较好学校的'大班额'问题,要通过实施学区管理、建立学校联盟、探索集团化办学等措施,扩大优质教育资源覆盖面,合理分流学生。并且对农村义务教育调整进行专项督查。"③

至此,执行十余年的农村"撤点并校"政策被正式叫停。

以上政策回顾表明:从 2006 年开始,中央对萌芽于 1992 年、正式实施于 2001 年、如火如荼开展于 2004 年的农村中小学布局调整("撤点并校"和"寄宿制")政策进行了反思和降温——防止因过度调整造成学生失学、辍学和上学难问题,慎重对待"撤点并校",为每一个孩子提供就近入学的便利——对条件尚不成熟的农村地区暂缓实施布局调整——撤并学校必须充分听取人民群众意见,避免因布局调整引发新的矛盾——避免盲目调整和简单化操作——因地制宜,处理好提高教育质量和方便孩子们就近上学的关系——坚决制止盲目撤并农村义务教育学校,办好村小学和教学点,解决学校撤并带来的突出问题。本研究认为,这一系列政策的调整变化,说明中央看到了"撤点并校"对农村基础教育尤其是西部贫困山区带来的负面影响和引发的社会问题,政策的修订正是基于实事求是和因地制宜的

---

① 国务院办公厅关于规范农村义务教育学校布局调整的意见[Z]. 中央政府门户网站,2012 – 09 – 07.

② 同上.

③ 同上.

原则。

那么 2012 年之前,地方政府"撤点并校"政策的实施绩效是什么,存在什么问题? 2012 年中央叫停"撤点并校"后,地方如何刹车,怎样重新审视和调整农村教育资源的配置呢? 我们将以贵州长顺县和雷山县为例,从本报告的第二章开始对调研的数据进行梳理和分析。

第二节 农村义务教育布局调整研究的文献综述

集中资源办学政策出台以来,大量学者和基层教育工作者就农村校点的撤并问题进行了探讨。作为一项公共政策,国家上述政策的变化和调整,某种意义上说伴随着这些研究的发现和进展。

据不完全统计,截至 2009 年,在知网 CNKI 数据库中,以"撤点并校"和中小学布局调整为主题的论文共计约 687 篇,其中博士论文约 2 篇,硕士论文约 60 篇,期刊论文约 625 篇。(http://www.tiaozhanbei.net/project/16570/)内容包括对该政策实施效果的预期研究、实施后对中西部和发达地区农村教育的影响、政策的绩效评估,实施过程中对学校发展、学生就学、农户成本与选择所产生的利与弊的问题,效益与公平问题,教育资源的均衡发展问题,经费、师资、设备等资源的配置问题,校车、"寄宿制"管理的安全问题,危机困境与出路的问题,等等。

一、政策实施效果的预期研究

周维平(2006)认为实施"撤点并校"可以最大限度降低行政成本,使农村学校形成规模办学,改变学校管理线长面广的局面,师资集中科目互补,使农村学生享受平等教育和完整教育成为可能。[①]

二、对学校及相关利益群体产生的利弊研究

杨兰(2006)认为集中资源办学政策不切合边远贫困山区的实际情况,虽然优势资源集中到中心校,中心校的硬件资源得到大大改善,但是却加剧了因路远及路途的危险、因家长担心孩子的安全而造成失学辍学的现象,增加了孩子的体能消耗和心理负担以及农户的教育成本。资源的集中并没有带来预期的效益,反而

---

① 周维平. 创建农村寄宿学校提升农村教育水平——农村学校撤校并点后的前路思考[J]. 当代教育论坛,2006(08).

造成资源的闲置或短缺,"隐藏"在边缘地区的失学孩子,承受着教育资源分配不公平的结果,教育的差距将越来越大,直接影响中央政府 2007 年在我国西部地区完全普及"两基"目标的进程,带来了基础教育的经济效益和社会效益的损失。①

张丽娜(2007)分析了集中资源办学后内蒙古部分城镇校舍严重不足学生住宿成为难题,农牧民负担加重进城穷陪读的"穷陪读"现象。② 米海燕(2008)从学生知识面拓宽、文化背景知识增多等四方面列举了"撤点并校"带给农村英语教育的益处。③

周大平(2007)提出新一轮农村中小学的布局调整方向是教育资源向城区、中心镇集中,如此一来,原本分散的教学点将会变成"失学点",多年来努力提高的入学率将会直线降下来,应慎重对待教学点撤留问题。④ 秦玉友(2010)认为农村教育面临的许多质量困境都与农村学校的"小"有关。在小规模学校中,许多农村教育问题表现得更加清晰。从目前来看,农村小规模学校教育质量困境主要表现在教师数量超编与素质困境、经费总量不足与效率困境、学校办学条件达标与更新困境、课程门数开齐与小科困境等方面。⑤

在教学点面临消亡、小规模学校出现诸多困境的同时,大规模学校大班额也面临着诸多的风险。王雄(2011)在调查后发现,"我国内地中小学大班额现象仍很普遍,班额数不断突破底线。在河南省驻马店市和南阳市,初中班最大的班额竟然超过 150 人;陕西安康市,小学最多的班级达到 90 人"⑥。县城的大班额远远超过农村与城市。"导致大班额的主要原因是农村学生大量进城学习,地方政府教育投入不足,纵容学校多收学生,以节省教育成本。超大班额不仅降低了教育品质,侵害师生身体健康,而且会造成校园安全隐患。"⑦

三、对中西部和发达地区农村教育的影响研究

王颖、杨润勇(2008)认为"农村中小学布局大规模调整工作已取得明显成效,

① 杨兰. 效益与公平——集中资源办学对边远贫困山区基础教育的影响[A]. 杨东平. 中国教育发展报告(2006)[C]. 北京:社会科学文献出版社,2006 – 01.
② 张丽娜. 撤并中小学的另一种声音:"穷陪读"隐忧[Z]. 新华网内蒙古频道,2007 – 04 – 02.
③ 米海燕. 农村小学"撤点并校"有利于小学英语教学[J]. 内江科技,2008(10).
④ 周大平. 慎对农村中小学教学点的撤与留[J]. 教育,2007(28).
⑤ 秦玉友. 农村小规模学校教育质量困境与破解思路[J]. 中国教育学刊,2010(03).
⑥ 王雄. 我国中小学超大班额现象的调查[A]. 杨东平. 中国教育发展报告(2011)[C]. 北京:社会科学文献出版社,2011 – 03.
⑦ 同上.

农村中小学的办学条件、办学效益和教育质量有了一定提高,但引发了诸多负面效应。但实地调研表明,布局调整后各地出现了一些新情况、新问题,制约了新形势下农村地区教育的进一步发展"①。"例如新一轮农村中小学校布局调整后学校服务半径过大,农村中小学生遭遇'求学难'……家庭教育成本上扬,农民负担加重……学校管理难度增加,教育质量难以保证……集体财产蒙受损失,布局调整的公平性受到质疑。"②

郭清扬(2008)对中西部地区的 6 个省区 38 个县市 177 个乡镇的布局调整进行了调查,认为追求教育资源的合理配置和利用率的提高是各级政府"撤点并校"的初始动力,而且也取得了扩大学校规模提高资源利用率的巨大成效,但是"在局部地区布局调整前分散办学造成的教育资源浪费在布局调整后集中资源办学的过程中同样不可避免"③。比如,资源匮乏与闲置、过剩与紧张并存等结构性、供求性、重复性的浪费。主要表现为"被撤并学校原有教育资源废弃和浪费、集中办学的学校人满为患,从而造成新的校点在学习、生活、管理上的混乱,严重的甚至造成学生的失学和辍学,使这部分学生不能公平接受教育"④。由于不切实际,有的地方中心校生源严重不足,计划中本该撤的教学点无法撤并。"因此虽然从长远看,农村中小学布局调整确有它的长处和优势,但如果与村民的现实生活相差太远,则不但达不到提高教育资源利用效率的目的,相反还会带来教育资源的更大浪费,甚至还会带来部分学龄儿童的无法上学,进而影响教育公平。"⑤

石春云认为:"集中办学方向是对的,但撤并中小学校不能搞'一刀切'。偏远贫困山区面临交通不便等制约,撤并学校可能导致部分学生辍学。"⑥杨维立则呼吁"撤点并校"不妨走慢些。⑦

万明钢(2009)指出:"撤并村校还会带来更为深层的乡村文化断裂和乡土认

① 王颖,杨润勇.新一轮农村中小学布局调整后的负面效应:调查反思与对策分析[J].教育理论与实践,2008(34).

② 同上.

③ 郭清扬.农村学校布局调整与教育资源合理配置[J].教育发展研究,2008(07).

④ 同上.

⑤ 郭清扬.农村学校布局调整与教育资源合理配置[J].教育发展研究,2008(07).中西部地区农村中小学合理布局结构研究课题组,范先佐,周芬芬,贾勇宏,郭清扬,王远伟,曾新.我国农村中小学布局调整的背景、目的和成效——基于中西部地区 6 省区 38 个县市 177 个乡镇的调查与分析[J].华中师范大学学报(人文社会科学版)2008(04).

⑥ 伍晓阳.石春云代表:撤并中小学校不能搞"一刀切"[Z].新华网,http://news.sohu.com/20100305/n270598082.shtml,2010 - 03 - 05.

⑦ 杨维立."撤点并校"不妨慢些走——由《一个人的车站》想到学校布局调整[J].教育,2010(7).

同的迷失。"①他认为:"在中国传统的乡村文化中,学校是文化传播的中心,具有至高无上的地位,教师是乡村的知识分子,学校和乡村不可分割,乡村会因为有学校变得更加完整,村民也会因为自己的学校而感到自豪。学校和村民、和乡村文化构成了一个完整的文化群落。在'撤点并校'过程中,关于撤哪个村的学校,把学校并到哪里,邻近几个村常常为此发生冲突甚至械斗,昔日引以为豪的学校成为村民的内心之痛。"②迷失的乡土认同和不同群体的利益争夺,引发和激化乡村的矛盾。

张孝德(2012)进一步指出,"'撤点并校'这一做法最致命的后果是正在从根上改变中国乡村文化的传承模式。'撤点并校'背后的潜台词,是乡村作为愚昧落后文化的载体,不利于下一代的成长。是从娃娃开始就切断了他们与乡村文化的哺乳关系。由于中国几千年的乡村文化第一个老师是他的母亲,另一个老师是他们的乡村生活,让学校离村进城,从小学就开始寄宿离开母亲的教育,很轻易地改变与切断了中国乡村文化的传承通道"③。

杨贵平(2010)认为:"'撤点并校'的目的是整合有限的教育资源,让偏远山区的孩子能够享受到优质教育"④,"但实施过程中的简单的一刀切,导致了一些农村孩子失学,进而导致农村的凋敝和乡土文化的瓦解"⑤。学校评价学生分数是唯一的答案,"学生学到的价值观是'农村的一切都是落后的',老师画给学生的远景和学习的动力是离开农村"⑥。

谢庆裕、王宏旺等(2009)报道,广东在农村中小学布局结构调整过程中,"不断出现诸如上学难、废校利用难、学生辍学、城乡教育质量差距拉大等大量'副产品',部分地方'撤点并校'带来的后果不容回避"⑦。这是继 2005、2006、2008 年 21 世纪教育研究院等机构举办相关讨论以来,再次激起媒体、公众关于农村中小学布局调整"撤点并校"的讨论。⑧ 不仅是广东,"撤点并校"政策引发的问题同样

① 万明钢. 以促进教育公平和教育均衡发展的名义——我国农村"撤点并校"带来的隐忧[J]. 教育科学研究,2009(10).

② 同上.

③ 张孝德. 中国的城市化不能以终结乡村文明为代价[J]. 行政管理改革,2012(09).

④ 雷宇. 一个华侨老教师看中国"撤点并校"[N]. 中国青年报,http://zqb. cyol. com/content/2010 - 02/22/content_3094921. htm,2010 - 02 - 22.

⑤ 同上.

⑥ 同上.

⑦ 谢庆裕,王宏旺等. 农村中小学"撤点并校"的八年之痛[Z]. 南方网(广州),2009 - 04 - 03.

⑧ 杨兰. 农村中小学"撤点并校"政策回顾与反思[A]. 杨东平. 中国教育发展报告(2010)[C]. 北京:社会科学文献出版社,2010 - 03.

在陕西、重庆、甘肃等中西部地区出现。"对此现象,政府与当地群众有不同的解读,有的认为教育的根本出路在城里,不如将教育资源集中起来,加大对城镇学校的建设力度,让师资、教学资源更加集中优化配置;有的认为,未考虑当地实际的过度并校举动,加速了农村生源大批流向城镇。撤并学校,人为地加剧了农村与城镇教学的差距。"①从此之后,对"撤点并校"问题的讨论持续加温。

如果说"2002 年 7 月,国务院《关于深化改革加快发展民族教育的决定》提出加快'寄宿制'步伐,标志着'撤点并校'、举办'寄宿制'学校的政策在农牧区、山区、边疆地区和全国范围的全面铺开"②,那么 2012 年前后则是学术界对十年"撤点并校"大反思的一年,加上 2011 年连续发生的几起重大校车事故,使"撤点并校"这一政策受到了全面的考问,一些学者对如何消解其负面影响进行了探讨。

陶青、卢俊勇(2011)认为"入学人数的减少和大量教育资源闲置的现状,恰恰为农村小班化教学提供了契机。基于国外农村学校的办学经验和我国农村教育的现状,要实施农村小班化教学,就要利用闲置资源,提高农村教育质量,切实关注留守儿童,促进教育公平,带动大学生就业,为农村争取优秀师资"③。

四、政策的效益与公平问题研究

刘贵川、罗迎春(2008)认为集中资源办学后,处于社会边缘的农村儿童丧失了受教育公平权利。随着集中资源办学政策的逐步执行,教育收费的门槛逐渐提高;同时,政府为节约教育成本,无形中将这部分负担转嫁到农户的身上。处于社会边缘,身为弱势群体的农村家庭,很难承受如此高昂的教育投资成本。可以肯定,集中资源办学,拆掉半数甚至半数以上的乡村小学以后,边远贫困山区农村基础教育状况将更加严峻。在这个过程中,农户家庭教育投资决策被迫发生变化,越来越多的农村儿童(尤其是女童)将由于种种困难及条件的限制而丧失原本脆弱的受教育公平权利。可见,"撤点并校"政策实施过程中也存在加大农户负担、部分农村地区辍学率增加等诸多问题。因此,合理进行"撤点并校",如何提高决策的科学化,是保证政策正确实施的关键。④ 另外,张西流(2010)认为:"撤点并

---

① 谢庆裕,王宏旺等. 农村中小学"撤点并校"的八年之痛[Z]. 南方网(广州),2009 - 04 - 03.

② 杨兰. 农村中小学"撤点并校"政策回顾与反思[A]. 杨东平. 中国教育发展报告(2010) [C]. 北京:社会科学文献出版社,2010 - 03.

③ 陶青,卢俊勇. 农村小班化教学:促进城乡教育均衡发展的有效途径——"撤点并校"十年后的调查[J]. 教育理论与实践,2011(29).

④ 刘贵川、罗迎春. 集中资源办学对边远贫困山区农户教育投资行为的影响——以贵州省为例[J]. 农村经济与科技,2008(09).

校"给农村家庭,尤其是给那些贫困家庭的孩子造成上学难时,它的初衷在很大程度上就背离了城乡基本服务均等化的决策理念。"①

沈有禄(2009)通过"对2003—2006年间数据常见的差异分析指标发现,我国基础教育在人力、物力、财力资源主要指标的配置上,省际及城乡间的差距仍在扩大,呈现典型的马太效应"②。他把这一结果归因于"城乡间及区域间的社会经济的不均衡发展以及不公平的资源配置政策"③,认为:"政府应统筹协调城乡间及区域间的发展,对弱势群体和地区进行补偿投资、建立公共基础教育财政制度,从'资源平等'的起点促进教育公平。"④

李盼强、曾尔琴、杨国辉(2012)从公平和效益的角度,通过问卷调查和实地走访,以近两年来农村中小学"撤点并校"的第一手调查资料为依据,进行理论创新,建立理论模型对农村中小学"撤点并校"政策进行剖析和反思,揭示如何处理教育公平与效益的关系,并探讨当前教育政策中的前瞻性和持续性问题,促进农村基础教育的发展。⑤

因此,教育资源的配置是否合理优化,将直接影响着教育是否公平。张家军、王灵珊(2011)介绍了日本教育的一些具有启发性的做法,如制定相关法律法规,因地制宜进行教育经费的划拨,实行教师定期流动政策,对农村及偏远地区教师实行待遇倾斜政策,在农村地区开设与农业相关的实用性课程等。⑥

而教育资源是否公平,与农村学校撤并决策的程序公正问题有关。邬志辉(2010)指出:"农村学校撤并是一个敏感性很强的公共决策,涉及受影响主体的多方面利益。然而,在现实中,学校撤并行为过于简单化,缺少必要的程序,仅有的程序既不民主也不公正。为了保证农村学校撤并程序的公正性,需要建立最低限度的程序公正标准,即受到决策影响主体的实质性参与、学校撤并决策过程的理性化运作和教育行政权力运行的公开化设定。同时,还要构建完善公正的程序步骤,具体包括收集与分析学校运营事实、研究与制定学校撤并标准、讨论与决定学

① 张西流.谨防"撤点并校"误伤农村孩子[N].网易新闻中心,http://news.163.com/10/1103/05/6KHTTKR200014AED.html.
② 沈有禄.基础教育资源配置公平研究[J].教育学术月刊,2009(12).
③ 同上.
④ 同上.
⑤ 李盼强,曾尔琴,杨国辉.公平与效益的博弈——关于中部地区农村中小学"撤点并校"的调查与反思[J].湖南人文科技学院学报,2012(04).
⑥ 张家军,王灵珊.日本基础教育资源配置的经验及启示[J].上海教育科研,2011(12).

校撤并名单、告知与公布师生调转计划、评估与处置学校空闲资产。"①

五、农村学校布局调整标准的研究

邬志辉(2010)对中国农村学校布局调整标准问题进行了探讨:"农村学校布局调整标准是推进农村学校布局调整,促进农村学校布局调整科学化、合理化和规范化的核心政策问题。"②根据对政策文本及地方制定撤并标准等问题的研究,邬志辉认为:"现实的国家政策标准模糊不清,引发了农村各地盲目的撤并风潮,学术研究提出的布局标准又过于理性和静态,难以指导复杂的农村实际,县市教育行政部门自行开发的布局调整标准过于重视客观效果,忽视了农民的利益诉求。"③"建立农村学校布局调整标准问题实质上是一个多目标线性规划问题,目标函数至少受三大类12项约束条件的限制:物质性约束条件包括自然地理条件和交通条件;社会性约束条件包括人口条件、宗族、民族、宗教文化条件,社会治安条件,家庭生存形态条件,地方政府资金供给条件和百姓教育意愿条件;教育性约束条件包括学生身心发展条件,学校与农村社区关系条件,学校自身历史文化条件和学校功能发挥条件。"④为此,"基于以上约束条件理论,提出'底线＋弹性'的农村学校布局调整标准设计模型"⑤。

六、中外中小学布局调整的经验比较研究

一些学者则参考美国、日本等国家和中国台湾等地区进行中小学布局调整的经验,提出了一些建议。例如吉芸(2010)认为:"中美两国的农村学校合并运动虽然不在同一个时期,却有着许多共同点:提高农村教育水平是学校合并运动的第一宗旨;完善的制度保障是学校合并运动的必不可少的条件;农村学校合并运动是一个逐步探索的过程。"⑥她认为美国的经验可以借鉴,例如政府为学校配备校车,提供免费配套服务,吸引多方力量共同建设"寄宿制"学校,将闲置的校舍作为

① 邬志辉. 农村学校撤并决策的程序公正问题探讨[J]. 湖南师范大学教育科学学报,2010(06).
② 邬志辉. 中国农村学校布局调整标准问题探讨[J]. 东北师大学报(哲学社会科学版),2010(05).
③ 同上.
④ 同上.
⑤ 同上.
⑥ 吉芸. 让"撤点并校"少走弯路——中美农村学校合并的比较及其启示[J]. 教育探索,2010(08).

村里的文化交流中心,等等。①

杜屏、赵汝英(2010)回顾了美国农村小规模学校政策的变化,19 世纪末,美国小规模学校的存在被许多人视为影响农村教育质量的重要原因。各州相继立法,采取措施推动农村小规模学校的合并,例如宣传大规模学校的优势,鼓励建立大规模学校,并规定单位学校面积内低于一定的学生数,不支持校舍维修,导致小规模学校校舍得不到维护,被迫关闭。20 世纪 60 年代后期开始,美国政府逐渐认识到学校合并并非解决农村教育问题的唯一途径,发现小规模学校无论是在学生的学业成就、课外活动参与方面,还是在经济效益方面,都比大规模学校有着更好的表现,于是开始探索农村小学校在教学环境和教学质量等方面与农村合并校具有"均等的机会"。杜屏、赵汝英认为美国的经验和做法具有借鉴意义,提出因地制宜,适当保留小规模学校,提高对小规模学校的资助,以法律形式保障小规模学校的发展,加强对小规模学校的研究,为政策的实施和调整提供依据等建议。②

以上学者的研究在肯定了"撤点并校"对整合教育资源带来的优势外,也揭示了盲目"撤点并校"片面追求规模化办学效益给农村学校教学质量、学校管理、乡土文化传承、农户成本、资源均衡及教育公平等带来的负面影响。

七、"寄宿制"学校管理问题研究

作为"撤点并校"的产物,农村"寄宿制"学校包括初中和小学的建设及发展等问题也受到学界的关注。刘亚洲(2008)2007 年 5 月在武汉市黄陂区长岭镇对"寄宿制"小学的调研发现偏乡小学家校距离遥远,孩子们早起晚归,严重影响了健康和学习。但是各地在推行"寄宿制"小学时却遇到了诸多困境。③

袁桂林(2009)认为近年来农村"寄宿制"学校建设中的问题日益凸显,而这些问题的基本矛盾是政府降低教育成本与农民需要方便上学之间的矛盾。④

杨兰(2009)在调查了贵州部分农村"寄宿制"学校后认为,在政策执行过程中,农村"寄宿制"学校建设工程出现了资金缺口大、食宿条件差、基础设施不完善、学校管理面临新挑战等问题,需要引起有关方面的重视。⑤ 王景、张学强(2010)则指出存在学生家庭经济成本增加、教师工作量剧增、学生辍学率反弹等

---

① 吉芸. 让"撤点并校"少走弯路——中美农村学校合并的比较及其启示[J]. 教育探索, 2010(08).

② 杜屏,赵汝英. 美国农村小规模学校政策变化分析[J]. 教育发展研究,2010(03).

③ 刘亚洲."寄宿制"在乡村"撤点并校"推行过程中的困境探讨[J]. 法制与社会,2008(20).

④ 袁桂林. 农村"寄宿制"学校的问题及解决策略[J]. 中小学管理,2009(06).

⑤ 杨兰. 西部农村"寄宿制"学校的问题分析——以贵州省为例[J]. 中小学管理,2009(06).

问题。①

而杜育红②、龚婷③、杨兆山、王守纪、张海波④、袁振国、吴霓、魏向赤、李晓强、张宁娟⑤等学者分别从农村"寄宿制"学校的成本构成、安全管理、制度设计,丰富农村"寄宿制"学校生活,提高学生适应能力、课余生活管理等方面进行了深入研究。

八、经费、师资、设备等教育资源配置与均衡发展问题研究

张丽维(2012)对重庆 F 区农村小学布局调整后教育资源配置状况进行了调查,认为"农村小学布局调整在适应政策导向和行政管理等方面有一定合理性,'撤点并校'符合农村学龄人口减少的客观现实,满足了教育部门对规模办学的追求"⑥。但从韦伯的"形式合理性"与"实质合理性"审视,"发现其存在诸多不合理现象。在乡镇中心校,特别是城区,产生了一批'巨型校';在农村偏远地区,主要是村小和完小,师资结构失衡;必要的教学设备仍然匮乏;'寄宿制'建设问题诸多,农村学生并未真正享受到优质教育资源"⑦。

针对上述现象和问题,张丽维提出:"农村小学布局调整应依据多元化标准体系,科学规划校址和学校规模,酌情保留必要教学点。采取对口扶持机制,优化师资和办学条件;以农村教育健康发展为前提,妥善处理闲置校产;在统筹城乡契机之下,充分利用资源,使农村地区更妥善合理地实施小学布局调整工作。"⑧

方亮、刘银(2013)认为:"撤点并校"政策实施后,产生了如小学生的安全、教学资源浪费、教师教学负担加重、农村家长经济负担加重、教学质量等问题。张燕为了使这样一个好的政策真正落实到位,需要合理利用闲置资源,科学规划小学

---

① 王景,张学强. 当前我国农村义务教育阶段"寄宿制"学校发展的问题研究[J]. 教育科学,2010(3).

② 杜育红. 农村"寄宿制"学校:成本构成的变化与相关的管理问题[J]. 人民教育,2006(23).

③ 龚婷. 农村"寄宿制"学校制度设计存在的问题及对策[J]. 教学与管理,2011(05).

④ 杨兆山,王守纪,张海波. 农村"寄宿制"学校学生的适应问题[J]. 东北师大学报(哲学社会科学版),2011(03).

⑤ 袁振国,吴霓,魏向赤,李晓强,张宁娟. 贫困地区农村"寄宿制"学校学生课余生活管理研究——基于广西壮族自治区都安县、河北省丰宁县的调研[J]. 教育研究,2008(04).

⑥ 张丽维. 基于教育资源配置合理性的农村小学布局调整问题研究[D]. 西南大学,2012.

⑦ 同上.

⑧ 同上.

撤并布局结构,加强学生安全常识教育、解决交通、饮食安全问题等。①

九、农村教育危机困境与出路问题研究

张燕(2013)提出农村中小学撤并需要理性纠错。对十年"撤点并校"的利与弊,社会和学界毁誉参半。利在可整合农村教育资源,降低生均教育成本,提高办学效益,弊在出现校车安全、农村学生上学难等问题。张燕认为"应当理性看待农村中小学'撤点并校'问题。农村中小学'撤点并校'之错在于其导致教育不公凸显、教育责任转嫁、学生发展受损、教育资源浪费、乡土文化断裂等问题。对这些错误认真反思并进行理性纠正,是保证'撤点并校'工作取得成效的根本"②。

周大平(2013)认为"效率优先"造成失衡。"许多地方忽略了布局调整和就近入学原则间的平衡。2013 年 5 月,审计署发布的对 1185 个县农村学校布局调整专项审计调查结果显示,2000—2012 年间,全国小学在校生数减幅 23.72%,撤并系数竟达到 3.44,也就是说小学数量减幅超过同期在校生数减幅的 3 倍,严重背离了农村的实际需要。布局调整政策未能实现优化教育资源配置。"③村民家庭的教育支出大幅增加,10 岁以下低龄寄宿,严重影响了村民的家庭生活和亲子关系。"超大班在食宿、卫生、安保等方面,给学校管理带来巨大的难题,对教育质量的影响显然是负面的。"④

21 世纪教育研究院(2013)持续多年关注农村中小学布局调整,以调研沙龙等形式发布其研究结果。他们对中国实施十年之久的农村"撤点并校"政策的"来龙去脉进行了介绍,对其中的政策动机进行了分析,呈现了政策的实施过程及效果,评价了该政策的成败得失"⑤,同时反思在中国城市化的进程中,农村教育的独特功能价值是什么,农村教育向何处去?⑥

以上研究表明,"撤点并校"政策实施的过程中尽管取得了巨大成就,但在贫困边远地区实施"撤点并校"过程中教育资源配置失当,凸显出新的教育资源失衡问题,在新课改目标要求之下的小班化教学,因大班额的存在而难于实现,大班教

---

① 方亮,刘银. 农村小学"撤点并校"的成效与困境分析[J]. 西南石油大学学报(社会科学版),2013(04).

② 张燕. 农村中小学"撤点并校"之"理性纠错"[J]. 教育评论,2013(02).

③ 周大平. 农村学校布局调整的曲与直,中国农村中小学后"撤点并校"时代:多种后遗症待解[Z]. 新闻中心—中国网,2013 – 06 – 17.

④ 同上.

⑤ 21 世纪教育研究院. 农村教育向何处去——对农村"撤点并校"政策的评价与反思[M]. 北京:北京理工大学出版社,2013.

⑥ 同上.

学增加了教师的负担,课堂控制能力失当,小规模学校出现困境,在学校管理、教育质量提升、教师压力、学生食宿行安全、学业发展与身心成长、家长负担、乡村文化凋敝等方面都带来负面的影响,导致城乡基础教育的差距进一步拉大,教育公平问题进一步凸显。

因此,本研究基于教育资源配置均衡的角度,从教育公平的立场出发,以贵州省为例,进一步研究"撤点并校"过程中凸显问题背后存在的深层次原因,对科学合理配置资源、促进教育均衡发展、探索农村教学点可持续发展模式,增加教育资金、师资投入及科学管理控制大班额等进行分析阐释,为"撤点并校"的理性纠偏提出合理化建议和解决问题的对策。

第二章

贵州省农村学校撤并情况

第一节　贵州省农村"撤点并校"及"寄宿制"的政策回顾

一、2000 年明确取消教学点撤并 50% 农村学校的指标

2000 年贵州省设定了"两基"的目标,要求 2005 年全省 7～12 周岁适龄儿童入学率达到 98% 以上,"基本普及初等义务教育;在约占人口 5% 的边远山区普及初小教育;普及九年义务教育的地方人口占全省总人口 60%,初中阶段学龄人口入学率达 65%"[①]。

但是由于特殊的地理地貌环境,一些边远山区的普九目标实现有比较大的难度,教学质量也堪忧。"当时普遍的现象是办学条件差,管理粗放,教师队伍建设步履缓慢,学校危房多,改造任务大,财政难以支撑,农民负担加重。为了加快我省中小学尤其是小学布局结构调整,提高教育投资效益和教育质量"[②],2000 年 8 月 22 日贵州省人民政府办公厅转发省教育厅《关于我省中小学布局结构调整意见的通知》(黔府办发〔2000〕80 号),要求"重点办好管理区(片区)和乡(镇)中心小学以上完小,完善办学条件,扩大办学规模;开办'寄宿制',逐步减少现有村小,保留居住极分散山区的少数教学点"[③]。实现学校的规模化、集约化,使办学条件不断改善;"要创造条件,建设'寄宿制'学校,解决好部分偏远山区不便走读需要

---

① 贵州大学区域研究中心. 香港乐施会资助项目《集中资源办学对农村基础教育的影响研究报告(贵州部分)》〔D〕. 2003 年内部印刷.

② 贵州省人民政府办公厅转发. 省教育厅关于我省中小学布局结构调整意见的通知(黔府办发〔2000〕80 号)〔J〕. 贵州省人民政府公报,2000(18);110 法律法规网站,http://www.110.com/fagui/law_186892.html.

③ 同上.

到校住读学生的吃、住和安全问题，不能因为调整布局，集中办学而影响学生入学，造成学生辍学"①。这个文件，对 2005 年前的撤并目标任务及撤并学校的数量、规模、距离等进行了具体要求：

到 2005 年，通过合理布局结构调整，全省基本完成中小学相对集中、扩大规模、方便入学、改善条件、集中师资、提高质量和效益。

（一）重点办好管理区（片区）和乡（镇）中心小学以上完小，完善办学条件，扩大办学规模，配备相应教师，开办"寄宿制"，逐步减少现有村小，保留居住极分散山区的少数教学点。2002 年基本取消复式班，2003 年基本取消教学点，2004 年村小减少 50% 以上。

（二）提倡打破村、乡（镇）界限，实行联村、联乡（镇）办学。原则上不新办村小，可数村联合办完小，每所完小覆盖人口 5000 人左右。最小规模 12 个班，在校生达到 500 人左右。乡（镇）中心完小最小规模 18 个班，在校生达到 800 人左右，服务人口 8000 人左右。

（三）在管理区、乡（镇）完小服务半径 3 公里以内的区域，不能有（或新建）其他小学和教学点。

（四）学前班逐步从小学中剥离出来。从 2001 年秋季起，县城所在地小学一律不再举办学前班，乡（镇）所在地要加快幼儿园的发展步伐，凡已办幼儿园的，乡（镇）中心小学不再举办学前班，到 2003 年，乡（镇）中心完小以上小学一律不再办学前班。

（五）人口较少的小乡（镇）可举办九年制学校，其他小学一律不再办附设初中班，大部分完全中学实现高、初中分离办学。

资料来源：省教育厅《关于我省中小学布局结构调整意见的通知》（黔府办发〔2000〕80 号）

二、2002 年立足学校自行解决撤并带来的问题，重视教师资源配置

2002 年，贵州省人民政府办公厅《关于印发农村中小学布局结构调整和优化农村中小学教师队伍意见的通知》（黔府办发〔2002〕109 号）要求："重点办好乡

---

① 贵州省人民政府办公厅转发. 省教育厅关于我省中小学布局结构调整意见的通知（黔府办发〔2000〕80 号）[J]. 贵州省人民政府公报，2000（18）；110 法律法规网站，http://www.110.com/fagui/law_186892.html.

(镇)中心小学以上完小,完善办学条件,扩大办学规模,配备相应教师,开办'寄宿制'。"①这个文件重申了黔府办发〔2000〕80 号文件有关"撤点并校"的目标、任务、数量、学校服务距离、规模等的具体要求。提出既要加快撤并的力度和速度,也不要一刀切。注意"创造条件,建设'寄宿制'学校,解决好部分偏远山区不便走读需要到校住读学生的吃、住和安全问题,不能因为调整布局、集中办学而影响学生入学,造成学生辍学"。② 同时,从编制、生师比、学科结构等提出了优化教师队伍的原则要求。

三、2006 年重点完成乡镇以上学校"寄宿制"攻坚任务

2006 年 3 月 1 日,《贵州省国民经济和社会发展第十一个五年规划纲要》提出教育优先发展的目标,在基础教育方面"切实解决农村义务教育办学经费,重点增加对民族地区、贫困地区的教育投入。将农村公办教育经费纳入政府公共财政体制范围。建立和完善教职工工资按时足额发放、学校公用经费、危房改造和学校建设经费投入的长效机制,全部消除现有 D 级危房"③。在其"两基"攻坚的主要任务中提出:"加强农村中小学建设,进一步改善办学条件。以实施农村'寄宿制'学校建设工程为依托,设置初中的乡镇基本建成一所'寄宿制'初中,农村初中住校生人数达到应住校生人数的 70% 左右。"④显示将"寄宿制"、薄弱学校、农村中小学危房改造、普九工程与"撤点并校"进一步结合起来的态势。

四、2011 年强化初中为主小学为辅的农村"寄宿制"学校的资源投入

2011 年 7 月 7 日,贵州省人民政府下发《贵州省农村"寄宿制"学校建设攻坚工程实施方案的通知》(黔府发〔2011〕23 号),将农村学校食堂和"寄宿制"学校建设作为实现教育均衡发展的重点,将解决教师周转房、实现营养餐计划及配置教辅人员作为"寄宿制"学校攻坚的要求。提出在第十二个五年计划期间,"实现农村中小学(除教学点外)校校有食堂的目标……农村小学在校生寄宿率达到

---

① 贵州省人民政府办公厅转发. 省教育厅关于我省中小学布局结构调整意见的通知(黔府办发〔2000〕80 号)〔J〕. 贵州省人民政府公报,2000(18);110 法律法规网站,http://www. 110. com/fagui/law_186892. html.

② 贵州省人民政府办公厅. 关于印发农村中小学布局结构调整和优化农村中小学教师队伍意见的通知(黔府办发〔2002〕109 号)〔J〕.《贵州政报》2003 年 Z1 期 ,又载 110 法律法规网,http://www. 110. com/fagui/law_171570. html.

③ 贵州省国民经济和社会发展第十一个五年规划纲要〔Z〕. Http://news. sohu. com/20060228/n242050656. shtml.

④ 同上.

30%,初中在校生寄宿率达到70%……实现农村教师安居乐教……探索建立具有贵州特色的农村学生营养保障机制……逐步配备农村"寄宿制"学校校医、安保、宿管人员……基本解决全省农村中小学生就餐难和学生、教师住宿难的问题,为实现我省义务教育均衡发展奠定基础"①。具体任务为:"2011年,完成9901个农村学生食堂的建设,2012—2015年,为1840所学校建设学生宿舍,其中小学1000所,初中840所,2011—2015年,为14.5万农村教师建设周转宿舍7.2万套。"②

2011年8月,《贵州省中长期教育改革和发展规划纲要(2010—2020)》出台,在义务教育阶段,重点是进一步巩固"两基"成果、促进义务教育均衡发展、进一步加强"寄宿制"学校建设、"扩大城镇中小学教育资源、全面提高义务教育质量、减轻学生过重的课业负担"③。除了在学前教育阶段,要求"充分利用中小学布局调整闲置的资源,新建、改扩建1000余所乡(镇)中心幼儿园"④外,与农村中小学布局调整和资源配置相关的是[以下摘自《贵州省中长期教育改革和发展规划纲要(2010—2020)》]:

"促进义务教育均衡发展:建立健全义务教育均衡发展保障机制,均衡配置教师、经费、校舍、设备等各种资源。加强薄弱学校办学条件达标建设,大力推进义务教育学校标准化建设。到2016年,23个试点县义务教育学校达到《贵州省义务教育阶段学校办学标准》要求,完成2000余所学校的新建和改扩建工程;到2020年,全省非试点县义务教育学校全部达到《贵州省义务教育阶段学校办学标准》要求,所有县(市、区、特区)基本实现县域内义务教育均衡发展。实施教育资源共享的学区化管理改革,大力拓展优质教育资源,缩小校际差距,积极探索解决"择校"问题的有效途径。"⑤

"进一步加强'寄宿制'学校建设:加强农村'寄宿制'学校配套生活、卫生设施建设。完善农村'寄宿制'初中建设,优先满足留守儿童住宿需求,到2015年,在现有93万初中寄宿生基础上,再增加40万初中寄宿生;到2020年,全部解决农村初中生住宿需求。坚持就近入学与相对集中办学相结合,根据实际需要,农村'寄宿制'学校建设工程向小学延伸,小学生住校率达到20%。保留和办好必要

---

① 贵州省人民政府办公厅.贵州省农村"寄宿制"学校建设攻坚工程实施方案的通知(黔府发〔2011〕23号)[Z].贵州省人民政府网,http://www.gzgov.gov.cn/xxgk/gwgb/qff/79860.shtml.

② 同上.

③ 贵州省中长期教育改革和发展规划纲要(2010—2020)[Z].中国教育和计算机网,http://www.edu.cn/gdgy_11832/20110804/t20110804_660143_5.shtml,2011-08-04.

④ 同上.

⑤ 同上.

的村小和教学点,方便学生就近入学。"①

"扩大城镇中小学教育资源:按照经济发展、城镇化建设、教育人口下降和人口流动的趋势合理调整和规划城乡学校布局,加强城镇中小学基本建设,适应城镇化发展需要。实施城镇化中小学建设工程,按照构建黔中经济区需要,在大中城市和县城新建200余所主要服务于进城务工人员随迁子女入学的公办中小学。"②

该纲要显示,农村教育重在利用闲置乡镇学校资源办学前教育,薄弱学校达到义教办学标准,加强"寄宿制"学校建设,达至所有初中生寄宿及20%小学生的住校率,同时首次提出城镇化中小学建设服务农民工子女适应城镇化发展需要。

提高义务教育水平重点项目,反映了2010—2020年的硬件资源配置的重点,必要的村小和教学点的保留不在其列,但包括农村艰苦边远地区学校教师周转宿舍建设工程。

"义务教育标准化建设工程:完善城乡义务教育经费保障机制。义务教育巩固提高工程。中小学校校舍安全工程。城镇化中小学建设工程。农村义务教育阶段"寄宿制"学校建设工程。义务教育阶段薄弱学校改造工程。农村艰苦边远地区学校教师周转宿舍建设工程。农村学校体育卫生设施设备配置工程。中小学"班班通"工程。"③

义务教育质量工程则体现了软件师资投入的重点,其中包括薄弱学校管理与发展计划、农村学校(教学点)教育教学专业扶助计划。

"义务教育质量工程:省级中小学教师培训计划。农村教师素质提升工程。省级骨干教师、教育教学名师培训培养工程。中小学教师教学改革与质量提高激励计划。薄弱学校管理与发展计划。城市优质中小学拓展工程。农村学校(教学点)教育教学专业扶助计划。万名校长培训工程。课堂教学改革与质量提高计划。义务教育质量监测评估试点。素质教育督导评估计划。中小学生思想道德建设工程。中小学生社会实践教育行动计划。"④

---

① 贵州省中长期教育改革和发展规划纲要(2010—2020)[Z]. 中国教育和计算机网,http://www. edu. cn/gdgy_11832/20110804/t20110804_660143_5. shtml,2011 – 08 – 04.
② 同上.
③ 同上.
④ 同上.

五、2012 年坚持城镇化带动及学校布局规模化的思想，对小学的规模指标有所反思

2012 年 5 月国务院叫停"撤点并校"，"为适应新形势发展需要，推动义务教育均衡发展和教育公共服务均等化，实现从'有学上'到'上好学'的转变，需要加大中小学布局结构调整力度，优化教育资源配置"①。6 月 20 日，省人民政府办公厅转发省教育厅《关于进一步推进全省中小学布局结构调整指导意见的通知》（黔府办发〔2012〕26 号），提出"逐步使农村中学集中布局到县城、'寄宿制'小学集中布局到乡镇，使教育更好地服务'加速发展、加快转型、推动跨越'的主基调和工业强省、城镇化带动战略"②的指导思想，以"科学规划、合理布局；就近入学、适度集中；资源整合、提高效益；先建后撤、保证教学；整体推进、分步实施。实现四个结合：与当地实际相结合，与社会主义新农村建设相结合，与城镇化发展相结合，与农村初中校舍改造工程、农村薄弱学校改造工程、农村'寄宿制'学校建设攻坚工程等重大教育建设项目实施相结合"③为基本原则，要求在学校布局结构调整前制订具体规划，实行科学民主决策，实施中管好用好闲置校舍，正确引导社会舆论，确保稳定，杜绝因工作简单粗暴引发群体性事件。④

具体目标任务包括："提倡小学初中独立办学，适度扩大初中学校办学规模。支持各地集中举办普通高级中学，适度扩大高中办学规模，逐步撤销设在乡镇的普通高中学校，在市（州）政府所在地以及进城务工人员较多的县城逐步建设（以改扩建为主）一批学校。"⑤

主要措施则要求："学校布局与当地工业化、城镇化布局、经济发展统筹考虑，继续加大'寄宿制'学校建设，紧密结合布局调整实施教育项目，例如调整与中小学布局结构调整原则不相符的项目，资金向连片特困地区县和少数民族地区、布局调整较快、结构相对合理的地区和布局调整后办学规模较大的新建、改建学校

---

①　贵州省人民政府办公厅转发．省教育厅《关于进一步推进全省中小学布局结构调整指导意见的通知》（黔府办发〔2012〕26 号）〔Z〕．贵州省人民政府网，http://www.gzgov.gov.cn/xxgk/zfxxgkpt/szfxxgkml/201507/t20150703_304053.html，2012-06-22.

②　贵州省教育厅．关于进一步推进全省中小学布局结构调整的指导意见〔J〕．贵州省人民政府公报，2012（07）；贵州省人民政府网，http://www.gzgov.gov.cn/xxgk/gwgb/qfbf/58697.shtml.

③　同上．

④　同上．

⑤　同上．

倾斜,而对计划撤并的学校,一律不再投入建设资金。"①

2014 年 1 月 21 日,省教育厅长霍健康《实干兴教推动跨越——在 2014 年全省教育工作会议上的讲话》虽然不是正式的政府文件,但也透露了贵州农村中小学布局调整的细节和指标的变化:"校点调整有利于推动城镇化发展、有利于教育城乡均衡发展提高质量、有利于整合节约教育资源。各县要科学合理布局中小幼校点,坚持教育资源循环利用,龙头一甩,资源盘活。原则上小学向乡镇集中,小县的初中向县城集中、大县的初中向中心区和乡镇集中,高中出城,办好必须保留的教学点,到'十二五'末,全省农村教学点和小学附设学前班减少一半以上。"②推动城镇化发展的原则和方向没有变,但提出了"十二五"末全省农村教学点和小学附设学前班减少一半以上的指标,与 2000 年贵州省人民政府办公厅转发省教育厅《关于我省中小学布局结构调整意见的通知》中"2002 年基本取消复式班,2003 年基本取消教学点,2004 年村小减少 50% 以上"③的指标相比,撤并的对象和幅度都有了较大的变化。不再强调取消教学点,同时要求布局调整有利于缓解"大班额"和"择校热"。但是,讲话中的相关内容并没有形成正式的政府文件出台,是否经过相关利益各方的论证及咨询、指标的设定依据是否符合贵州的实际、能否执行尚成疑。

① 贵州省教育厅. 关于进一步推进全省中小学布局结构调整的指导意见[J]. 贵州省人民政府公报, 2012(07); 贵州省人民政府网, http://www. gzgov. gov. cn/xxgk/gwgb/qfbf/58697. shtml.

② 霍健康. 实干兴教推动跨越——在 2014 年全省教育工作会议上的讲话[Z]. 贵州省教育厅政务网, http://www. gzsjyt. gov. cn/Item/32939. aspx, 2014 – 01 – 21.

③ 贵州省人民政府办公厅. 关于转发省教育厅关于我省中小学布局结构调整意见的通知[J]. 贵州省人民政府公报, 2000(18), http://www. cnki. com. cn/article/cjfdtotal – gzsr200018005. htm.

表 2 - 1 2000—2012 贵州农村中小学布局调整的相关政策主要内容分析表

发布年月	文件名	主要内容、重点	特征（差异）分析
2000 年 8 月	贵州省人民政府办公厅转发省教育厅《关于我省中小学布局结构调整意见的通知》（黔府办发〔2000〕80 号）	*办好管理区（片区）和乡（镇）中心小学以上完小实现学校的规模化、集约化，开办"寄宿制"，逐步减少现有村小，保留居住极分散山区的少数教学点 *2002 年基本取消复式班，2003 年基本取消教学点，2004 年村小减少 50%以上 *完小覆盖人口 5000 人左右。最小规模 12 个班，在校生达到 500 人左右。乡（镇）中心完小最小规模 18 个班，在校生达到 800 人左右，服务人口 8000 人左右 *在管理区、乡（镇）完小服务半径 3 公里以内的区域，不能有（或新建）其他小学和教学点 *学前班逐步从小学中剥离出来。到 2003 年，乡（镇）中心完小以上小学一律不再办学前班 *人口较少的小乡（镇）可举办九年制学校，实现高、初中分离办学	建设重点突出、规模要求明确、撤并指标具体。计划撤并力度达 50%，首指教学点和村小，服务半径的指标未说明是地图距离还是实际行走距离；重撤并数量，略撤并的条件——"农村小学和教学点要在方便学生就近入学的前提下适当合并"
2002 年 12 月	贵州省人民政府办公厅《关于印发农村中小学布局结构调整和优化农村中小学教师队伍意见的通知》黔府办发〔2002〕109 号	内容同上。增加： *多渠道筹措助学资金、开展勤工俭学、开辟生产基地等措施帮助特困学生解决学习和生活的困难① *小学、初中、高中生师比分别达到 23：1～28：1，18：1～21：1，13.5：1～16：1，满足普及和巩固"两基"需要②	重申上述文件，对撤并带来的远距离上学造成部分特困学生辍学问题，立足学校自行解决，重视教师资源配置问题
2006 年 3 月	《贵州省国民经济和社会发展第十一个五年规划纲要》	完成"寄宿制"攻坚任务，继续实施农村"寄宿制"学校建设工程，设置初中的乡镇基本建成一所"寄宿制"初中 实施农村薄弱学校改建工程，全部消除现有 D 级危房	"寄宿制"、薄弱学校改造列入"十一五"规划，表明乡（镇）中心小学以上完小和初中为农村中小学布局的重中之重，"撤点并校"中的部分薄弱村小可能有一定资源投入，而教学点不在考虑范围

---

① 贵州省人民政府办公厅. 关于印发农村中小学布局结构调整和优化农村中小学教师队伍意见的通知（黔府办发〔2002〕109 号）〔Z〕. Http：//xuewen. cnki. net/CJFD － GZSR2003Z1006. html.

② 同上.

续表

发布年月	文件名	主要内容、重点	特征(差异)分析
2011 年 7 月	《贵州省农村"寄宿制"学校建设攻坚工程实施方案的通知》(黔府发〔2011〕23 号)	*加强农村学校食堂建设,实现农村中小学(除教学点外)校校有食堂的目标① *强力推进农村"寄宿制"学校建设,使农村小学在校生寄宿率达到30%,初中在校生寄宿率达到70%② *各地逐步配备农村"寄宿制"学校校医、安保、宿管人员 *加快农村教师周转宿舍建设 *逐步实施农村学生营养改善计划 *2012—2015 年:食堂9901 个、学生宿舍1840 所、教师周转宿舍7.2 万套	强化初中为主小学为辅的农村"寄宿制"学校的资源投入
2011 年 8 月	《贵州省中长期教育改革和发展规划纲要(2010—2020)》	*充分利用中小学布局调整闲置的资源,新建、改扩建1000 余所乡(镇)中心幼儿园③ *加强薄弱学校办学条件达标建设,2016 年23 个试点县义务教育2000 余所学校,2020 年全省非试点县义务教育学校全部达到《贵州省义务教育阶段学校办学标准》要求④ *加强农村"寄宿制"学校配套生活、卫生设施建设。农村"寄宿制"初中优先满足留守儿童住宿需求,2015 年再增加40 万初中寄宿生,2020 年全部解决农村初中生住宿需求⑤ *坚持就近入学与相对集中办学相结合,根据实际需要,农村"寄宿制"学校建设工程向小学延伸,小学生住校率达到20%。保留和办好必要的村小和教学点,方便学生就近入学⑥	重点依然是"寄宿制"初中,首次具体提出如何对"撤点并校"闲置资源重新利用,首次提出坚持就近入学与相对集中办学相结合,但在具体提出"寄宿制"小学的住校率指标的同时,对"必要"的村小教学点的表述模糊不清。说明对以往政策执行中盲目撤并造成的问题有所关注,但资源的投放方向没有改变

---

① 贵州省人民政府. 贵州省农村"寄宿制"学校建设攻坚工程实施方案的通知(黔府发〔2011〕23 号)[J]. 贵州省人民政府公报,2011(11).

② 同上.

③ 贵州省中长期教育改革和发展规划纲要(2010—2020)[Z]. 中国教育新闻网,http://www.jyb.cn/info/dfjyk/201103/t20110310_418746.html.

④ 同上.

⑤ 同上.

⑥ 同上.

续表

发布年月	文件名	主要内容、重点	特征(差异)分析
2012 年 5 月	《关于进一步推进全省中小学布局结构调整指导意见的通知》(黔府办发〔2012〕26 号)	*逐步使农村中学集中布局到县城、"寄宿制"小学集中布局到乡镇,使教育更好地服务'加速发展、加快转型、推动跨越'的主基调和工业强省、城镇化带动战略① *科学规划、合理布局;就近入学、适度集中;资源整合、提高效益;先建后撤、保证教学;整体推进、分步实施② *在乡镇中心小学和部分人口较多的社区小学建设"寄宿制"学校,逐步减少现有村小和教学点,形成以一定比例的"寄宿制"小学和必要的村小、教学点为补充的农村小学新格局③ *适度扩大初中学校办学规模。初中学校学生一般应达到 1000 人以上。原则上人口在 2 万人以下和学生规模达不到 600 人的乡镇不独立设立初中学校,人口在 2 万人至 5 万人的乡镇可举办 1 所初中学校,人口在 5 万人以上的乡镇可举办 2 所初中学校④ *支持各地集中举办普通高级中学,适度扩大高中办学规模,逐步撤销设在乡镇的普通高中学校,在县城新建一批规模一般在 3000 人左右的普通高中,满足初中毕业生升入普通高中就读的需要⑤	坚持城镇化带动的战略思想、谨慎的布局原则,提出以一定比例的"寄宿制"小学为主、其他村小教学点为辅的新格局,对小学的规模、服务半径没有明确的表述,说明对 2000 年的规模指标有反思,给基层留下讨论的空间;提出具体的初中规模,但未设规模上限,给超级中学的出现带来空间;明确高中进城的要求,进行城镇中学校的改扩建以适应城镇化带来的人口激增的变化

---

① 关于进一步推进全省中小学布局结构调整指导意见的通知(黔府办发〔2012〕26 号)[Z].
  贵州省人民政府网,http://www.gzgov.gov.cn/xxgk/zfxxgkpt/szfxxgkml/201507/t20150703_
  304053.html.
② 同上.
③ 同上.
④ 同上.
⑤ 同上.

发布年月	文件名	主要内容、重点	特征(差异)分析
2012年5月	《关于进一步推进全省中小学布局结构调整指导意见的通知》（黔府办发〔2012〕26号）	*在市(州)政府所在地以及进城务工人员较多的县城逐步建设（以改扩建为主）一批学校，解决进城务工人员随迁子女入学就读问题，逐步满足城镇学生人数不断增加的需要。在"十二五"期间较好地解决县城及城市学校"大班额"和进城务工人员子女入学难问题①	

第二节　贵州省农村学校撤并情况扫描

一、全国的数据

在对贵州农村学校撤并情况进行扫描前,我们先来看看教育部公布的1998—2007年教育事业发展统计公报的数据,以便做一个对比。

表2-2　全国"撤点并校"数据（小学）

年份	学校数量（万所）	在校生人数（万人）
1998	60.96	13953.8
1999	58.23	13547.96
2000	55.36	13013.25
2001	49.13	12543.47
2002	45.69	12156.71
2003	42.58	11689.74
2004	39.42	11246.23
2005	36.62	10864.07
2006	34.16	10711.53
2007	32.01	10564

---

① 关于进一步推进全省中小学布局结构调整指导意见的通知(黔府办发〔2012〕26号)[Z].贵州省人民政府网,http://www.gzgov.gov.cn/xxgk/zfxxgkpt/szfxxgkml/201507/t20150703_304053.html.

年份	学校数量(万所)	在校生人数(万人)
减少总数	28.95	3389.8
减少比例(%)	47.50	24.30

(数据来源:中华人民共和国教育部官方网站公布数据)

数据显示 1998—2007 十年间,全国学校数目减少了 47.50%,人口减少了 24.30%,表明学校减少力度比人口减少的力度大了一倍,或者说人口减少非学校减少的主要依据。

表 2-3 1997—2009 年农村小学校数与全国小学校数变化情况对比

	1997 年	2009 年	减少学校数合计	平均每天减少学校数
全国农村小学数(所)	512993	234157	278836	64
全国小学数(所)	628840	280184	348656	80
农村小学校数所占比例(%)	81.5	83.5	79.9	80

[数据来源:中华人民共和国教育部官方网站公布数据(目前只公布到 2009 年)]

自 1997 年以来,平均每天有 64 所农村小学消失,占减少学校数量的 80%。

贵州农村的"撤点并校",似乎经历了两个阶段。2000 年前是高中集中到县城,多个初中合并为一个初中;2000 年后开始大规模地小学撤并,2004 年开始举办"寄宿制"学校,2006 年前后举全力进行"寄宿制"学校攻坚,2011 年强化初中为主小学为辅的农村"寄宿制"学校的资源投入,农村学校布局逐步向小学进乡初中进(县)城的目标迈进。

二、贵州的基本数据

(一)1990—1999 年贵州农村小学撤并数据

1. 1999 年前贵州省农村小学减幅 13.51%,校生均数增加 33.85%

根据表 2-4 的数据统计,截止到 1999 年年底,贵州中小学及学生的数量变化为两个减少、四个增加。两个减少为小学和教学点数量减少,四个增加为在校中、小学生数量及中、小学生均学生数量增加。

1990 年贵州省小学 21554 所,到 1999 年余 18508 所,10 年间减少了 3046 所,减少了 14.22%。1990 年教学点 11907 个,到 1999 年余 10298 个,10 年间减少了

1609 个,减少了 13.51%;与之相反的是贵州省在校小学生和校生均学生的数量却在增加。在校小学生由 1990 年的 435 万人增加到 501 万人,10 年增加了 66 万人,增加了 15.17%,校均学生由 1990 年的 130 人增加到 174 人,增加了 44 人,增加了 33.85%。这与 2000 年贵州省人民政府办公厅转发省教育厅《关于我省中小学布局结构调整意见的通知》的统计一致。[①] 以上数据说明,1990—1999 年,贵州省中小学布局调整是以撤并为导向的。

表 2-4 并没有提供初中、高中学校的数据变化,但杨贵平曾撰文指出农村中小学布局调整始于 20 世纪 80 年代,是以初高中为主要对象的:"80 年代中期以前,中国农村学校布局基本以'村村有小学,乡乡有初中'为原则。许多县教育部门规定学校要在村庄 2.5 公里之内,以便学生就近上学。但在 80 年代中期,中国进行了第一次较大规模的农村中、小学布局调整,各级地方政府以农村初、高中为重点,逐年撤并了许多初高中及小学。"[②]

表 2-4 1999 年贵州省中小学(生)基本数据(一)

年份	小学(所)	教学点(个)	小学生(万)	校均学生(人)	初中生(万)	校均学生(人)
1990	21554	11907	435	130	83.2	521
1999	18508	10298	501	174	122.8	659
增减量	-3046	-1609	+66	+44	+39.6	+138
增减率(%)	-14.22	-13.51	+15.17	+33.85	+47.6	+26.49

(数据来源:课题组根据贵州教育年鉴数据整理)

1990 年杨贵平在贵州一个县调查发现,"当地教育单位以调整教学资源、提高教学质量为目标,撤除了三分之一的学校。许多我访问的县将所有乡(在山区,一个乡 5000~15000 人)的高中撤了,全县只剩下一个高中,集中在县城;同时将数个初中合并成一个中心初中。离学校远的村,孩子要走三四小时,近的也要走两小时,因此大部分的初中生都要住校。集中办初中的措施,到 2000 年基本完

① 贵州省人民政府办公厅转发.省教育厅关于我省中小学布局结构调整意见的通知(黔府办发〔2000〕80 号)[J].贵州政报,2000(18);110 法律法规网站,http://www.110.com/fa-gui/law_186892.html.

② 杨贵平.论"撤点并校"对贫困农民、农村的负面影响[Z].立场—教育对话,http://www.lichang.org/2009/02/3%20yangguiping.htm.

成"[1]。

2. 农村学校占了全省小学的 90.95%, 村均学校 1.02 所(点)

2000 年贵州省人民政府办公厅转发省教育厅《关于我省中小学布局结构调整意见的通知》将贵州中小学校传统办学模式总结为"多小缺散低"。所谓多,指学校(含教学点)数量多;所谓小,指学校办学规模小、班额小;所谓缺,指学校功能缺;而散,指教育投资分散;低,指教育质量低。"多小缺散低"的问题主要存在于农村小学和校点。

例如,截至 1999 年全省小学校点 28806 所,农村校点就有 26200 所,占全省校点的 90.95%,平均每个村寨 1.02 所学校。这与 80 年代提出的"村村有学校"的中国农村基础教育的布局相吻合。1999 年,全省小学班额 142845 个,10 人以下的极小班额就有 6379 个,占班额总数的 4.5%。不仅如此,"初中学生中有 18.7 万人在小学戴帽初中班学习,占初中在校生的 15.2%"[2]。部分小学承担了初中的教育,严重影响了教学质量。

表 2 - 5　1999 年贵州省中小学(生)基本数据(二)

全省小学数(所、点)	农村校点(点)	农村小学校占比	村均学校(所、点)
28806	26200	90.95%	1.02
全省小学班额(个)	10 人以下班额(个)	极小班额占比	
142845	6379	4.5%	

(数据来源:课题组根据贵州教育年鉴数据整理)

表 2 - 5 显示了 1999 年年底贵州农村中小学校"多小缺散低"的特点。与 1990 年相比,全省的小学数量下降了 14.22%,小学生总数增加 15.17%,校生均数增加 33.85%,说明 2000 年前贵州省已经着手进行农村中小学撤并和布局调整,校生均数增加说明学校减少但规模扩大,而小学生总数增加说明学校撤并与学生人数多少没有正相关关系。

(二)2000—2012 年贵州省农村小学撤并数据

1. 2000—2012 年贵州省小学减幅 45.83%,其中教学点减幅为 65.10%,班级

---

① 杨贵平. 论"撤点并校"对贫困农民、农村的负面影响[Z]. 立场—教育对话, http://www.lichang. org/2009/02/3%20yangguiping. htm.

② 贵州省人民政府办公厅转发. 省教育厅关于我省中小学布局结构调整意见的通知(黔府办发[2000]80 号)[J]. 贵州省人民政府公报, 2000(18); 110 法律法规网站, http://www.110. com/fagui/law_186892. html.

数减幅为 11.86%；在被撤并的学校中，教学点占了 49.20%，村级小学占了 50.80%。

2000 年 5 月，贵州省教育厅召集全省各州县教育局讨论制订撤并校点的计划，拟撤并全省小学校点总数一半以上的校点，其后产生黔府办发〔2000〕80 号文件。但据课题组的调查，当时参加会议的基层教育部门负责人对撤掉半数的提议及相关的指标要求有诸多的压力，认为不太切合贵州山区的实际，但是基于以县为主的财政压力，不得不做这样的选择。

到 2002 年，贵州省已"进行了一次大规模'撤点并校'的工作，一些教学点、复式班和村小相继关闭，仅当年全省小学学校数量就减少了近 4000 所，教学点减少了 40298 个"①。

2004 年，作为"国家农村'寄宿制'学校建设工程建设的试点地之一，贵州省计划投入资金 92714.2 万元，在从 2004 年开始的 4 年时间里，在全省 83 个县推行农村学校'寄宿制'"②。"2005 年贵州省共获中央专项资金 6.3 亿元，用于建设农村'寄宿制'学校。计划建设项目学校 691 所，范围覆盖全省 9 个地州市，将完成总工程规划的 70%。"③

2006 年 1 月 26 日《关于贵州省国民经济和社会发展第十一个五年规划纲要的报告》数据显示，截至 2005 年 12 月，贵州省农村中小学办学条件明显改善，建成了 1025 所义教工程项目学校，1573 所"普九"工程项目学校，358 所农村"寄宿制"项目学校，22698 所农村中小学现代远程教育学校和站点，改造了 2445 所农村中小学危房。④ 仅一年的时间，"寄宿制"项目学校就完成了 51.8% 的工作任务。

在上述目标任务完成的同时，农村学校的撤并的速度也在加快。

表 2－5 显示，从 2000 年至 2012 年，贵州全省小学数量由 17985 减少到 11592 所，小学数量减少了 6393 所，减幅为 35.55%；教学点由 9607 个减少到 3352 个，减少了 6255 个，减幅为 65.10%，合计撤并学校 12648 所，减幅为 45.83%，在被撤并的学校中，教学点占了 49.20%，村级小学占了 50.80%。

---

① 贵州乡村寄宿学校喜与忧［Z］. 新浪网，2005－03－17.

② 同上.

③ 贵州省投入 6.3 亿专款建设农村"寄宿制"学校［Z］. 新浪网，http://news. sina. com. cn/c/ 2005－09－20/10526990040s. shtml，2005－09－20.

④ 关于贵州省国民经济和社会发展第十一个五年规划纲要的报告［J］. 贵州省人民政府公报，2006（02）.

表2－6　2000—2012贵州省小学数量变化表

年份	学校数（所）	比上一年增减（所）	增减幅（%）	教学点（个）	比上一年增减（个）	增减幅（%）	班级数（个）	比上一年增减（个）	增减幅（%）
2000	17985			9607			140707		
2001	15339	-2646	-15	6090	-3517	-37	132754	-7953	-5.7
2002	14822	-517	-3.4	5772	-318	-5.2	129459	-3295	-2.5
2003	14504	-318	-2.2	5324	-448	-7.8	126957	-2502	-1.9
2004	14257	-247	-1.7	5357	+33	+0.6	126430	-527	-0.4
2005	14258	+1	+0.007	4862	-495	-9.2	122598	-3832	-3.0
2006	14076	-182	-1.7	4645	-217	-4.5	120585	-2013	-1.6
2007	13645	-431	-3.1	4550	-95	-2.1	119406	-1179	-1.0
2008	13107	-538	-3.9	4296	-254	-5.6	119819	+413	+0.4
2009	12862	-245	-1.9	3974	-322	-7.5	117242	-2577	-2.2
2010	12422	-440	-3.4	3648	-326	-8.2	112731	-4511	-3.9
2011	12008	-414	-3.3	3404	-241	-6.6	108012	-4719	-4.2
2012	11592	-416	-4.0	3352	-52	-1.5	103138	-4874	-4.5
合计		-6393	-35.55		-6255	-65.10		-37569	-26.70

（数据来源：课题组根据贵州教育年鉴数据整理）

学校撤并的高峰期是 2001 年,当年小学数量减少了 2646 所,减幅 15%,教学点数量减少了 3517 个,减幅 37%,合计撤并 6163 所,减幅 22.33%。2012 年、2008 年、2002 年是小学撤并的第二、三、四峰值;2005 年、2010 年、2003 年是教学点撤并的第二、三、四峰值,教学点年均减幅 5.92%,村级小学年均减幅 3.20%,说明教学点的撤并力度大于村级小学。教学点减少的峰值与"2004 年前教学点减少一半"的政策导向相一致,村级小学的减幅峰值与 2011 年强力推进农村"寄宿制"学校建设的政策导向一致。

从 2000 年至 2012 年,教学班级数由 140707 个减少到 103138 个,减少了 37569 个,减幅 26.70%,其中第一峰值为 2001 年,这与学校撤并的第一高峰值相应,其次为 2012 年、2011 年、2010 年,其中 2012 年与学校撤并的第二高峰值相应,2010 年与教学点撤并的第三高峰值相应,说明班级的减少与小学和教学点的减少有较大的关联。同时班级数的减幅 26.70% 大大低于 45.83% 的学校减幅,意味着每一所保留下来的学校班额在扩大或班级数在增加。

2. 2000—2012 年贵州省小学招生数减幅 27.08%,在校生数减幅 24.02%,均低于 45.83% 的学校减幅,小学撤并力度过大、速度过快

以学校撤并的第一高峰期 2001 年为例,当年招生数 830232,比 2000 年增加了 19740,增幅 2.4%,但是 2001 年在校生 4901665,比 2000 年减少了 100417,减幅 2.0%;到 2006 年的小学毕业生数为 731361,与 2001 年招生数相比,减少了 98871 人,减幅 11.91%。

表 2-7   2000—2012 年贵州省小学学生数变化表

年份	毕业生数(个)	招生数(个)	比上一年增减(个)	增减幅(%)	在校学生数(个)	比上一年增减(个)	增减幅(%)
2000	732301	810492			5002082		
2001	778446	830232	+19740	+2.4	4901665	-100417	-2.0
2002	816123	848378	+18146	+2.2	4842831	-58834	-1.2
2003	805694	827264	-21114	-2.5	4768740	-74091	-1.5
2004	766334	836431	+9167	+1.1	4794083	+25343	+0.5
2005	742112	772201	-64230	-7.7	4737645	-56438	-1.2
2006	731361	787895	+15694	+2.0	4743780	+6135	+0.1
2007	751878	735245	-52650	-6.7	4663136	-80644	-1.7
2008	763062	722009	-13236	-1.8	4697910	+34774	+0.8
2009	784574	698976	-23033	-3.2	4568716	-129194	-2.8

年份	毕业生数(个)	招生数(个)	比上一年增减(个)	增减幅(%)	在校学生数(个)	比上一年增减(个)	增减幅(%)
2010	798173	656919	−42057	−6.0	4334971	−233745	−5.1
2011	773003	626379	−30540	−4.7	4087382	−247589	−5.7
2012	760174	591024	−35355	−5.6	3800803	−286579	−7.0
合计			−219468	−27.08		−1201279	−24.02

(数据来源:课题组根据贵州教育年鉴数据整理)

以教学点撤并的第二峰值2005年为例,当年招生数772201,比上一年减少64230,减幅7.7%,为历年招生减幅之首,在校学生数4737645,比上一年减少56438,减幅1.2%;以小学撤并的第二高峰值2012年为例,招生数591024,减少了35335,减幅5.6%,在校生数3800803,减少了286579,减幅7.0%,为历年在校生减幅之首(详表2-7)。

总体来看,2000年至2012年,小学招生数和在校生数都呈现下降的趋势,除2001年、2002年均为前增后减,2008年为前减后增,2009年以后的年份增减趋势一致;招生数减幅达30.3%(年均减幅2.53%),在校生数减幅达26.8%(年均减幅2.23%)均低于45.83%的学校减幅(年均减幅3.84%),一方面说明适龄儿童数量呈下降趋势,一方面学校减幅高于适龄儿童的减幅,并且其间有在校生流失情况,说明撤并力度过大、速度过快(尤其是2001—2002年)、合并后的学校建设和资源配置跟不上撤并速度,对学生的接纳有限(或者学生因各种原因选择就读新的合并后的学校)。

3. 2000—2012年贵州省小学规模逐年扩大,校生均数增幅40.90%,班额增幅3.66%,班级数平均7.05个,总增幅38.23%

表2-8则显示2000—2012年贵州省小学规模逐年扩大,总增幅40.90%,年均增幅3.72%。其中2001年校生均数增幅最大,达26.17%,校生均数最多为2009年的271.37,但2009年学校规模增幅最低,为0.68%,2010年后连续3年出现减幅;班额增幅3.66%,其中从2009年起连续4年出现减幅。校班级数最低值5.10个,高值7.01个,年平均班级数7.05个。班生均数在35.55～39.34人之间,符合2010年《贵州省义务教育阶段学校基本办学标准》"≤45人/班"的要求。

与2000年制定的学校规模指标"最小规模12个班,在校生达到500人左右。乡(镇)中心完小最小规模18个班,在校生达到800人左右"相比,有很大的差距。

这差距说明当初的指标设定缺乏科学合理的依据。需要说明的是,由于资料有限,表2-8显示的是全省的小学生均规模,并不能说明城乡之间、乡村之间小学的规模差距,尤其是经济发达与滞后、地势地貌相对平缓的坝区与沟壑纵横的山区小学的规模差距。

表2-8 2000—2012年贵州省小学规模变化表

年份	在校学生数(个)	学校数(含教学点)(所)	校生均数(所)	增减幅(%)	班级数(所)	班额(班生均数)	班额增减幅(%)	校均班级(所)	比上一年增减(个)	增减幅(%)
2000	5002082	27592	181.29		140707	35.55		5.10		
2001	4901665	21429	228.74	+26.17	132754	36.92	+1.02	6.20	+1.10	+21.57
2002	4842831	20654	234.47	+2.51	129459	37.41	+1.33	6.27	+0.07	+1.13
2003	4768740	19828	240.51	+2.58	126957	37.56	+0.40	6.40	+0.13	+2.07
2004	4794083	19614	244.42	+1.63	126430	37.92	+0.96	6.45	+0.05	+0.78
2005	4737645	19120	247.78	+1.38	122598	38.64	+1.90	6.41	-0.04	-15.50
2006	4743780	18721	253.39	+2.26	120585	39.34	+1.81	6.44	+0.03	+15.60
2007	4663136	18195	256.29	+1.15	119406	39.05	-0.74	6.56	+0.12	+1.86
2008	4697910	17403	269.53	+5.17	119819	39.21	+0.41	6.88	+0.32	+4.87
2009	4568716	16836	271.37	+0.68	117242	38.97	-0.61	6.96	+0.08	+1.16
2010	4334971	16070	269.76	-0.59	112731	38.45	-1.33	7.01	+0.05	+0.72
2011	4087382	15412	265.20	-1.69	108012	37.84	-1.59	7.01	0	0
2012	3800803	14881	255.41	-3.69	103138	36.85	-2.61	6.93	-0.08	-1.14
			合计	+40.90			+3.66	7.05	+1.95	+38.23

(数据来源:课题组根据贵州教育年鉴数据整理)

4. 2000—2012年贵州省小学专职教师增幅13.25%,教辅人员减幅90.42,专职教师的生师比合理,而教辅人员与学生的比例失调

表2-9显示2000—2012年贵州省小学专职教师增幅13.25%,专职教师与学生比例由2000年的28.61∶1降至2012年的19.20∶1,从2003年起生师比符合"小学23∶1~28∶1"的配置标准,说明专职教师职数比较合理。但教辅人员减幅90.42%,生师比波动较大,2000—2010年平均为422.02∶1,其中2001年的比值最小(359.12∶1),2008年比值最大(535.44∶1),到了2012年陡然升高到3177.93∶1。课题组尚不知其中的原因,但可以肯定的是,在学生

远距离上学并在学校解决午餐以及"寄宿制"学校日益增多的情况下,学校需要的教辅人员包括生活老师、心理辅导员、厨师等食堂服务人员甚至校医只会越来越多,这些教辅人员的缺失,将会给学校的管理带来极大的困难,影响学生的身心健康发展。

表2-9　2000—2012年贵州小学教师数量及生师比变化表

年份	在校学生数（个）	教职工总数（个）	教辅人员（个）	比上一年增减（个）	增减幅（%）	专职老师（个）	比上一年（个）	增减幅（%）	教辅与专职教师比例	生师比1（教职工）	生师比2（教辅）	生师比3（专职）
2000	5002082	187305	12483			174822			6.66：93.34	25.73：1	400.71：1	28.61：1
2001	4901665	186887	13649	+1166	+9.34	173238	-1584	-0.91	7.30：92.70	26.23：1	359.12：1	28.29：1
2002	4842831	190170	12250	-1399	-10.25	177920	+4682	+2.70	6.44：93.56	25.46：1	395.33：1	27.22：1
2003	4768740	191695	12328	+78	+0.64	179367	+1447	+0.81	6.43：93.57	24.88：1	386.82：1	26.59：1
2004	4794083	192532	11739	-589	-4.78	180793	+1426	+0.79	6.10：93.90	24.57：1	408.39：1	26.52：1
2005	4737645	196785	13106	+1367	+11.65	183679	+2886	+1.60	6.66：93.34	24.10：1	361.47：1	26.20：1
2006	4743780	200576	11814	-1292	-9.86	188762	+5083	+2.77	5.89：94.11	23.64：1	400.62：1	25.13：1
2007	4663136	202413	10422	-1392	-11.78	191991	+3229	+1.71	5.15：94.85	23.04：1	447.43：1	24.29：1
2008	4697910	208798	8774	-1648	-15.81	200024	+8033	+4.18	4.20：95.80	22.47：1	535.44：1	23.47：1
2009	4568716	208696	9507	-733	-8.35	199189	-835	-0.42	4.56：95.44	21.88：1	480.56：1	22.94：1
2010	4334971	207209	9296	-211	-2.22	197913	-1276	-0.64	4.49：95.51	20.92：1	466.33：1	21.90：1
2011	4087382	195168				197094	-819	-0.41		20.94：1		20.74：1
2012	3800803	199179	1196			197983	+889	+0.45	0.60：99.40	19.08：1	3177.93：1	19.20：1
合计				-11287	-90.42		+23161	+13.25				

（数据来源：课题组根据贵州教育年鉴数据整理）

通过以上数据分析,发现贵州省在制定和执行本省的农村中小学布局调整政策时,重点放在了规模效益,缺少了一点因地制宜,"撤点并校"一刀切,忽略了"方便学生就近入学"这一前提,2000年的指标设定缺乏科学合理的依据。撤并速度过快,撤并力度过大,出现学生流失情况,学校生均规模和班额扩大,专职教师职数比较合理,而教辅人员与学生的比例失调,造成资源短缺或配置不当。

正如2011年10月10日省教育厅发出《关于征求〈贵州省教育厅关于调整中小学布局规划的指导意见〉的函》所指出的:"有的地方在撤并中脱离当地实际,存在简单化和一刀切的现象。由于一些交通不便地区的中小学和教学点被撤销,造成了新的上学难问题;而盲目追求调整的速度,致使一些学校出现严重的大班额现象,难以保证教学质量和师生安全"①;有的"'寄宿制'学校学生食宿条件较差,生活费用超出当地群众的承受能力,增加了学生家长负担;对布局调整后的学校处置不善,造成原有教育资源的浪费和流失等。一方面,农村在校学生数大幅减少,部分农村中小学教育资源闲置;另一方面,随着城镇人口的增加和进城务工人员随迁子女义务教育以流入地政府为主、以全日制公办中小学为主政策的落实,城镇中小学教育资源不足的问题日益凸显"②。

(三)2000—2012年贵州省初中阶段学校撤并数据

1. 2000—2012年贵州省初中学校增幅34.41%,班级数增幅45.60%,初中数量增多,学校规模相应扩大

与小学情况相反,贵州初中学校总体增长。但在大规模调整农村中小学布局的2001年,初中被撤并125所,减幅7.6%,班级数却增幅10%,说明合并后的初中规模扩大;初中减少的第二个峰值为2006年,减少了42所,减幅1.9%,第三个峰值2008年19个,减幅0.9%;2001—2012贵州省初中总体增长36.1%,其中2004年初中增加了561所,增幅35%,2003年增加109所,增幅7.2%,2011年增加46所,增幅2.1%。这与"从2004年开始的4年时间里,在全省83个县推行农村学校'寄宿制'"的投入有关。

从校均班级数量的变化看,学校数量减少则校均班级数增加,单个学校的规模扩大。班级数在15.56~21.02之间,与2010年《贵州省义务教育阶段学校基本办学标准》要求的初中班级数(12班、18班、24班、30班)相比,处于比较适度的规模。但是班额人数却超出了"≤50人/班"的要求(见表2-10)。

---

① 关于征求贵州省教育厅关于调整中小学布局规划的指导意见的函[Z]. 道客巴巴,http://www.doc88.com/p-180436256395.html.

② 同上.

2. 2000—2012 年贵州省初中招生数增幅 16.81%，在校生均数增幅 36.16%，与 34.41% 的学校增幅相应

2000—2012 年间，贵州省初中阶段在校生大幅度增长，平均增幅 31.18%，其中 2011 年峰值最高，增幅 245%，第二为 2002 年增幅 13%，第三为 2003 年增幅 8.6%，除 2006 年、2007 年、2010 年为减幅，最低峰谷为 2010 年减幅 71% 外，其他年份初中人数持续上升。

表 2-10　2000—2012 贵州省初中数量变化表

年份	学校数(所)	比上一年增减(个)	增减幅(%)	班数(个)	比上一年增减(个)	增/降幅(%)	校均班级(个)	比上一年增减(个)	增减幅(%)
2000	1648			25646			15.56		
2001	1523	-125	-7.6	28268	+2622	+10	18.56	+3	+19.28
2002	1513	-10	-0.7	30977	+2709	+9.6	20.47	+1.91	+10.29
2003	1622	+109	+7.2	34094	+3117	+10	21.02	+0.55	+2.69
2004	2183	+561	+35	35001	+907	+2.7	16.03	-4.99	-23.74
2005	2193	+10	+0.5	35552	+551	+1.6	16.21	+0.18	+1.12
2006	2151	-42	-1.9	35309	-243	-0.7	16.41	+0.20	+1.23
2007	2189	+38	+1.8	35532	+223	+0.6	16.23	-0.18	-1.1
2008	2170	-19	-0.9	37127	+1595	+4.5	17.11	+0.88	+5.42
2009	2163	-7	-0.3	37557	+430	+1.2	17.36	+0.25	+1.46
2010	2148	-15	-0.7	37702	+145	+0.4	17.55	+0.19	+1.09
2011	2194	+46	+2.1	37717	+15	+0.04	17.19	-0.36	-2.05
2012	2215	+21	+1.0	37256	-461	-1.2	16.82	-0.91	-5.29
合计		+567	+34.41		+11610	+45.60		+0.72	+4.63

(数据来源：课题组根据贵州教育年鉴数据整理)

3. 2000—2012 年贵州省初中规模逐年扩大，校生均数增幅 13.19%，班额增幅 4.72%，班额偏大，在总体扩大的走势上呈现较大的起伏。

其中，初中规模 2000—2003 年连续三年扩大，2001 年增幅最高，生均数增幅 25%，班额数增幅 5.23%，这与表 2-10 显示的初中撤并减幅有关，即学校撤并数量减少，而学生数相对稳定的情况下学校的生均数增长、学校规模扩大。2004 年初中规模出现缩小趋势，生均数减幅 22.70%，此后增减交替。2010 年减幅高达 70.44%，与表 2-11 显示的在校学生数减幅 71% 相对应，2011 年生均数陡增

237.50%,与表2-11显示的在校学生数增幅245%相对应,而表2-10显示在2010年、2011年初中数量分别减少15所(减幅0.7%)和增加46所(增幅2.1%),说明在校生的增减和学校数量的增减具有一定的正相关关系。

在2010年班额平均16.45人,其他年份55.37~57.79人之间,超出《贵州省义务教育阶段学校基本办学标准》(≤50人/班)7.7%~15.58%。

表2-11　2000—2012年贵州省初中学生数变化表

年份	毕业生数(个)	招生数(个)	比上一年增减(个)	增减幅(%)	在校学生数(个)	比上一年增减(个)	增减幅(%)
2000	331329	557466			1380966		
2001	362647	638216	+80750	+14.49	1601444	+29444	+1.9
2002	434933	703105	+64889	+10	1814034	+212590	+13
2003	502251	728959	+25854	+3.7	1969955	+155921	+8.6
2004	573295	721590	-7369	-1.0	2049364	+79409	+4.0
2005	627254	710857	-10733	-1.5	2054382	+5018	+0.2
2006	650318	704579	-6278	-0.9	2032209	-22173	-1.1
2007	645490	709794	+5215	+0.7	2014110	-18099	-0.9
2008	624484	748412	+38618	+5.4	2055674	+41564	+2.1
2009	615496	762312	+13900	+1.9	2112917	+57243	+2.8
2010	171704	764740	+2428	+0.3	620211	-1492706	-71
2011	650596	745660	-19080	-2.5	2138054	+1517843	+245
2012	663275	731931	-13729	-1.8	2100850	-37204	+1.7
合计			+93715	+16.81		+499406	+36.16

(数据来源:课题组根据贵州教育年鉴数据整理)

4.2000—2012年贵州省初中专职教师增幅65.12%,教辅人员增幅168.34%,专职教师的生师比基本合理

表2-12　2000—2012年贵州省初中规模变化表

年份	在校学生数(个)	学校数(所)	校生均数(个)	增减幅(%)	班级数(个)	班额(班生均数)(个)	班额增减幅(%)
2000	1380966	1648	837.97		25646	53.85	

续表

年份	在校学生数（个）	学校数（所）	校生均数（个）	增减幅（%）	班级数（个）	班额（班生均数）（个）	班额增减幅（%）
2001	1601444	1523	1051.51	+25	28268	56.67	+5.23
2002	1814034	1513	1198.97	+14.02	30977	58.56	+3.33
2003	1969955	1622	1214.52	+1.30	34094	57.78	-1.33
2004	2049364	2183	938.78	-22.70	35001	58.55	+1.33
2005	2054382	2193	936.79	-0.21	35552	57.79	-1.30
2006	2032209	2151	944.77	+0.85	35309	57.56	-0.40
2007	2014110	2189	920.11	-2.61	35532	56.68	-1.53
2008	2055674	2170	947.32	+2.96	37127	55.37	-2.31
2009	2112917	2163	976.85	+3.12	37557	56.26	+1.61
2010	620211	2148	288.74	-70.44	37702	16.45	-70.76
2011	2138054	2194	974.50	+237.50	37717	56.69	+244.62
2012	2100850	2215	948.47	-2.67	37256	56.39	-0.53
			合计	+13.19			+4.72

（数据来源：课题组根据贵州教育年鉴数据整理）

2012年贵州省教育厅要求初中生师比在18:1~21:1之间，表2-13显示，除2010年为5.67:1外，2001—2004高于此标准，2000年、2005—2012年均在标准之间。而与1:18的《贵州省义务教育阶段学校基本办学标准》（2010年）相比，专职教师数量略有差距。

以上数据说明，贵州省初中数量增加，校均规模普遍扩大，教师和学生数量增长，专职教师与学生的生师比相对合理，但班额偏大。教辅人员与学生的比例接近一个班配置一个教辅人员，但由于没有相应的标准，或无实际案例支撑，尚不好评估是否合理。对其生师比及教辅岗位的评估，应根据不同类型（"寄宿制"与非"寄宿制"）学校的不同需求和工作量进行。

表 2 - 13 2001—2012 年贵州初中教师数量及生师比变化表

年份	在校学生数(个)	教职工总数(个)	教辅人员(个)	比上一年增减(个)	增减幅(%)	专职老师(个)	比上一年(个)	增减幅(%)	教辅与专职教师比例	生师比1(教职工)	生师比2(教辅)	生师比3(专职)
2000	1380966	94670	25172			69498			26.59:73.41	14.59:1	54.86:1	19.87:1
2001	1601444	103116	28650	+3478	+13.82	74466	-6690	-8.2	27.78:72.22	15.53:1	55.87:1	21.51:1
2002	1814034	113232	31821	+3171	+11.07	81411	+6945	+9.3	28.10:71.9	16.03:1	57.14:1	22.27:1
2003	1969955	123132	35233	+3412	+10.72	87899	+6488	+8.0	28.61:71.39	16:1	55.87:1	22.42:1
2004	2049364	131660	38532	+3299	+9.36	93128	+5229	+6.0	29.27:70.73	15.58:1	53.19:1	22.03:1
2005	2054382	138949	41866	+3334	+8.65	97083	+3955	+4.3	30.13:69.87	14.79:1	49.02:1	21.14:1
2006	2032209	144303	44150	+2284	+5.46	100153	+3070	+3.2	30.60:69.40	14.09:1	46.08:1	20.28:1
2007	2014110	145453	43592	-558	-1.26	101861	+1708	+1.7	29.97:70.03	13.85:1	46.30:1	19.76:1
2008	2055674	148292	43216	-376	-0.86	105076	+3215	+3.2	29.14:70.86	13.87:1	47.62:1	19.57:1
2009	2112917	152175	44286	+1070	+2.48	107889	+2813	+2.7	29.10:70.90	13.89:1	47.62:1	19.57:1
2010	620211	155346	45910	+1624	+3.67	109436	-74817	-69	29.55:70.45	3.99:1	13.51:1	5.67:1
2011	2138054	171950	60677	+14767	+32.17	111173	+1117	+1.0	35.29:64.71	12.44:1	35.21:1	19.24:1
2012	2100850	182299	67546	+6869	+11.32	114753	+3580	+3.2	37.05:62.95	11.52:1	31.06:1	18.32:1
合计				+42374	+168.34		+45255	+65.12				

(数据来源:课题组根据贵州教育年鉴数据整理)

第三章

样本县乡村学校的布局调整

　　贵州地处云贵高原东部,平均海拔 1100 米,有高原山地、丘陵和盆地三种地貌,山地和丘陵面积占 92.5%,盆地占 7.5%,山高谷深是其特点。北有大娄山,中南有雷公山,东北有武陵山,西有乌蒙山,四大山脉之间由大大小小的丘陵和盆地构成。农村村落的分布和学校的布局与其地理地貌环境密切相关。

　　贵州省有 54 种民族,汉族为主体民族,有苗族、侗族、布依族、彝族、土家族、仡佬族、水族、瑶族、回族、仫佬族、白族、畲族、壮族、毛南族、蒙古族、满族、羌族 17 个世居少数民族。“截至 2010 年全省常住人口中,少数民族人口为 12547983 人,占全省总人口 36.11%,其中人口最多的少数民族依次为苗族(397 万人)、布依族(251 万人)、土家族(144 万人)、侗族(143 万人)、彝族(83 万人)。”①

　　贵州省的少数民族以大杂居小聚居的方式分布在 88 个县(市、区、特区),相对集中在黔东南苗族侗族自治州、黔南布依族苗族自治州、黔西南布依族苗族自治州,这三个民族自治州的面积为 9.78 万平方公里,占全省面积的 55.5%。

　　本项目选择黔东南苗族侗族自治州的雷山县、黔南布依族苗族自治州的长顺县作为样本县,进行农村山区学校布局及资源配置的调研。雷山县处于山高谷深的雷公山脉,长顺县则为山地丘陵杂间的山区。它们的地理环境、村落分布、居住方式、交通道路条件是贵州多民族山区农村的缩影,其农村基础教育的现实状况及“撤点并校”引发的资源配置问题,在贵州具有一定的普遍性和代表性。

---

　　①　贵州百科信息网,http://gz.zwbk.org/gz_nation.aspx.

第一节　长顺县乡村学校的布局调整

一、长顺县自然文化生态环境

长顺县位于贵州省南部,隶属贵州省黔南布依族苗族自治州,全县主要由山地、坡地、山间谷地和少数丘陵地构成,仅威远、广顺等少数乡镇为小型的平原型地貌,因此乡与乡之间、镇与镇之间、村与村之间受到山区地貌的严重隔离。长顺农村社会的村落,多由分散度很大的自然村组成,一个行政村往往包含十几个自然村(村民小组),而一个村民组往往又分散在两至三平方公里的范围内。全县范围内的自然村主要由几十户、百余户坐落在山间偏坡地带的聚居村组成,也存在数量很大的散居型自然村(七八户人家组成的小聚落),两三百户的大型聚居村很少。

行政村与乡镇之间相距十二三公里,同一乡镇中的行政村与行政村相距五六公里至十一二公里,行政村中的村民组(自然村)与村民组之间相距三四公里不等,远的则相距七至八公里。2013 年进行新一轮的撤乡并镇,长顺县由 17 个乡镇并为六镇一乡,乡镇的服务范围扩大,但保留了原乡镇所在地的"服务区"。

各个乡镇之间有县乡级公路连接,交通比较方便,大部分行政村由村级公路连接,但绝大多数村落(行政村与自然村)之间,都靠难以行走的山路交通连接,且常受自然灾害(如山洪滑坡)的影响而中断。

长顺县 2010 年年末总人口 25.78 万人,其中少数民族人口 14.68 万人,占总人口的 56.94%。少数民族共 22 个,以布依族、苗族为主,占少数民族人口的 90%以上。少数民族在全县各乡镇均有分布,聚居的则形成村落,如广顺镇四寨村的苗族村寨、长寨镇冗雷村的布依族村寨、敦操乡过荣村的苗族村寨等,在语言上,分别属于苗语黔东方言(少部分地区属于川黔滇方言)和布依语。生活在长顺境内的还有一个独特的人们共同体,即屯堡人,他们是明代调北征南和调北填南时期从湖广迁徙而来的,主要生活在与安顺接壤的马路乡。这些少数民族经过长期的发展,形成了独具特色的民族文化,成为地方文化的重要组成部分。但随着区域内经济社会的不断发展,主流文化和价值观的日益强大,这种民族文化的多样性开始弱化。

长顺县历史上有重视办学的风气,民国初年即盛行私塾蒙学,当时的小学教育包括初等、高等小学堂和初级、高级小学校,此外还有短期小学、女子学校、私立小学。中华人民共和国成立后,小学教育迅速发展,除普通全日制小学外,还办有多种形式的小学校(班)。从普通学校的数量来看,1952 年为 14 所,到 1965 年"文革"前夕为 120 所,增长了近 8 倍,而此段时间,还有简易小学 184 所,此为了缩短学校服务半径,方便儿童入学而设的半日制、全日制、隔日制的小学校,这类学校 1966 年时发展成耕读小学 613 所,基本是一校一班,每校平均不足 11 人,"文革"停课闹革命时这些耕读小学全部停办。

　　1976 年拨乱反正普及小学教育,在"读小学不出队,读初中不出社,读高中不出区"的指导思想下,全县小学猛增到 360 所,一直到 1979 年均维持在 300 所以上。1981 年全州进行教育调整,摘掉部分不具备条件的"戴帽中学",学校数量下降至 234 所,此后进行自检验收,小学数量逐年下降,至 1990 年为 120 所。[①] 由于没有确切的材料支持,课题组对 1991—2000 年的情况不太掌握,但其数量基本保持在 120~150 所之间。

　　以上信息表明,长顺县的基础教育布局围绕普及、就近、方便儿童读书的原则,经历了村村办学校、数量剧增且学校种类多样化、提高教育质量收缩办学数量的历史过程。同时,1983 年起,长顺县发展民族教育,开设了布依、苗语文字 16 个班,共有学生 1420 人。至 1995 年,培养了 7 名双语教师,其中苗语 2 名、布依语 5 名,全县共办有双语教学点 7 个,每个教学点招生一个班,每个班平均招生 30 人左右,每年培养一年级学生近 210 人,14 年共培养学生约 2490 人,由于没有经费支持,1995 年后停止双语教学。

二、长顺县乡村学校撤并情况

(一)2001—2004 年长顺县农村学校撤并数据

　　根据国家和贵州省有关布局性结构调整的文件精神,长顺县人民政府 2000年发出《关于全县中小学布局结构调整的意见》(征求意见稿)提出了长顺县中小学布局结构调整的具体指导。有关部分摘录如下:

　　由于历史、地理、经济等原因,全县中心学校(教学点)"多(布点数过多)、小(学校规模小)、缺(学校功能缺)、散(教育投资分散)、低(教育质量低)"的问题还十分突出。

　　中小学布局结构调查的原则和目标(小学部分):突破目前村办小学体制。打破村、乡(镇)界限,根据人口、地理、交通等条件划分学区,按原区设校布点。

　　年招生生源不足 15 人的初小和教学点应隔年招生,年招生不足 20 人的初小

---

　　① 长顺县地方志编纂委员会．长顺县志[M]．贵阳:贵州人民出版社,1998.442 – 446.

和教学点应实行复式教学;初小班额一般不低于25人,教学点班额一般不低于20人。全县2002年取消复式班,2003年基本取消教学点,2004年村小减少50%左右。村完全小学最小规模12个班,在校生达500人左右;乡(镇)中心完小最小规模18个班,在校生达800人左右。在乡(镇)完小的服务半径3公里(按:这是中央和省教育领导部门规定的服务半径)以内的区域不能有(或新建)其他小学或教学点。

表3-1　2001—2004年长顺小学撤并情况

年度	中心小学(所)	村级完小(所)	村级初小(所)	村教学点(个)	合计
2001	12	79	18	45	154
2004	12	78	14	14	118
减少	0	1	4	31	36
同类型学校的占比(%)	0	0.1	22	69	23.4
被撤并学校的占比(%)	0	2.78	11.11	86.11	100

在此原则之下,提出了到2005年撤并4所村完小、7所初小、35所教学点的指标。撤并的主要对象是教学点。表3-1是截至2004年年底长顺小学撤并情况,合计撤并23.4%的学校,其中教学点撤并数量占同类型学校原有数量的69%、被撤学校的86.11%。

从表3-2来看,被撤并的学校中1师1校18所(50%)、2师1校6所、3师1校5所、4师1校5所、9师1校2所;班级1个的15所、2个的8所、3个的9所、4个的4所、6个的1所;学生10人以下的9所(24.32%)、10~20人的14所(37.84%)、20~30人的3所(8.11%)、30~40人的5所(13.51%)、40~50人2所(5.41%)、50~60人2所(5.41%)、80人的1所(2.70%)、255人的1所(2.70%),体现了学生少、教师少、班级少的“规模小”特点。

表3-2　长顺县2001—2004布局调整中已撤销的小学

学校名称	学校类别			当时规模			当时校舍(间)		实际撤销时间(年份)
	村完小(所)	初小(所)	教学点(个)	班数(个)	学生(人)	教师(人)	计	其中D级危房	
县合计	1	4	31	79	1068	75	4065	547	
长寨冗赖			1	1	9	1	118		2002.9

学校名称	学校类别			当时规模			当时校舍（间）		实际撤销时间（年份）
	村完小（所）	初小（所）	教学点（个）	班数（个）	学生（人）	教师（人）	计	其中D级危房	
长寨翁桃			1	2	16	1	209		2003.9
长寨伍寨			1	3	33	3	0		2003.9
广顺关地			1	1	9	2	158		2001.9
广顺笋子			1	3	34	3	144		2001.9
广顺格仗			1	3	4	4	127	127	2002.9
广顺旧院		1		4	32	4	119	103	2002.9
摆所大坝			1	2	23	1	0		2002.9
摆所青院			1	2	28	1	0		2003.9
代化打罗			1	1	9	1	66		2002.9
摆塘云坝			1	3	52	3	138		2002.9
摆塘砂坝			1	3	44	4	100		2004.9
种获长江			1	2	28	2	112		2001.9
种获高汪			1	1	7	1	0		2002.9
种获碑脚			1	2	35	2	111		2003.9
新寨大河			1	1	9	1	144		2002.9
新寨龙井			1	1	7	1	168		2003.9
中坝坝院			1	1	9	1	141		2001.9
中坝青苗		1		4	80	3	153		2003.9
睦化岩脚			1	1	14	1	89		2003.9
睦化斗蓬冲			1	1	16	1	73		2004.9
代化打拥			1	1	16	1	74		2002.9
代化打傍			1	2	13	2	229		2003.9
鼓扬马场		1		4	51	4	438		2002.9
鼓扬磨茹			1	3	20	4	217	217	2002.9
鼓扬大地		1		4	36	1	102		2002.9
鼓扬茅草山			1	3	44	3	72		2003.9
鼓扬田坝				3	20	2	56		2003.9

续表

学校名称	学校类别			当时规模			当时校舍（间）		实际撤销时间（年份）
	村完小（所）	初小（所）	教学点（个）	班数（个）	学生（人）	教师（人）	计	其中D级危房	
鼓扬大地			1	1	18	2	166		2004.9
改尧干坝			1	1	16	1	85		2002.9
马路新场	1			6	255	9	296		2002.9
马路下坝			1	2	20	1	50		2002.9
敦操上冲			1	3	20	1	50	50	2002.9
敦操打桥			1	1	13	1	73		2002.9
敦操新生			1	1	13	1	55		2002.9
敦操上冲			1	2	15	1	50	50	2003.9
敦操岜袍			1	1	9	1	0		2003.9

（数据来源：长顺县教育局①）

表3-3则显示,已规划撤销但2005年仍在使用的学校情况。

---

① 童中心等．集中资源办学对边远贫困山区农村基础教育的负面影响及其解决方案研究——以贵州长顺县为例的调研报告[R]．2006,内部印刷.

表3-3　已规划撤销但2005年仍在使用的小学

学校名称	学校类别				现有规模				现有教师（人）	
	村完小（所）	初小（所）	教学点（个）	九年制学校小学部分	班数（个）	教室（间）	学生（人）	校舍面积（平方米）		其中代课
县合计	3	3	4		39	39	1094	2332.7	34	
长寨扁木		1			4	4	71	115	4	
长寨桐木		1			4	4	77	151	3	
广顺大坝	1				6	6	292	540	7	
化化打嘎		1	1		3	3	96	178	3	
代化王武			1		4	4	91	332	4	
改尧新井					2	2	33	80.7	2	1
马路虫羽	1				6	6	172	139	1	
摆塘三合			1		3	3	41	199	3	
营盘热水	1				6	6	215	488	6	
中坝梁家院			1		1	1	6	110	1	

（数据来源：长顺县教育局①）

---

① 童中心等。集中资源办小学对边远贫困山区农村基础教育的负面影响及其解决方案研究——以贵州长顺县为例的调研报告 [R]. 2006，内部印刷。

(二)2005—2014 年 6 月长顺中小学撤并数据及撤并原因

2006 年,根据教育部《关于实事求是地做好农村中小学布局调整工作的通知》和《关于切实解决农村边远山区交通不便地区中小学上学远问题有关事项的通知》,长顺县立足实际,以人为本,将方便学生就学作为出发点,稳步推进中小学布局调整计划,除了一些在广大学生家长强烈要求学生转学导致不能正常开办的校点自然撤并到附近学校外,并没有"一刀切"的撤并。一个例子是 2011 年制定的《长顺县中小学布局调整规划方案》计划当年撤并 54 所学校,但实际撤并了 14 所。

2005 年长顺县共有中小学 124 所,其中完全中学 2 所,初级中学 12 所,九年一贯制学校 5 所,完全小学 83 所,初级小学和教学点 23 所,2005 年到 2014 年全县共自然并转了校点 34 所,减幅 27.4%。其中教学点撤并 100%,72.22% 的学校撤并与生源减少规模小相关。

表3-4 2005—2014年长顺县农村中小学撤并情况

年份	完中（所）	初中（所）	九年一贯制学校（所）	比上一年增减（所）	增减幅（%）	完小（所）	比上一年增减（所）	增减幅（%）	初小和教学点（所）	比上一年增减（所）	增减幅（%）
2005	2	12	5	0		83			23		
2006	2	12	5	0		81	-2	-2.4	20	-3	-13.04
2007	2	12	5	0		81	0		19	-1	-5.26
2010	2	12	5	0		81	0		11	-8	-42.11
2011	2	12	5	0		76	-5	-6.17	2	-9	-81.82
2012	2	12	5	0		74	-2	-2.7	1	-1	-50
2013	2	12	4	1	-20	73	-1	-1.35	1	0	0
2014	2	12	4	0		73	0		0	-1	-100

各年度被撤并或自然并转学校情况及原因如下。

1. 2006 年被撤并学校基本情况及原因

表 3 - 5   2006 年被撤并学校情况表

撤并学校	学校类型	撤并时的前一年基本情况			并入学校	撤并原因
		学生数（人）	教师数（人）	班级数（个）		
上院小学	村级完小	146	7	6	上洪小学	地质灾害
洪桥小学	村级完小	100	4	6	上洪小学	校园狭窄
长化小学	村小	77	7	6	鼠场小学	校园简陋、与并入学校距离较近
绒西小学	教学点	7	1	1	茅山小学	校舍简陋、学生少
马场小学	教学点	23	2	2	田哨小学	无生源

上院小学与上洪小学是相邻的两所村级完小,2005 年上院小学校园出现地质灾害,上洪小学校园狭窄,县委、县政府决定在两所学校的中间选址新建现在的上洪小学,"上洪"的来历就是上院与上洪各取一个字组成。长化小学 2003 年 8 月前是职工子弟学校,2003 年 9 月学校交由教育行政部门管理,校舍十分简陋,与鼠场小学相邻仅 0.5 公里,2004 年在长化小学与鼠场小学的中间选址新建了鼠场小学,于是县政府决定把长化小学并入鼠场小学。绒西小学是中坝乡茅山村的边远教学点,教学用房是农村的木柱房屋,办学条件十分简陋,撤并前只有 7 名学生,撤并当年没有生源,学校自然消失,于是教育局决定把当年的一名教师调进了茅山小学,绒西小学再也没有恢复。马场小学在 2004 年前办学条件十分简陋,2005年得到社会捐赠新建了 6 间教室 2 间办公室的教学用房,新校舍建成后,到 2006年没有生源,学校自然消失。

2. 2007 年撤并学校基本情况及原因

表 3 - 6   2007 年被撤并学校情况表

撤并学校	学校类型	撤并时的前一年情况			并入学校	撤并原因
		学生数（人）	教师数（人）	班级数（个）		
新井小学	教学点	9	1	1	鼠场小学	生源少

新井小学 2006 年仅有 9 名学生,到 2007 年仅 4 名学生到校报名,报名几天

后,家长看到学校的发展没有希望,两名家长把孩子转到惠水县,另两名家长把孩子转到相邻的鼠场小学,学校就形成自然并转,以后新井服务半径的学生就到同村的鼠场小学就读。

3. 2010 年撤并学校基本情况及原因

表 3 - 7　2010 年被撤并学校情况表

撤并学校	学校类型	撤并时的前一年情况			并入学校	撤并原因
		学生数(人)	教师数(人)	班级数(个)		
思岗小学	教学点	13	2	2	广顺小学	生源少自然并转
牛安云小学	教学点	26	2	2	凯佐小学	生源下降
三合小学	教学点	38	2	2	摆塘小学	生源下降
翁落小学	教学点	17	1	2	交麻小学	生源下降
长易小学	教学点	11	2	2	交麻小学	生源下降
河边小学	教学点	27	3	3	打召小学	D 级危房、效益差
摆架小学	教学点	13	2	2	敦操小学	生源少、效益差
戈音小学	教学点	6	1	1	敦操小学	无生源

思岗教学点属于自然并转,2009 年在校学生 13 人,到 2010 年学生家长纷纷送子女到相邻很近的广顺小学就读,学校也就不复存在,以后该校服务半径的学生自然到广顺小学就读。牛安云教学点是凯佐中心校管理范围内的学校,撤并前在校学生 26 名,到 2010 年生源继续下降,于是中心校请示当地乡镇政府和县教育局同意后把该教学点并入了凯佐小学。三合教学点 2007 年得到燃灯基金会的支持,投资 10 万元新建了 4 间教室,撤并当年有在校学生 38 名,因生源极度下滑,教学质量差,家长纷纷送子女到相邻的中心校就读,于是学校形成自然并转而消失。翁落小学和长易小学因生源极度下滑,无法办学,于是交麻中心校请示教育局和当地乡镇府,分别在两所学校召开家长座谈会,征求家长同意后,就组织学生到交麻中心校寄宿就读,学校也就被撤掉。河边小学 2004 年前是电站职工子弟学校,校舍十分简陋,到 2010 年学校基本成了 D 级危房,办学效益极差,于是县政府决定将河边小学并入相邻的打召小学。摆架小学在撤并前只有 2 个班 13 名学生,办学条件十分简陋,办学效益极差,于是到 2010 年家长纷纷送子女到相距 1.5公里的中心校就读,学校就形成了自然并转。戈音小学在撤并前只有 6 名学生 1名教师,到 2010 年因家长纷纷带子女外出务工就读,无生源开班办学,于是学校自然垮掉,以后该学校服务范围内的学生就到敦操中心校寄宿就读。

4.2011 年撤并学校基本情况及原因

表3-8　2011 年被撤并学校情况表

撤并学校	学校类型	撤并时的前一年情况			并入学校	撤并原因
		学生数(人)	教师数(人)	班级数(个)		
海马小学	村小	165	6	6	广顺小学	距并入校近整合资源
新光小学	村小	79	5	6	克炳小学	生源下降规划撤并
沙冲小学	村小	64	4	6	下坝小学	生源下降规划撤并
王武小学	教学点	99	2	5	代化小学	生源下降规划撤并
大坪小学	教学点	13	2	2	思京小学	无生源自然并转
团结小学	教学点	15	2	2	思京小学	无生源自然并转
马路洞口	教学点	103	6	5	马路小学	生源下降规划撤并
凯佐洞口	教学点	40	3	3	凯佐小学	生源下降规划撤并
生联小学	教学点	22	3	3	双坝小学	生源下降规划撤并
克提小学	村小	83	6	6	营盘小学	生源下降规划撤并
坝地小学	村小	41	4	6	热水小学	无生源自然并转
坝除小学	教学点	63	3	4	中坝小学	生源下降规划撤并
翁拉小学	教学点	39	2	3	茅山小学	生源下降规划撤并
麻地小学	教学点	62	4	5	睦化小学	生源下降规划撤并

　　海马小学是因为选址新建了广顺小学,校址与海马小学比邻,县政府为了整合教育资源,有意识地将海马小学撤并入广顺小学,也是长顺县实施布局调整的范畴。大坪小学、团结小学、坝地小学是因为没有生源,形成自然并转。其他小学是因为生源下降、办学效益低和顺应长顺县布局调整规划的要求而撤并。

5.2012 年撤并学校基本情况及原因

表3-9　2012 年被撤并学校情况表

撤并学校	学校类型	撤并时的前一年情况			并入学校	撤并原因
		学生数(人)	教师数(人)	班级数(个)		
麦西小学	教学点	58	7	4	广顺小学	生源下降规划撤并
程羽小学	村小	117	8	6	马路小学	生源下降规划撤并
湾河小学	村小	92	7	6	安乐小学	生源下降规划撤并

6.2013 年撤并学校基本情况及原因

表 3 - 10　2013 年被撤并学校情况表

撤并学校	学校类型	撤并时的前一年情况			并入学校	撤并原因
		学生数（人）	教师数（人）	班级数（个）		
者贡小学	村小	197	13	6	第三小学	规划撤并
冗雷初中	九年一贯制	163		3	第二中学	规划撤并

2013 年长顺县新建了容纳 1620 人规模的第三小学并投入使用。者贡小学与第三小学相距 100 米，县委、县政府研究决定将者贡小学整合到第三小学。冗雷初中部属于冗雷九年一贯制学校，2005 年为了实施"两基"攻坚，勉强在冗雷小学组建初中部，办学条件严重不足，教学质量差，教学质量两次在州内同级同类学校排名挂末，结合省逐步取消九年一贯制学校的布局指导意见，在长顺县第二中学办学条件充足的情况下，将冗雷初中部整合到了第二中学。

7.2014 年撤并学校基本情况及原因

表 3 - 11　2014 年被撤并学校情况表

撤并学校	学校类型	撤并时的前一年情况			并入学校	撤并原因
		学生数（人）	教师数（人）	班级数（个）		
桐木小学	教学点	13	5	4	冗雷小学	生源少规划撤并

桐木小学撤并时只有 13 名学生，4 个年级，平均班额只有 3.3 人，不具备开班办学的基本要求，办学效益差，因此，结合长顺县布局调整规划，2014 年春季开学将桐木小学整合到相邻的冗雷小学。

从上述撤并原因看，因生源下降或生源少规划整合教育资源的 21 个（58.33%），因生源问题自然并转的 5 个（13.89%），因校舍简陋或危房的 4 个（11.11%），因学校距离相近的 3 个（8.33%），仅因规划需要整合的 3 个（8.33%）。

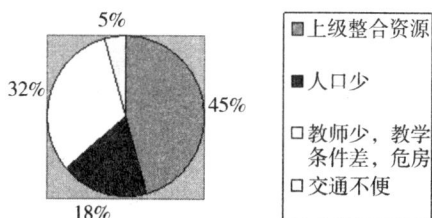

图 3 - 1

　　课题组对长顺县威远镇、广顺镇、交麻乡、摆塘乡的部分教师进行了问卷调查和访谈。他们中的 80.96% 来自村完小,19.04% 来自中心校。他们认为撤并学校主要原因是"上级整合资源"(45%),其次是"老师少,教学条件差,危房"(32%)。

　　来自学生"对学校撤并原因按问题重要程度排序"则为:"原学校入学人数少"(33.82%)、"家长管理孩子压力大"(20.59%),"对学生有益"(20.59%)、"原学校房子不好、教学设备不足"(11.76%)、"原来的学校师资力量不足"(13.24%)。

　　关于生源,老师们与教育局的看法不同,认为"受回乡影响,父母带孩子回家,本地生源增多"的占 71.43%,认为"没有太大变化,比较稳定"的占 23.81%,认为"目前呈下降趋势"的仅占 4.76%。可见,生源是动态的,如果仅根据一时一地的生源变化进行学校撤并,显然不够科学合理。

　　(三)撤并整合后的学校变化情况

表3－12 2006—2013年被撤并学校情况变化表

撤并学校	学校类型	并入学校	撤并年份	撤并时的前一年学生数(人)	整合后学校当年情况		
					学生数(人)	班级数(个)	教师数(人)
上院小学	村级完小	上洪小学	2006	146	235	6	10
洪桥小学	村级完小		2006	100	269	6	11
长化小学	村小	鼠场小学	2006	77	432	9	14
新井小学	教学点	茅山小学	2006	9	236	6	10
绫西小学	教学点	田晴小学	2006	7	1100	20	51
马场小学	教学点		2006	23	1184	20	53
思岗小学	教学点	广顺小学	2010	13	1132	20	48
海马小学	村小		2011	165	293	6	14
麦西小学	教学点		2012	58	154	6	9
牛安云小学	教学点	凯佐小学	2010	26	183	6	10
凯佐洞口	教学点	摆塘小学	2011	40	424	9	31
三合小学	教学点	文赫小学	2010	38	246	7	7
翁落小学	教学点		2010	17	563	12	43
长易小学	教学点		2010	11			
河边小学	教学点	打召小学	2010	27			
摆架小学	教学点		2010	13			
戈音小学	教学点	教操小学	2010	6			

续表

撤并学校	学校类型	并入学校	撤并年份	撤并时的前一年学生数（人）	整合后学校当年情况		
					学生数（人）	班级数（个）	教师数（人）
新光小学	村小	克栋小学	2011	79	154	6	13
沙冲小学	村小	下坝小学	2011	64	219	8	17
王武小学	教学点	代化小学	2011	99	712	12	32
团结小学	教学点	思京小学	2011	15	226	6	15
大坪小学	教学点	思京小学	2011	13			
马路洞口	教学点	马路小学	2011	103	541	11	30
程羿小学	村小	马路小学	2012	117	511	12	28
生联小学	教学点	双坝小学	2011	22	74	5	10
克提小学	村小	营盘小学	2011	83	342	8	30
坝地小学	村小	热水小学	2011	41	97	6	9
坝除小学	教学点	中坝小学	2011	63	380	9	27
板从小学	村小	中坝小学	2011	126			
翁拉小学	教学点	茅山小学	2011	39	266	8	15
麻地小学	教学点	睦化小学	2011	62	411	12	29
湾河小学	村小	安乐小学	2012	92	175	6	7
者贡小学	村小	第三小学	2013	197	453	12	31
冗雷初中	一贯制	第二中学	2013	163	2211	43	113

续表

撤并学校	学校类型	并入学校	撤并年份	撤并时的前一年学生数（人）	整合后学校当年情况		
					学生数（人）	班级数（个）	教师数（人）
桐木小学	教学点	冗雷小学	2014	13	207	6	20

表 3 - 12 显示,整合后学校的师生人数、班级数增加,规模扩大。

三、2014 年长顺县乡村小学布局情况

（一）长顺县中小学、幼儿园分布

截至 2014 年 3 月,长顺县共有幼儿园 24 所、小学 93 所、中学 14 所、九年一贯制学校 4 所,其中小学的 78.75%、幼儿园的 66.67%、初级中学的 42.86% 和 100% 的九年一贯制学校分布在乡村。

表 3 - 13　2014 年长顺县中小学、幼儿园分布表

项目	幼儿园（所）		小学（所）		教学点（个）		初级中学（所）		九年一贯制学校（所）	
	数量	占比（%）	数量	占比（%）	数量	占比（%）	数量	占比（%）	数量	占比（%）
城镇	8	33.33	17	21.25	0	0	8	57.14	0	0
乡村	16	66.67	63	78.75	13	100	6	42.86	4	100
合计	24	100	80	100	13	100	14	100	4	100

（二）长顺县中小学、幼儿园班级数及规模

表 3 - 14 显示,尽管长顺县小学超过七成分布在农村,但学校平均班级数低于城镇,农村的学校规模小于城镇,初中相对集中于城镇。

表 3 - 14　2014 年长顺县中小学、幼儿园班级数及规模情况表

项目	学前			小学			教学点			初级中学		
	班级总数（个）	占比（%）	校均班数（个）	班级总数（个）	占比（%）	校均班数（个）	班级总数（个）	占比（%）	校均班数（个）	班级总数（个）	占比（%）	校均班数（个）
城镇	81	52.3	10.1	200	29.6	11.8	0			157	76.6	19.6
乡村	74	47.7	4.6	475	70.4	7.54	49	100	3.77	48	23.4	8
合计	155	100		675	100		49	100		205	100	

(三)长顺县城镇与乡村小学班额情况

表3-15 2014年长顺县城镇与乡村小学班额情况表(单位:个)

项目		一年级	二年级	三年级	四年级	五年级	六年级	合计	占比(%)
城镇	25人以下	7	5	8	9	5	3	37	18.5
	26~35人	4	8	9	9	6	7	43	21.5
	36~45人	8	7	11	10	22	23	81	40.5
	46~55人	10	8	5	4	5	6	38	19
	56~65人	0	1	0	0	0	0	1	0.5
	合计	29	29	33	32	38	39	200	100
	占比(%)	14.5	14.5	16.5	16	19	19.5	100	
乡村	25人以下	53	55	53	45	37	39	282	59.37
	26~35人	18	8	15	26	24	32	123	25.89
	36~45人	4	8	6	11	15	16	60	12.63
	46~55人	0	1	1	1	4	3	10	2.11
	56~65人	0	0	0	0	0	0	0	0
	合计	75	72	75	83	80	90	475	100
	占比(%)	15.79	15.16	15.79	17.47	16.84	18.95	100	

表3-15显示,长顺县城镇小学班额少于等于45人的占80.5%,班额多于等于46人的占19.5%。其中36~45人的占40.5%,25人以下的占18.5%,56人以上的大班额占0.5%,班额规模适度。

长顺县乡村小学班额小于等于45人的占97.89%,班额多于等于46人的占2.11%。其中36~45人的占12.63%,25人以下的占59.37%,小规模的班额近六成,无大班额现象。

无论城镇还是乡村,班额大小与年级高低呈正向发展关系,年级越低班额越小,反之越大。乡村小学的小班额多于城镇小学,这与城镇居民居住相对集中、乡村居民居住分散度大有关。

(四)长顺县城镇与乡村中小学学生数量及校生均数

表3-16 2014年长顺县城镇与乡村小学生数量及占比(单位:人)

	一年级	二年级	三年级	四年级	五年级	六年级	合计
合计	2442	2584	2657	3120	3519	3987	18309

	一年级	二年级	三年级	四年级	五年级	六年级	合计
占比(%)	42.10	41.83	42.12	38.27	41.63	38.75	40.59
城镇	1028	1081	1119	1194	1465	1545	7432
乡村	1414	1503	1538	1926	2054	2442	10877
占比(%)	57.90	58.17	57.88	61.73	58.37	61.25	59.41

表3-16显示,2014年长顺县在校小学生18309人,其中城镇7432人,占比40.59%,乡村10877人,占比59.41%,结合表3-13,全县小学(含教学点)93所,每校生均学生196.87人,其中城镇小学17所,校生均437人,乡村小学(含教学点)76所,校生均143.12人。城镇小学规模是乡村小学的3.05倍。

表3-17 2014年长顺县城镇与乡村初中学生数量、规模及占比(单位:人)

	初一	初二	初三	合计	学校数(个)	校生均数
合计	3821	4041	3746	11608	14	829.14
城镇	2782	2845	2593	8220	8	1027.5
占比(%)	72.81	70.40	69.22	70.81		
乡村	1039	1196	1153	3388	6	564.67
占比(%)	27.19	29.60	30.78	29.19		

表3-17显示,2014年长顺县在校初中学生11608人,其中城镇8220人,占比70.81%,乡村3388人,占比29.19%,结合表3-13,全县初中14所,每校生均学生829.14人,其中城镇初中8所,校生均1027.5人,乡镇初中6所,校生均564.67人。城镇初中规模是乡村初中的1.82倍。

由于山区特殊的地理地貌环境和村落分散度大(行政村与乡镇之间相距十二三公里,同一乡镇中的行政村与行政村相距五公里至十二公里)的特点,长顺乡村小学的规模都难以达到教育厅2000年要求的规模(小学12个班500人,乡镇中心完小18个班800人),乡村初中也达不到2012年教育厅要求的1000人的规模。如果长顺县乡村居住状况代表了贵州省山区农村的居住状况的话,那么,根据就近入学的原则,贵州农村小学的规模要求就需要因地制宜进行调整,保障小规模学校得到均衡的教育资源。

（五）长顺县城镇与乡村中小学学生性别比

表3-18 2014年长顺县城镇与乡村小学生性别比（单位：人）

项目		一年级	二年级	三年级	四年级	五年级	六年级	合计
城镇	男/女	567/461	569/512	620/499	662/532	822/634	831/714	4080/3352
	占比（%）	55.16/44.84	52.64/47.36	55.41/44.59	55.12/44.88	56.46/43.54	53.79/46.21	54.90/45.10
乡村	男/女	767/647	784/719	811/727	996/930	1082/972	1286/1156	5726/5151
	占比（%）	54.24/45.76	52.16/47.84	52.73/47.27	51.71/42.29	52.68/47.32	52.66/47.34	52.64/47.36

表3-19 2014年长顺县城镇与乡村初中学生性别比（单位：人）

项目		初一	初二	初三	合计
城镇	男/女	1446/1336	1182/1411	1286/1307	4166/4054
	占比（%）	51.98/48.02	45.58/54.42	49.60/54.40	50.68/49.32
乡村	男/女	532/507	582/614	569/584	1603/1705
	占比（%）	51.20/48.80	48.66/51.34	49.35/50.65	48.46/51.54

从学生性别比看，城镇小学生的男女性别比为54.9:45.1，乡村小学生的男女性别比为52.64:47.36。城镇初中生的男女性别比为50.68:49.32，乡村初中生的男女性别比为48.46:51.54。

四、长顺县中小学资源配置情况

（一）全县中小学、幼儿园教职工、工勤人员配置情况

表3-20 2014年长顺县中小学、幼儿园教职工、工勤人员数量及比例（单位：人）

项目	教职工			工勤人员			合计	教职工与工勤人员比例
	小计	女	男	小计	女	男		
幼儿园	209	204(97.61%)	5(2.39%)				209	100:0
小学（点）	1155	417(36.1%)	738(63.9%)	13	9	4	1168	98.89:1.11

项目	教职工			工勤人员			合计	教职工与工勤人员比例
	小计	女	男	小计	女	男		
初级中学	626	269(42.97%)	357(57.03%)					
九年一贯制	135	74(54.81%)	61(45.19%)	11	4	7	1064	98.97:1.03
高级中学	292	118(40.41%)	174(59.59%)					
合计	2417	1082(44.77%)	1335(55.23%)	24	13	11	2441	99.02:0.98

从性别结构看，长顺县幼儿园女性教师占比最高，男性教师几乎可以忽略不计，男性教师在小学和高中的占比都明显高于女性教师，一方面说明乡村小学女性教师偏少，一方面说明越往高级别的学校女性教师越少的事实。从教职工与工勤人员比例来看，幼儿园无工勤人员配置，小学到高中的工勤人员仅为教师的1%。

表3-21　2014年长顺县中小学生师比（单位：人）

项目	学生数	教师数	生师比	工勤人员数	生师比
初中	11608	761	15.25:1	11	1055.27:1
小学	18309	1155	15.85:1	13	1408.38:1

表3-21显示，长顺初中生师比接近贵州省义务教育阶段1:16~1:18配比，小学生师比高于贵州省义务教育阶段1:21~1:23配比，而无论是初中还是小学，每千名学生不足一个工勤人员，小学甚至每千名学生仅0.5个工勤人员，在"寄宿制"学校和实施营养午餐的学校普遍增加的情况下工勤人员严重不足。可在适应并满足乡村学校数量多规模小的情况下，适当调整教师工作任务，增加工勤人员职数。

(二)长顺县中小学办学条件情况

表3-22　2014年长顺县中小学办学情况(一)

项目	学校占地面积(平方米)	生均占地	差额	占比(%)	图书(册)	生均图书	差额	占比(%)
小学	507430	27.71	+7.71	+38.55	211825	11.57	-8.3	-41.5
初级中学	262057	22.58	-2.42	-9.68	268609	23.14	-6.86	-22.87

备注:《贵州省义务教育阶段学校基本办学标准》小学、初中生均占地面积分别不低于20平方米、25平方米,生均图书小学不低于20册、初中不低于30册

就2014年的数据来看,长顺县小学学校占地面积富余38.55%,初中却欠缺9.68%,小学生均图书欠缺41.5%,初中生均图书欠缺22.87%。

表3-23　2014年长顺县中小学办学情况(二)(单位:平方米)

项目	教学及辅助用房	行政办公用房	食堂	厕所	其他用房	合计	生均面积	校均班级(个)
小学	75027	10007	6072	5856	3713	115035	6.28	7.70
初级中学	39193	4206	8317	2249	1487	57907	4.99	13.8

备注:以上不含学生宿舍小学9583平方米、初中33183平方米

按《贵州省义务教育阶段学校基本办学标准》,教学点、完小、初中因班级数的不同生均校舍建筑面积标准不同,如小学4个班生均4.52平方米、6个班生均7.85平方米、12个班生均6.35平方米,初中12个班生均7.80平方米、18个班生均7.01平方米。长顺城镇初中8所学校平均19.6个班级学生8220人,乡村初中6所学校平均8个班级学生3388人,城镇小学17所平均11.8个班级学生7432人,乡村小学63所平均7.54个班级、教学点13个平均3.77个班级,乡村小学(点)学生10877人,此表无法显示各个学校(点)生均校舍建筑面积的差异。但比较明显的是,初中生均校舍建筑面积严重不足。

（三）不同类型学校服务范围及家校距离、交通状况

1. 家校距离及交通状况

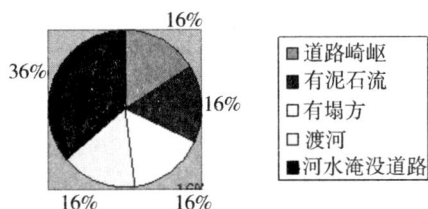

图3-2 教师眼中的路况

受访教师认为，长顺农村学校完小和部分中心校与学生家庭居住地之间交通条件不好，道路崎岖，几乎没有什么平坦的路，雨季时有泥石流、塌方等现象发生，87%的教师认为学生步行上学。

课题组对长顺县威远小学、上洪小学、雷坝小学、板沟小学及交麻中心小学和广顺中心小学的学生进行了问卷调查和访谈。他们当中70.59%来自村完小，29.41%来自中心校。村完小均有乡村公路连接到乡镇，中心校则在乡镇所在地，县乡公路交通条件相对较好。

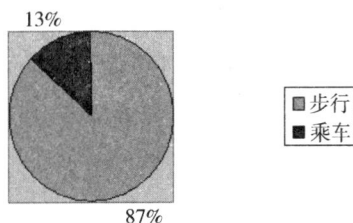

图3-3 学生上学的交通工具

他们的年龄在11～14岁之间，其中41.94%为12岁，56%为少数民族（苗族、布依族）。他们认为学校离家的距离一般（39%）、很近（25%）、较远（18%）、很远（18%），去学校的路一般（55%）、不好走（30%）、好走（15%）。

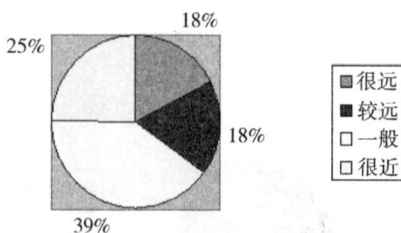

图 3 - 4　学生眼中的家校距离

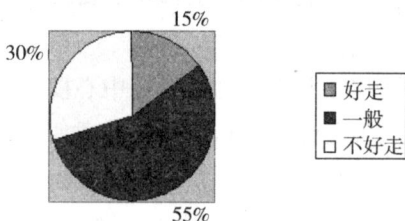

图 3 - 5　学生对上学路况的判断

关于上学采取的交通方式,95% 的学生是步行,5% 的学生乘坐农用车、摩托车,步行时间 0.5 小时以内的占 60.53% ,0.5~1 小时的占 21.05% ,1~3 小时的占 18.42%,乘车花费的时间为 10~15 分钟。按当地老师的推算,平坦一些的路每小时步行 4 公里,一般的山路每小时步行 3 公里,陡峭的山路每小时步行 2.5 公里,平均每小时步行 3.17 公里,则家校距离 1.5~2 公里的占 60.53% ,3~4 公里的占 21.05% ,5~10 公里的占 18.42% 。

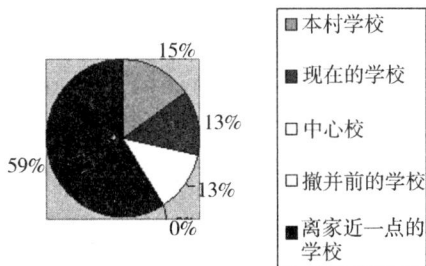

图3-6　学生喜欢的学校

对于喜欢在什么样的学校上学,59%的学生选择了"离家近一点的学校",只有15%的学生选择"本村学校","中心校"和"现在的学校"各占13%。说明目前就学的学校距离家庭相对远了一些。

2. 不同类型学校服务范围

据长顺政协介绍,2011年长顺村级小学93所(不含乡镇中心小学和城关小学)有学生14306人,家距学校超出2公里以上的有10729人,占学生总数的75%。不同的学校所服务的村寨多少和远近均不同,课题组仅对到访过的学校进行描述以斑窥豹。

(1)中心校的布局及服务范围

白云山镇距县城27公里辖7个行政村,150个村民组,124个自然寨,总人口21661人,总面积188.8平方公里,每平方公里115人,居住分散度极大。

中心校位于白云山镇中心,服务最远的村寨在7公里之外,学校的孩子均是步行上学,一般步行1~2小时。家校距离5~7公里的学生300人左右,3~5公里的100人左右,3公里以内的不足100人,分别占60%、20%、20%,服务范围较大(5~7公里学生较多),说明村落布局和人口聚集相对分散。

摆塘乡60平方公里的地域范围由高山、深谷、峡谷组成,海拔在1250~1579.5米,总人口不到9000人,每平方公里不足150人。摆塘乡曾经有4所村级小学,1所"戴帽"中学,6个教学点,目前教学点全部撤并,仅有摆塘中心校1所,村级完小3所。

中心校居于乡镇中心也是人口最集中的摆塘村,中心校的生源主要来自摆塘行政村下辖的6个村民组,10%的学生居住地距离学校在7~10公里,20%在5~7公里,30%家校距离3~5公里,40%在3公里以内的村寨。

鼓扬镇距离县城43公里,下辖13个行政村,15个村民组,总面积120.4平方公里,总人口2万人,每平方米公里166人。海拔在1100~1400米,有相对平坦的坝子,也有高山峡谷和丘陵。坝子和丘陵地区人口相对集中,呈大聚落形态,而高山地区则为小聚落自然村,村与村由高山中的小路连接,距离相对较远。

中心校地处小坝区,下辖洪岩、三台、田哨、岩上、简庆5所村校,它们距离中心校4~7公里不等,中心校的孩子们均是步行上学,最远的需要步行3小时。中心校直接服务的自然村寨5~7公里的5个左右,30多名学生,平均每村6名学生;3~5公里的10个左右,200多名学生,平均每村20个学生;3公里以内的有20个左右,300多名学生,平均每村15个学生;分别占5.67%、37.73%、56.6%。服务范围相对集中(3公里以内学生较多),距离远的村落数量多而学生少,说明中心校服务的村落布局和人口聚集相对集中。

(2)村小的服务范围

摆塘乡的3所村小雷坝、板沟和水波龙均分布在公路沿线。也就是说,一个人口居住分散度较大的高山峡谷区的学校布局,集中在公路沿线,而实际行走难度较大的村寨附近却没有相应的学校,其服务范围2.5~5公里不等(仅为公路的距离,没有算上步行的山路)。

威远镇在长顺县相对平坦,海拔在660~1200米,坝子和丘陵较多。永增小学距离威远镇3公里,服务17个村民组,其中有6个村民组距校较远(6~11公里),有32.6%的学生须步行2小时才能到校上课。

(3)教学点的服务范围

三合村距离摆塘乡约6公里,有县乡公路穿村而过。下辖4个村民组,以小聚落自然村形式分布在约5平方公里的高原丘陵地带,自然村与自然村之间最远的距离3公里左右,最近的近2公里。如果到公路沿线的完小和中心校读书,学生要先步行1~2小时的山路才能到穿村的公路搭车(尽管一天只有早、晚两班车)。三合教学点服务了2~3公里内实际行走1~2小时的4个村民小组100多户人家50多名学生。

2012年5月课题组到访了三合村的教学点,因1998年和2001年的两度撤销发生村民集体抗议事件而两度恢复,课题组访问时已经面临第三次撤销,开学时留守的陈老师到新华书店也没有领到三合的课本(被发到雷坝小学——三合被并到那里),并且学生的家长陆陆续续带孩子出去打工或给找新学校,只有17名孩子在复式班里上课。事实上,2005年三合小学又被列入撤并计划,在教育局的统计资料里三合小学2010年被并入摆塘中心校,当时有38名在校生,但它的真正"消失"是2012年。

从以上访谈来看,中心校的服务范围最大,但根据其是高山、丘陵还是小坝区的人口聚落形态,有服务对象居住相对分散和相对集中的差异,小到3公里以内、大到5~7公里,甚至十一二公里,辐射范围大是其总的特点;村级完小服务范围2.5~5公里内不等,也有远至6~11公里的,教学点则1~3公里居多。

五、长顺县乡村学校的布局调整的效益和影响

(一)长顺县撤并校点后的成效

1. 优化了师资队伍,提高了农村学校整体素质

调整前,农村教师年龄过于老化,教育方法单一,教学手段落后,音乐、体育、美术教师缺少,教师间相互学习、相互促进机会较少,教研活动过于简单。调整后,教师结构性矛盾问题得到基本解决。部分年龄较大、能力较弱的教师走向了教辅岗位和后勤岗位,学生的生活服务有了保障。学校规模扩大,为教师提供了相互学习的机会,教研教改的氛围日益浓厚,为充分发挥教师的教研工作积极性提供了平台。同时,教育局建立了竞争激励机制,根据教学和教辅对师资的不同要求以及教师的情况优化配备师资,通过国培省培计划,提升了师资队伍的整体素质。

例如,白云山中心校2011年9月根据要求整合了团结小学和大坪小学两个校点后,教研活动比往年频繁,全镇的每学期1~2次,各个学校每个月1次,校际间的交流每学期可达1次。鼓扬中心校2012年从开学第5周到期终前一个月,大约有12周的时间开展常规性多样化的教研活动,比如推荐好的老师上公开课评课,每个月1~2次。摆塘中心校常态的教研活动,每月有1次小型的,全乡每学期1~2次,全县每学期2次,村校的教研活动由中心校拟订计划,每学期有一天选拔优秀者到中心校进行示范教学。

2. 推进了教学方式转变,提高了学校教学质量

合并前因学校人数锐减,一些学校的班级人数多者十来人,少者三四人,不论是学生学习的氛围,还是老师教学的激情,都无法真正调动起来,教学方式单一。随着布局调整,班级人数增多,教师队伍进一步优化,教学改革进一步推进。从近几年教学成绩来看,全县农村义务教育的规范化水平和教学质量总体上有了较大提高,课程开齐率得到提高,如被撤并的学校中在撤并之前不能开设英语,整合到中心地区学校后,保证了英语课程的教育与学习。在教学质量方面,也取得明显变化,表3-24反映了教学质量得到提高的情况。

表3-24 2010—2013城乡学校及格率(单位:%)

年度	区域	及格率	
		语文	数学
2010 年	城镇	76.8	68.6
	乡村	62.5	51.4
2011 年	城镇	78.3	71.2
	乡村	68.6	56.5
2012 年	城镇	82.4	75.6
	乡村	70.9	60.4
2013 年	城镇	85.7	76.9
	乡村	72.4	61.8

3. 学生的综合能力得到提升,解决了农村留守儿童的教育问题

全县小学在校生中共有4952名留守儿童,其中女2124人,占在校生总数的27%。调整后,应运而生的农村"寄宿制"小学,首先解决了每天学生来回走几里路的困难。由于学生都在学校住宿,争取到了更多的学习时间。通过学校的集体生活,农村学生独立生活能力、交往能力明显增强,卫生习惯明显改变,集体生活的历练也培养了他们的团队意识和合作精神。

被访学生对学校撤并的好处的理解是:"资源的更优利用(能够使用现代信息教学设备、体育设施、实验)"(38.64%)、"学生有更多的教育机会(开足全部学科课程,老师人数增加,老师上课更好)"(31.82%)、"拓宽朋友圈子"(29.55%)。

学校的全方位管理,培养了学生的独立生活能力、人际交往能力和自我约束能力,学生团结互助、举止文明行为习惯得到加强。通过实施营养改善计划,有效保障了农村学生的生活质量,由于饮食营养的均衡搭配,农村中小学生的体质得到明显增强。如2011—2013年间,通过学生的体制健康测试反映,学生体质成长有了明显的变化(表3-25)。

表3-25 长顺县小学六年级学生体质变化情况对比表

年度	男女生平均身高(厘米)	男女生平均体重(千克)
2011 年	138.4	41.8
2012 年	138.6	42.6
2013 年	139.2	44.3

（二）长顺县乡村学校布局撤并后存在的问题

1. 学校自然并转后，闲置资源未能得到有效利用

2005 年到 2013 年的 8 年时间，长顺县农村小学校自然并转了 34 所，校点自然并转后，人去楼空，大部分闲置，造成资源极大浪费。目前被撤并的 34 所学校中，只有 2 所用于举办幼儿园，3 所用于举办村级文化活动室，2 所租用于其他，使用仅占撤并学校数的 20%，还有 80% 处于闲置状态。在长顺县的布局调整规划中，规划预留 16 所学校举办幼儿园，目前只有 2 所举办了幼儿园，目前使用率只占规划数的 12.5%，还有 87.5% 有待于今后的发展；规划 19 所按照国有资产处置所得经费用于教育，目前只处置了 1 所，处置率只占规划处置数的 5.2%。

2. 标准化学校建设滞后，设施设备不能满足教学需要

由于受资金、规划、建设等因素的影响，长顺县农村标准化学校建设滞后，目前全县还没有一所农村标准化学校，标准化学校建设的进程与学校布局调整速度差距很大。校点自然并转后，增加了接收学校的压力，由于教育教学设施不配套不完善，难以满足学生基本的学习和生活条件，很多学校无标准食堂、餐厅、宿舍，靠现有设施设备超负荷解决，学校管理困难。按照《贵州省义务教育阶段学校办学标准》，办学条件严重不足，欠缺量大。长顺县按照教育部、省教育厅的安排部署进行了"改薄"规划编制工作，全县中小学还需要新增教育及辅助用房、生活用房 80921 平方米，教学仪器设备 69541 台（件/套）、生活设备 16899 台（件/套）、图书 272678 册等，需要投入资金 2.34 亿元。

3. "寄宿制"管理和服务资源不足，学校安全隐患增加，学生亲情缺失

全县农村中小学从 2005 年实施布局调整后，现共有学校 109 所，其中"寄宿制"学校 33 所（其中高中 1 所，初中 18 所，小学 14 所），现有寄宿生 12410 人（其中高中 2569 人，初中 6528 人，小学 3313 人），但是"寄宿制"学校的管理出现了新问题。

一是校医严重短缺。全县 33 所"寄宿制"学校中，小学均无校医，中学有 2 所（高级中学、第二中学）有专用卫生室和校医。接受课题组调研的被访者中，3.33% 所在学校为"寄宿制"，62.96% 表示为非"寄宿制"。1% 的被访者的学校有医务室，99% 被访者的学校没有医务室，对学校与最近的医疗机构（包括乡村卫生室）的距离的不完全统计，1 公里以内的 56.52%，3 公里以内的 43.48%。对于学生突发疾病的处置，84.2% 被访者表示会启动应急预案，并及时送医院，10.5% 找村医，5.3% 打电话找家长。

二是小学寄宿生年龄小，处于成长期，情感上得不到亲情的及时慰藉，身体抵抗能力也较差，生病得不到及时救治的情况时有发生。

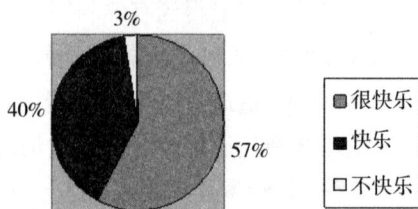

图 3 - 7　学生与家人在一起的感受

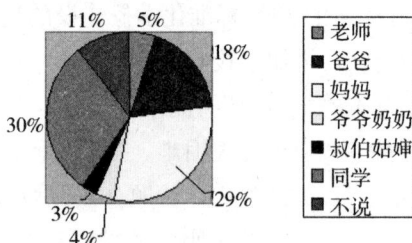

图 3 - 8　遇到不开心的事情的诉说对象

图 3 - 7 显示了学生与家人在一起时的感受,97% 是快乐和很快乐的,图 3 - 8 表明学生遇到不开心的事情的诉说对象依次为同学(30%)、妈妈(29%)、爸爸(18%),说明儿童对父母的情感依赖非常强,其次对同伴关系的依赖仅次于父母,说明孩子们更多的时间是和同学相处,由于与父母的隔离(留守儿童或住校儿童),或者同伴关系的不确定,11% 的被访者缺乏情感的倾诉渠道,选择隐藏自己的心事,仅有 5% 选择向老师倾诉。

处于成长期的儿童身体抵抗能力较弱,加之生活自理能力较弱,寒时不加衣,热时忘脱衣,一至三年级的孩子尿床,被褥长期濡湿,或学校干净的饮用水源缺乏,比较容易伤风感冒或腹泻。特别是在边远农村小学,天气变化大,更容易造成小学生身体不适,学校没有校医、医疗器械和药品,学生生病不能被学校及时发现或得不到及时救治的情况时有发生。

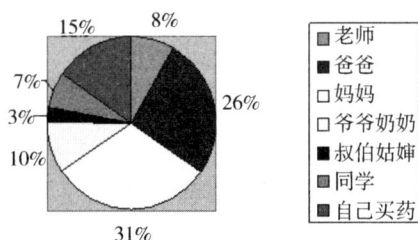

图3-9 学生生病时的求助对象

图3-9显示学生生病时的求助对象首先是父母(57%),其次是自己买药吃(15%),再次是爷爷奶奶(10%),其他则为老师(8%)、同学(7%)。在"寄宿制"学校,由于学生特别是留守儿童被"委托"给了学校管理或"监护",教师不得不承担起"监护人"的角色,却又履行不了或替代不了监护人的职责,尤其是亲情慰藉的"职责"。学校远离社区,学生生病通常等到周末回家才被监护人知晓,独立点的则自己买药吃,增加了病情被拖延或救治不当的危险。

和父母在一起是学生最开心的事情(图10)。但是,学校的"圈养"将他们和父母(家人)隔离开来,他们便寄期望于放假,因为这时候他们的选择多起来,他们可以做家务、做农活、玩耍、到父母打工的城市和父母在一起,等等。

在一项关于学校撤并后是否有变化的调查中,回答"没有变化"的学生有55%。认为"缺少父母关爱,生病没人照顾"是无论在原来的村小还是在目前就读的村小和"寄宿制"学校都存在的情况,其他还有"学校管理不当严格"(20%)、"学习时间少、学习成绩不好"(10%)、"学校教学设备不足"(10%)、"在学校容易被高年级学生欺负"(5%)。

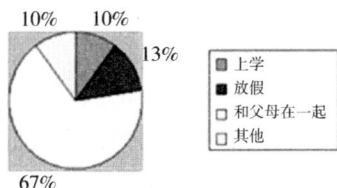

图3-10 学生最开心的事情

三是"寄宿制"学校学生的安全隐患增大。寄宿学生远离父母,家校联系薄弱,年龄偏小,尚不具备独立的生活自理能力,比较缺乏自我保护意识,受到意外伤害的可能性较大。被访教师担心学生安全的占72.72%,其中担忧食品安全的占54.55%,担忧学生生病不能及时得到救治的占9.09%。"学生的监护人基本上是学生的爷爷奶奶,属于留守儿童,生病通知不到家长"是学校老师最头痛的事情。而关于家人和学生说得最多的话的调查结果,也说明孩子的安全是家长最关心的问题。该结果仅为"好好学习"(52.38%)和"注意安全"(47.62%)。

四是免费午餐管理人员、设备、资金不足,影响正常教学工作。74.07%被访者的学校有食堂,均为自己管理,工勤人员有15个(5%)、10个(5%)、5个(20%)、2个(70%),月工资400~1700元不等,平均1200元。除个别中心校工勤人员较多外,绝大部分学校工勤人员为2个,工资由教育局支付或从学校生均公用经费中开支。

实行免费午餐后,鼓扬中心学校现有的条件满足不了集中就餐的570名学生,食堂只有100多平方米,只能供一至二年级学生使用,三年级以上的打了饭在外面吃,冬天天气寒冷饭菜很快就凉了。鼓扬中心校570名学生,生均费用计285000元,有6个工勤人员工作在食堂,学校一个月从生均经费中开支5000元用于食堂的燃料水电和工资补助,一年50000元,占生均经费的17.54%。

教育局文件规定工勤人员每人每个月工资800~1000元,实际上1000元找不到人。例如,摆塘中心校请了6个工勤人员,其中负责晚餐的每月1600元,负责中餐的1000元,晚上管学生的1000元,每月开支6200元,加上水电煤保卫,每月共支出8000元,每年80000元,摆塘中心校480名学生,生均费用计240000元,水电煤保卫及工勤人员开支占生均经费的33.33%。

被访者认为免费午餐对贫困地区的学生是一件大好事,同时也带来一系列的问题。例如,31.25%的被访者认为免费午餐增加了老师的工作量,教师边上课边负责采购做饭,负担加重,分散精力,影响教学质量。学校教育教学的好手都得去分管食堂,从采购到剩菜剩饭的处理,每天6~7个教师参与,还要帮着切菜打饭,校长天天安排食堂工作无暇顾及教学。

学校的宿管人员都是临时聘用人员,部分教师长期在校参与寄宿学生的管理和安全保卫工作,增加了教师的工作量,延长了教师的工作时间;28.13%被访学校距离市场远,采购不便;18.75%餐厅规模较小,学生太多,餐桌不够;9.38%学校活用水资源缺乏;9.38%上级拨款不及时,学校难以维系。

总之,学校宿管、校医、厨卫等专职人员配置不足(50%)、学生安全问题很难保障(37.5%)、学校的管理存在漏洞(12.5%)是被访者指出的"寄宿制"学校的三大难题。

4. 家校距离增大,课时难以上足,学生体能消耗增加,出现隐性失学现象

团结小学、大坪小学距离白云山中心校分别为9公里、8公里,均不通车。2011年9月根据要求整合并后,两个校点的学生分别进入白云山中心校和思京小学("寄宿制"小学,距中心校2公里)就读,家校距离增大。白云山中心校的学生一般步行1~2小时到达学校,冬天是两头黑。学校冬季不敢上足课,上午8点20分上课,为了学生安全考虑,下午不上第三节课就放学。严冬将近半个月学生休息不好,来到学校影响学习。

摆塘中心校的学生也必须早睡早起,放学回到家天就黑了,要做家务,走出校门就没法写作业,上课打瞌睡是经常的事,7~8岁才读书也常见。例如,13岁的六年级学生王长彬,家住距学校7公里之外的小洞口,每天5点起床,步行1.5小时的山路到学校上课,如果遇到涨水就上不了了。下午第一节课的时候最累,想睡觉,学校没有午休的地方。五年级的陈芬12岁,家住距学校6~7公里的大洞口,每天5点30分起床,6点就得出门,来不及吃早餐,步行1.5小时的山路到学校上课,否则就会迟到,下午第一至第二节课的时候最累。

5. 撤并后的教学资源没有实现预期的充分使用

撤并分散的农村学校预期是整合并充分利用教育资源提升教学质量,教育局提供的2010—2013年城镇及农村小学语文数学及格率逐年提升的表格说明了学生主科成绩的提高。但是,关于教育资源的利用,来自学生的评价却有所不同。例如,关于学校电教室使用情况,57.5%的学生偶尔使用,37.5%从不使用,仅5%经常使用。

6. "撤点并校"割裂了教育与乡土的联系

在"村村都有学校"的80年代,学生没有离开过自己生活的环境,教师也多由本地的文化人担任,学校教育和乡土教育有着比较密切的联系,但"撤点并校"后就不一样了,因为学生"离乡离土"了,教师由外面考入的也增加了,或许主流教育中乡土的元素消失了。为此,课题组开展了关于学校布局调整与乡土教育和地方民族文化关系的调查。调查分别在学生和家长两个群体进行中。

表3-26 在家里使用本民族语言交流的情况(单位:%)

	不会用	很少用	经常用	用汉语	合计
家长	13	47	27	13	100
学生	33	27	20	20	100

表3-26显示在家中使用本民族语言进行交流的学生比例明显低于家长,用汉语和不会用本民族语言的学生比例高达53%,说明少数民族语言在学生中流失率很高。20%的学生和27%的村民不清楚当地的民族文化是什么,在表示知道本地民族文化的被调查者中,民歌、特色食品和服饰知晓率位居前三(表3-27),一定程度上说明这三种民俗类型与当地的社会生活关系更为密切。

表3-27 地方民族文化保存情况(单位:%)

	民歌	特色食品	服饰	舞蹈	游戏体育	绘画	其他	合计
家长	33	20	20	13	13	0	4	100
学生	40	20	7	7	7	7	12	100

调查显示(表3-28),学生的民族文化的信息源80%来源于传统的社区和家庭生活,仅13%来自学校,电视报纸占了7%。13%村民能清楚地指出民族文化传承于民间宗教人员,而无人认为来源于电视报纸,一方面说明村民和学生接受信息源的变化;另一方面显示村民更深切地体验于传统生活方式。不过,也有近三成的村民不清楚民族文化的传承方式,一定程度上体现了该部分村民与乡村传统生活的疏离。

一项对地域文化了解情况的调查显示,100%的村民不知道、不清楚所居地历史上是否出过名人、有什么名胜古迹,86%的学生不知道、不清楚所居地历史上是否出过名人、有什么名胜古迹,33%的学生没有去过本县的名胜古迹。说明无论是村民还是学生,对本民族之外的地方文化都知之甚少,这与他们的生活圈子有关,一定程度上也折射出学校教育的内容与地方文化的关联不大,而被调查的学生表示,学校100%没有开设地方民族文化课程,86%的村民不知道、不清楚学校是否开设地方民族文化课程。

表3-28 地方民族文化传承途径(单位:%)

	家中老人	普通村民	父母	学校老师	电视报纸	村里节日活动	民间宗教人员	不清楚	合计
家长	0	33	10	13	0	4	13	27	100
学生	40	20	13	13	7	7	0	0	100

　　课题组针对学生对民族文化的掌握程度,分别在学生和家长中进行了"你认为你(或你的孩子)会哪些民族文化"(多选题)的调查,表3-29进一步说明了学生与本民族文化的关系。家长学生一致认同度较高的是唱民歌,而游戏体育学生认同居首位。

表3-29　学生掌握的地方民族文化类型(单位:个)

	游戏体育	绘画	唱民歌	跳舞	做特色食品	不清楚
家长	0	7	27	0	7	47
学生	67	27	20	13	7	0

　　图3-11、图3-12分别反映了学生和家长对地方文化与民族文化的情感态度。

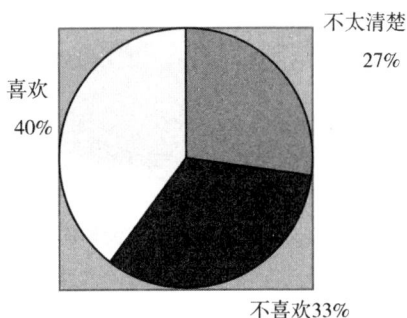

图3-11　学生对地方民族文化的态度

　　调查显示,四成的孩子喜欢本民族文化,近三成不清楚自己的感受,而三成以上的孩子不喜欢本民族文化。

　　近五成的家长认为民族文化重要,但是也有接近五成的家长不太清楚自己的感受,不到一成的家长表示民族文化不重要。

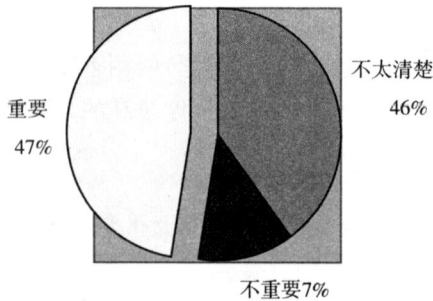

图3-12　家长对地方民族文化的态度

图3-13显示,与是否喜欢本民族文化相比,学生们对于自己是否一定要上大学和未来的预期似乎更加不确定。同样,调查中,60%的家长对孩子的未来或期望不清楚,40%希望孩子将来到省城工作或打工。87%的学生不清楚自己的未来,13%希望到外地工作或打工。

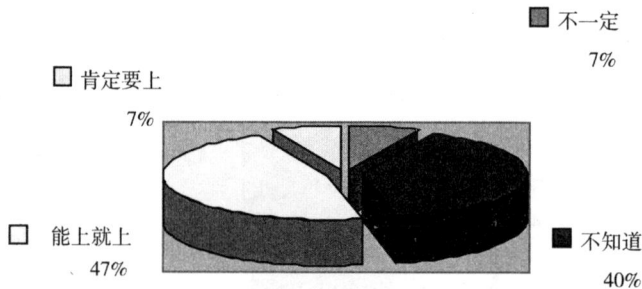

图3-13　学生对未来是否上大学的预期

调查所在地80%没有驻地村校,孩子们上学要步行0.5~1小时到行政村的完小,家长对孩子及学校的情况了解甚少。大多数家长认为重要的民族文化在学校的课程里没有设置,多在民间和社区生活中传承,民族语言已经被搁置,仅有民歌、游戏体育活动认同度较高,绝大多数学生和村民对本县的地方文化不清楚。

调查表明,在以考好中学上大学为取向的学校里,学生的人生目标并不确立,家长的期望与学校的目标并不一致,学校教育与乡土教育已经割裂,学校教育与乡村文明渐行渐远,城镇化和现代化的裹挟,导致村民和学生向往城市的打工生活,乡村文明价值感滑落。

(三)民办学校及其他类型的教育在农村学校布局中的作用

长顺县民办学校只有学前教育,多数以盈利为目的幼儿园,这些民办幼儿园与中小学的布局调整无多大联系,但对长顺县学前教育发展起到一定的推进作用。

义务教育阶段学校属于国家免费教育,民办学校要在义务教育阶段发展,也很难得到有效支撑。虽然国家和省州都鼓励发展民办教育,在各方面支持民办教育,但由于长顺县广大学生家庭都是温饱型的家庭,学生家长很难有能力负担民办教育的各种费用,所以义务教育阶段的民办教育在长顺县得不到发展。

第二节 雷山县乡村学校的撤并概况

一、雷山县自然文化生态环境

雷山县位于黔东南苗族侗族自治州的西南部,与台江、剑河、榕江、三都、丹寨、凯里相邻或接壤。距省政府贵阳184公里,距州政府凯里42公里。

雷山县地处苗岭山脉南麓,海拔为480~2178米,境内高山峡谷纵横,峰峦重叠,沟壑交错。"全县总面积1218.5平方公里,辖4镇5乡,共154个行政村,1305个村民小组。2012年年末总人口(户籍)153031人,农业人口占总人口数的92%。"①耕地6827公顷,人多地少,每平方公里125人,居住分散度极大,村落依山而建。民谣"上山入云间,下山到河边,两山能对话,相会要半天"生动地描述了雷山的地理地貌环境和村民居住的分散。一个行政村包含了几到十几个自然村,自然村均分散在两至三平方公里的范围内。全县范围内的自然村主要由几十户、百余户在高山峡谷地带及山间偏坡地带,也有两三百户的大型聚居村,中国最大的千户苗寨即在雷山西江。

雷山县有汉、苗、侗、水、瑶、彝6个世居民族,汉族仅占人口总数的7.68%,92.32%为少数民族,其中苗族人口最多,占总人口的84.78%。汉族主要居住在县城,少数民族分布在农村山区聚族而居,以杆栏式的建筑为其特色。雷山的交通不便,经济十分落后,农民增收缓慢,尚有50%的农村人口还未解决温饱,是国家扶贫开发工作重点县,近几年靠近县城交通相对便利的村寨依靠乡村民俗旅游发展经济。

雷山拥有"国家级自然保护区""国家级森林公园"雷公山,国家级重点文物保护单位上郎德和中国最大苗寨西江千户苗寨,众多的村寨保存了苗族历史文化

① 雷山县人民政府官方网站,http://www.leishan.gov.cn.

传统,芦笙歌舞、杆栏式建筑、多彩苗族服饰、独特的饮食文化、丰富的语言与文化、传统苗族节日,构成了其古朴独特与精美,使雷山成为中国苗族文化中心之一。

二、雷山县现代乡村学校的发展脉络

据《雷山县志》①介绍,雷山县现代意义的小学教育历史追溯至清光绪三十四年(1908),当时有城关、鸡讲、排羊初等小学堂3所。民国时最早的小学是1918年国民政府创办的丹江女子初级小学,1929—1940年,先后发展省立小学1所,县立高初级小学4所,区乡初级小学33所,一年制短期小学10所(交通梗阻偏远之村寨),学生1652人;1941—1949年国民政府普及国民教育法令期间,原有各级学校变更为乡镇中心国民学校及保国民学校,1948年鼎盛时期有中心国民学校10所,保国民学校47所,学生3077人;后经撤并调整,1949年年底,余中心国民学校9所,保国民学校14所,学生2208人,此时百姓集资兴办私塾17处,学生263人。

新中国成立后,1950年9月解放雷山,政府接管了各类公立私立学校,原"中心国民学校"被改为"完全小学",原"保国民学校"被改为"初级小学",1951年整顿恢复公办完小初小25所,私立村小6所,教师88人,在校生4029人,1957年恢复发展完小10所初小43所,教职工148人,在校生6808人;1958年"大跃进",小学增至102所,在校生增至10053人(含超龄生),但弃课业炼钢铁;1960—1962年三年自然灾害时期,学校下降为47所学生2685人;1964年国民经济好转,发展耕读学校,全县小学增至285所,在校生8224人;1966—1976年"文革"期间,教师被打倒,耕读小学停办,学校减至98所,在校生减至4324人;此后由于各生产队兴办小学(读小学不出村,读初中不出社),1977年,公办民办小学增至226所,"戴帽"初中27所,在校生增至16010人,但教师不足,学校主要学习毛主席语录;1979年后调整学校布局,停办"戴帽"中学,集中力量办好区乡中心完小,在边远村寨增设初小和教学点,小学六年制改五年制,全日制教学,至1987年,全县有县级小学1所,区级小学5所,乡级小学21所,村级初小75所,教学点52个,合计154所。教师851人(民办191人),在校生17904人,生师比21.04∶1。

雷山县的初级中学最早是1945年国民政府创办的"局里初级中学",1948年10月改为县立中学,1949年12月停办。1952年,贵州省人民政府同意设立雷山民族初级中学,1958年增设高中,并开设6所专业中学,1959年停办;1970年丹江西江望丰大塘永乐5所区乡小学开办初中班,1975年丹江区中学并入雷山中学,

---

① 雷山县志编纂委员会. 雷山县志[M]. 贵阳:贵州人民出版社,1992.606—622.

其余 4 所升级为完全中学;1979 后调整布局压缩高中,1980 年停办小学初中班,创办雷山县第二中学(初中);1981 年 4 所区中学高中部停办;1982 年成立九年制大塘民族中学,恢复雷山民中;至 1987 年,雷山县有完全中学 1 所,县初级中学 1 所,区级中学 3 所,民族学校 1 所,合计 7 所。在校生 3878 人,教师 306 人,生师比 12.67:1。

从以上数据波动较大的情况看,一方面说明雷山的小学教育受经济发展和社会政治运动的影响比较大,或者受国家权力的影响比较大;另一方面也说明,人民群众接受义务教育的潜力是无限的,分布在村落的学校越多,在校生就越多(办学质量高低在于学校的师资水平高低而不是学校数量的多寡),因为学生就学方便。初级中学的设置为一个区(乡)一所。

由于雷山县 90% 在校生是苗族,为了让苗族学生更好地学习文化知识,故 1956 年起黔东南州为雷山县培训了苗文教师 80 人,1958 年年初这些苗文老师在雷山民族中学等 7 所学校进行苗文苗语的教学试验,其后中断,1981 年 10 月始恢复推行苗文,1982 年培训苗文师资 90 人次,1983 年在部分小学开设苗文课,1987 年推广到全县 14 所中小学和幼儿园,受益学生 1140 人,90 年代又再度中断。

三、雷山县中小学撤并基本数据

(一)2000—2013 年雷山县中小学学校撤并数据

据不完全统计,2000—2013 年雷山县中小学学校撤并了 67 所,减幅 46.5%,其中教学点 73.1%,村级小学 38.7%,初中 14.3%;在被撤并的小学中,村级小学占 43.28%,教学点占 56.72%。2010 年为雷山县撤并学校的最高峰值,撤并了 37 所学校,减幅 30.1%,其中村级小学减幅 20.6%,教学点减幅 54.8%。

表 3-30 2000—2013 年雷山县学校数量变化表

年份	合计	比上一年增减(所)	增减幅(%)	普高(所)	初中(所)	比上一年增减(所)	增减幅(%)	九年制(所)	比上一年增减(所)	增减幅(%)	乡镇小学(所)	村级小学(所)	比上一年增减(所)	增减幅(%)	教学点(个)	比上一年增减(所)	增减幅(%)
2000	144			1	7			0			9	75			52		
2002	138	-6	-4.2	1	4	-3	-42.9	4	+4		9	68	-7	-9.3	52	0	0
2005	123	-15	-10.9	1	6	+2	+33.3	2	-2	-50	9	63	-5	-7.4	42	-10	-23.8
2010	86	-37	-30.1	1	6	0	0	1	-1	-50	9	50	-13	-20.6	19	-23	-54.8
2013	77	-9	-10.5	1	6	0	0	1	0	0	9	46	-4	-8	14	-5	-26.3
合计		-67	-46.5	0		-1	-14.3		-3	-75	0		-29	-38.7		-38	-73.1

(二)2000—2013 年雷山县中小学学校规模

表 3-31 显示 2000—2013 雷山县中小学学校规模变化，初中规模变化较大，最高时校生均 1651.75 人，最低时 704.60 人，校生均数增幅 67.8%，总体保持在1200 人以内，超过了 2012 年教育厅要求的 1000 人的规模；小学规模比较稳定，小学生均数保持在 204.54～231.83，增幅仅 1.57%，达不到教育厅 2000 年要求的规模（小学 12 个班 500 人，乡镇中心完小 18 个班 800 人），属于小规模学校。

表 3-31　2000—2013 年雷山县学校规模变化表

年份	普高生均（人）	比上一年增减（人）	增减幅（%）	初中生均（人）	比上一年增减（人）	增减幅（%）	小学生均（人）	比上一年增减（人）	增减幅（%）
2000	688			704.60			204.54		
2002	1145	+457	+66.42	1651.75	+947.15	+134.42	206.18	+1.64	+0.8
2005	1738	+593	+51.79	1141.50	-510.25	-30.89	213.45	+7.27	+3.53
2010	2139	+401	+23.07	1162.67	+21.17	+1.85	231.83	+18.38	+8.61
2013	3184	+1045	+48.85	1182.33	+19.66	+1.69	207.75	-24.08	-10.39
合计		+2496	+362.79		+477.73	+67.80		+3.21	+1.57

另据雷山县教育局的统计，小学班均学生 27.6 人，100 人以下的完小 20 所，占小学校数的 27%，学生数占 11.5%，平均班额 13.6 人。初中校均规模 600 人以下的学校 4 所，占初中学校数 57%。

表 3-32　2000—2013 年雷山县中小学生师比变化表

年份	小学教师（人）	小学生（人）	生师比	增减幅（%）	初中教师（人）	初中生（人）	生师比	增减幅（%）	高中教师（人）	高中生（人）	生师比	增减幅（%）
2000	902	17181	19.05：1		267	4932	18.47：1		34	688	2.94：1	
2002	900	15876	17.64：1	-7.4	261	6607	25.31：1	+37.03	70	1145	16.36：1	+456.46
2005	845	15369	18.19：1	+3.12	344	6894	20.04：1	-20.82	102	1738	17.03：1	-4.1
2010	792	13678	17.27：1	-5.06	433	6976	16.11：1	-19.61	115	2139	18.6：1	+9.22
2013	804	11426	14.21：1	-17.72	423	7094	16.77：1	+4.1	186	3184	17.11：1	-8.1
合计				-25.47				-9.2				+482

(三)2000—2013 年雷山县中小学生师比

小学生师比从 2000 年的 19.05：1 下降到 2013 年的 14.21：1，减幅 25.47%，

高于《贵州省义务教育阶段学校基本办学标准》(1∶21～1∶23),在小学规模和学生
人数比较稳定的情况下,说明教师的人数增加,这与雷山地理地貌造成的校点分散
有关,但是否满足校点的需求尚需具体数据支撑;中学生生师比从2000年的
18.47∶1下降到2013年的16.77∶1,减幅9.2%,在初中校生均数增幅67.8%的情
况下,说明教师的人数增加适应初中的需要。符合《贵州省义务教育阶段学校基本
办学标准》(1∶16～1∶18),当然,在2002年、2005年期间生师比较高。

(四)雷山县中小学、幼儿园班级数及规模

表3-33显示,尽管雷山县小学超过八成分布在农村,但学校平均班级数低
于城镇,仅为城镇的一半,农村的学校规模小于城镇,七成以上的初中集中于城
镇,平均班级数高出乡村50%以上。

表3-33　2013年雷山县中小学、幼儿园班级数及规模情况表

学前			小学			教学点			初级中学		
班级总数(个)	占比(%)	校均班数(个)	班级总数(个)	占比(%)	校均班数(个)	班级总数(个)	占比(%)	校均班数(个)	班级总数(个)	占比(%)	校均班数(个)
63	57.27	5	75	18.75	9	44	51.16	3	100	74.07	25
47	42.73	1	325	81.25	5	42	48.84	3	35	25.93	12
110	100		400	100		86	100		135	100	

(五)雷山县城镇与乡村小学班额情况

表3-34显示,雷山县城镇小学班额少于等于45人的占22.67%,班额多于
等于46人的占87.33%。其中36～45人的占13.33%,25人以下的占6.67%,56
人以上的大班额占21.33%,班额规模偏大。雷山县乡村小学班额少于等于45人
的占96.62%,班额多于等于46人的占3.39%。其中36～45人的占10.46%,25
人以下的占67.08%,小规模的班额近七成,无大班额现象。

无论是城镇还是乡村,班额大小与年级高低呈正向发展关系,年级越低班额
越小,反之越大。乡村小学的小班额多于城镇小学,这与城镇居民居住相对集中、
乡村居民居住分散度大有关,且雷山的小规模学校多于长顺(59.37%)近10个百
分点,这与雷山的地貌及居民居住分散度大于长顺有关。

表3－34　2013年雷山县城镇与乡村小学班额情况表

项目		一年级	二年级	三年级	四年级	五年级	六年级	合计	占比（%）
城镇	25人以下		1	1	1	1	1	5	6.67
	26～35人	1		1				2	2.67
	36～45人	4	2	3	1			10	13.33
	46～55人		6	8	10	8	10	42	56.00
	56～65人		4	1	2	4	4	15	20.00
	66人以上					1		1	1.33
	合计	5	13	14	14	14	15	75	100.00
	占比	6.67	17.33	18.67	18.67	18.67	20.00	100.00	
乡村	25人以下	44	50	29	33	35	27	218	67.08
	26～35人	14	8	10	9	11	10	62	19.08
	36～45人	1	3	5	9	7	9	34	10.46
	46～55人	1	1	1	1	1	5	10	3.08
	56～65人	0	0				1	1	0.31
	66人以上	0	0					0	0
	合计	60	62	45	52	54	52	325	100.00
	占比	18.46	19.08	13.85	16.00	16.62	16.00	100.00	

（六）雷山县城镇与乡村中小学学生数量及校生均数

表3－35　2013年雷山县城镇与乡村小学生数量及占比（单位：人）

	一年级	二年级	三年级	四年级	五年级	六年级	合计
合计	1703	1834	1840	1842	2010	2197	11426
城镇	596	660	661	678	777	776	4148
占比（%）	35.00	35.99	35.92	36.81	38.66	35.32	36.30
乡村	1107	1174	1179	1164	1233	1421	7278
占比（%）	65.00	64.01	64.08	63.19	61.34	64.68	63.70

　　表3－35显示，2013年雷山县在校小学生11426人，其中城镇4148人，占比36.30%，乡村7278人，占比63.70%，结合表3－24，全县小学（含教学点）69所，每校生均学生165.59人，其中城镇小学9所，校生均460.89人，乡村小学（含教学点）60所，校生均121.3人。城镇小学规模是乡村小学的3.8倍，是全县平均数的

2. 78 倍,乡村小学规模较小。

(七)雷山县城镇与乡村初中学生数量及校生均数

表 3 - 36　2013 年雷山县城镇与乡村初中学生数量、规模及占比(单位:人)

	初一	初二	初三	合计	学校数(所)	校生均数
合计	2388	2402	2304	7094	7	1013
城镇	1803	1862	1805	5470	5	1094
占比(%)	75.50	77.52	78.34	77.11	71.43	107.95
乡村	585	540	499	1624	2	812
占比(%)	24.50	22.48	21.66	22.89	28.57	80.12

表 3 - 36 显示,2013 年雷山县在校初中学生 7094 人,其中城镇 5470 人,占比 77.11%,乡村 1624 人,占比 22.89%,全县初中 7 所,每校生均学生 1013 人,其中城镇初中 5 所,校生均 1094 人,乡镇初中 2 所,校生均 812 人。城镇初中数量是乡村初中的 2.5 倍,规模是乡村的 1.35 倍。而雷山县除县城所在地丹江镇外,尚有 8 个乡镇,其中 6 个乡镇的初中在近十年中陆续撤并。

根据教育厅 2000 年要求的规模(小学 12 个班 500 人,乡镇中心完小 18 个班 800 人)及 2012 年乡村初中 1000 人的规模要求,雷山乡村小学的规模(村小均 121.3 人,全县平均 165.59 人)远不及要求,仅县城小学校(生均 460.89 人)接近要求;县城初中超过、乡镇初中接近 1000 人的规模。

而根据《贵州省义务教育阶段学校基本办学标准》(2010)规定:非完小适宜规模 4 班 30 人,完小适宜规模 6、12、18、30 个班,班额少于等于 45 人,初级中学适宜规模 12、18、24、30 个班,少于等于 50 人/班,雷山的村级小学规模是比较适宜的,城镇的初中班级数偏多,乡村初中规模略小但比较适宜。

农村小学、初中的布局,应根据县、乡(镇)总体规划要求,学校布局结合人口密度、学生来源、地形地貌、交通、环境等综合条件,应以小学就近入学、初中相对集中为原则,根据规模办学和学校住宿条件等因素确定学校服务半径。雷山县地处云贵高原与湖南、广西的丘陵盆地之间的过渡地带,地势呈现东北高西南低的斜坡状态,海拔最高为 2178.8 米,最低处 480 米,落差大,呈现沟壑纵横的地貌,总面积 1218.5 平方公里。村寨分布在从高山到河谷的斜坡地带,交通不便,居民出行多步行,人口密度 123 人每平方公里,居住分散度大。因此,农村中小学布局应根据地理地貌和居民聚散群落保持适宜的规模,不宜再继续追求规模效益,适当控制城镇初中的容量。

四、雷山县中小学资源配置情况

(一)全县中小学、幼儿园教职工、工勤人员配置情况

表3-37显示,从性别结构看,雷山县幼儿园女性教师占比最高,男性教师几乎可以忽略不计,男性教师在小学和高中的占比都明显高于女性教师,一方面说明乡村小学女性教师偏少,一方面说明越往高级别的学校女性教师越少的事实。从教职工与工勤人员比例来看,幼儿园无工勤人员配置,小学工勤人员仅为教师的1%,初中仅为0.03%。结合表3-29、表3-30数据,小学生师比为1:14.05,初中生师比为1:16.12,小学每1428人有1名工勤人员,初中每545.7人有1名工勤人员。

表3-37　2013年雷山县中小学、幼儿园教职工、工勤人员数量及比例(单位:人)

项目	教职工			其中:工勤人员			合计	教职工与工勤人员比例
	小计	女	男	小计	女	男		
幼儿园	62	54	8	0	0	0	62	62:0
小学(点)	813	348	465	8	6	2	813	100:1
初级中学	440	115	325	13	10	3	440	100:0.03
合计	1315	517	798	21	16	5	1315	

初中生师比达到贵州省义务教育阶段1:16～1:18配比,小学生师比高于贵州省义务教育阶段1:21～1:23配比,初中和小学工勤人员比例过低,在"寄宿制"学校和实施营养午餐的学校普遍增加的情况下工勤人员严重不足。可在适应并满足乡村学校数量多规模小的情况下,适当调整教师工作任务,增加工勤人员职数。

(二)雷山县中小学办学条件情况

就2013年的数据来看,雷山县小学学校占地面积欠缺0.94%,初中欠缺0.67%,小学生均图书欠缺0.9%,初中生均图书欠缺0.73%%(表3-38)。

表 3-38 2013 年雷山县中小学办学情况(一)(单位:平方米)

项目	学校占地面积	生均占地	差额	生均差额占比(%)	图书(册)	生均图书(册)	差额	生均差额占比(%)
小学	213180	18.7	19424.2	0.94	208656	18	22852	0.9
初级中学	119492	16.8	60299	0.67	154444	22	56752	0.73

备注:《贵州省义务教育阶段学校基本办学标准》小学、初中生均占地面积分别不低于 20 平方米,25 平方米,生均图书小学不低于 20 册、初中不低于 30 册

表 3-39 显示,与《贵州省义务教育阶段学校基本办学标准》小学生均建筑面积 6 个班 7.85 平方米、初中生均建筑面积 18 个班 7.01 平方米的标准相比,雷山小学和初中生均建筑面积均分别欠缺 27.39% 和 34.29% 。

表 3-39 2013 年雷山县中小学办学情况(二)(单位:平方米)

项目	教学及辅助用房	行政办公用房	食堂	厕所	其他用房	合计	生均面积	校均班级(个)
小学	43990	6793	4831	3493	6055	65162	5.7	6
初级中学	21251	2380	3170	1029	4763	32593	4.6	18

备注:注明以上不含学生宿舍面积

五、雷山县 2013 年后"撤点并校"思路及规划

据 2013 年 5 月雷山县教育局的统计,随着计划生育政策有效落实,城镇化逐步推进,务工人员举家外出,农村人口逐步向城镇转移,农村生源逐年递减。全县 2007 年和 2012 年人口文化统计显示,全县 1～6 周岁学龄人口以年均 2.7% 的速度递减,2007 年全县 1～6 周岁、6～12 周岁的学龄人口分别为 11653 人、16193 人,2012 年全县 1～6 周岁、6～12 周岁的学龄人口分别为 10279 人、13508 人,分别减少 1374 人、2685 人,全县小学生在本县就读人数以年均 2.6% 的速度递减,2012 年小学在校生 12157 人,较 2007 年 13953 人减少了 1796 人。农村小学生源呈现逐年递减趋势是雷山县教育面临的现状。

(一)雷山县"撤点并校"思路

2013 年 5 月,雷山县在分析了该县学校布局调整存在的问题后,提出了今后"撤点并校"的思路:根据全县学龄人口变化、城镇化发展趋势、移民搬迁扶贫攻坚

和教育资源现状,以全面提升教育质量、推进教育均衡发展、促进教育公平为目标,以减少校点数、扩大学生规模数为突破口,以推进标准化学校建设、实施"寄宿制"学校办学、完善学生上下学服务功能和学生生活后勤服务功能、增加贫困家庭学生在校生活补助、优化教育教学管理为保障,科学规划,合理布局,一次定点,分步实施,推进学校教育"规模化、标准化、品牌化、现代化",实现惠及广大家庭子女的"条件优越、队伍优秀、质量优良"的办学目标,促进教育事业的健康、协调发展。

(二)校点布局调整的基本原则

一是科学规划、合理布局原则。二是方便入学、适度集中的原则。三是资源整合、提高效益的原则。四是先建后撤、保证教学原则。五是整体推进、分步实施的原则。六是多元办学、保障供给的原则。

(三)学校布局结构调整规划目标

1. 义务教育阶段学校。到2015年全县完全小学调整到42所,教学点调整到8个,初中调整为4所。到2020年,全县设置完全小学25所,农村设置教学点8个,设置初中4所,具体保留、扩建、新建学校如下。

小学:丹江的丹江小学、丹江二小、丹江三小、丹江四小、陶尧小学,西江镇的西江小学、西江第二小学、开觉小学、黄里小学,永乐镇的永乐小学、永乐第二小学、乔桑小学,望丰乡的望丰小学和公统小学,大塘乡的大塘小学、掌批小学、莲花小学,郎德镇的郎德小学、报德小学,桃江乡的桃江小学、掌雷小学,达地乡的达地小学、也蒙小学、乌空小学,方祥乡的方祥小学。

教学点:永乐镇的乔歪教学点、草坪教学点、柳乌教学点、排告教学点,望丰乡的乌的教学点,达地乡的背略教学点,桃江乡的果略教学点,方祥乡的毛坪教学点。

初中:第二中学、第三中学、第四中学、第五中学、永乐中学。

2. 高中阶段教育学校。加强优质高中教育资源建设,确保2013年雷山民族中学整体搬迁到新校区办学,扩建雷山民族职业技术学校,扩大入学规模。以新建县第二所普通高中为中期规划,为凯里与雷山"同城一体化"发展搭建优质的高中教育保障服务。

3. 县镇区域小学和初中新建扩容。新建县城第三小学、第四小学,在雷山民族中学的原校址办第四中学,在永乐镇新建永乐第二小学,在西江镇营上新区新建西江第二小学,在县城陶尧新区扩建陶尧小学、新建第五中学、新建第二高中。

(四)调整线路和时间表

2013年合并4所初中、4所小学、4个教学点,2014年合并11所小学,2015年合并8所小学,2016年合并7所小学、4个教学点。具体的时间和线路为:

1. 以现有雷山民族中学迁新校区作为拉动。2013年,将雷山民族中学迁入新校区,将望丰中学、大塘中学、西江中学、达地中学搬迁合并到雷山民族中学老校区,办第四中学。2013年将西江镇的营上小学、白碧小学、白莲小学合并到西江第二小学(营上,现西江中学新校区)办学,将长荣小学合并到西江小学办学。2014年将望丰乡的三角田小学、五星小学、乌江小学以及乌的小学三至六年级合并到望丰小学,用望丰中学校园办学,将大塘乡的独南小学、新联小学、新塘小学合并到大塘小学,用大塘中学的校园办学,将达地乡的小乌小学、背略小学三至六年级合并到达地小学。

2. 以新建学校完工使用办学作为拉动。2013年,启动丹江第三小学校园建设,确保2015年完工交付使用,将龙头小学、高岩小学全并入第三小学,将丹江小学的部分招生片划入第三小学招生,削减丹江小学的大班额和班级数。2015年启动实施第四小学建设、永乐镇第二小学建设,力争2016年完工投入使用。2016年,将固鲁小学、岔河小学、脚猛教学点、郎当教学点合并到第四小学,将丹江二小部分招生片划归丹江第四小学招生,削减丹江二小的大班额和班级数。将开屯小学、联合小学、乔洛小学点、长坡教学点以及排告小学、柳排小学、柳乌小学的三至六年级合并到永乐第二小学。2016年启动实施丹江第二小学搬迁新建,2017年在陶尧新区启动第五中学建设和县第二高中建设,满足新区发展需要。

3. 以扩建改建的学校完工使用作为拉动。2013年启动并完成掌雷小学综合楼、教师公租房、学生食堂建设,启动并完成公统小学的学生宿舍楼和学生食堂建设,将掌雷小学招生片的乔王教学点并入掌雷小学,将丰塘教学点、排肖教学点、石板教学点并入公统小学。2014年,启动并完成乔桑小学、掌批小学学生宿舍楼和学生食堂建设,当年将草坪小学三至六年级合并入乔桑小学,将桥港小学、排里小学三至六年级合并入掌批小学办学。2014年启动县城新区陶尧小学扩建工程建设,使其与新区的建设发展相适应。2015年启动并完成黄里小学、开觉小学的教学楼、学生宿舍楼、学生食堂建设,当年将乌尧小学三至六年级、龙塘小学、猫鼻岭小学、羊吾小学合并入黄里小学,将乌高小学、控拜小学合并到开觉小学。

2013年9月25日,雷山县人民政府网站登载了袁刚县长8月10日在全县教育事业发展大会上的讲话《坚定信心真抓实干全面推动教育事业新跨越》,"按照'寄宿制'小学集中到乡镇、初中集中到县城、高中到城郊,保留和办好必要的教学点的要求,完成中小学校布局调整,实现义务教育初步均衡发展;加快推进中小学校布局调整,推进义务教育发展"[①]。2013 年起,"以突破高中阶段学校建设作为龙头拉动,积极稳妥地推进中小学校点布局调整的实施。一是以雷山民中搬迁为契机,将永乐、西江、望丰、大塘、达地 5 所中学合并到县城办学,实现中学集中到县城的办学目标。二是充分利用乡镇中学校园,将村级完小高年级合并到乡镇创办乡镇中心"寄宿制"小学校,削减村级小学班级。同时,利用小学校点合并后空置教室开办村级幼儿园班。三是围绕'职校建到园区'思路,将县职校搬迁到西江营上产业园区,实现建好一所合格中职学校的目标。同时,利用县职校原校区新办第三小学,解决县城小学大班额问题"[②]。

　　以上撤并计划的出台和执行在雷山民间引起了不少的争议,甚至引发了村民、学校与政府的冲突,使我们不得不对这个农村教育布局的公共政策在某个特定的农村区域执行时遇到的问题进行具体的分析,基层政府对该政策的贯彻进行认真的思考。这一点我们将在本章第三节进行描述和分析。

六、雷山县农村学校的布局调整的效益和影响

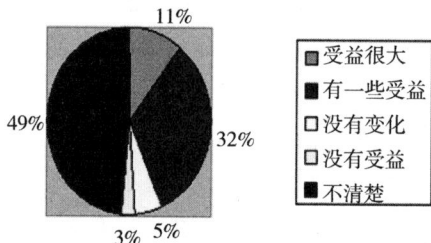

图 3-14　学生对学校撤并的认识

　　课题组就学校布局调整情况走访了雷山县教育局,对雷山县龙头希望小学、永乐小学、永乐中学、略果小学、雷山二中、大塘中学、西江中学及雷山民中 100 余名学生进行了问卷调查和访谈。他们的年龄在 9~17 岁之间,其中比例较高的是十二三岁,分别占 38.78% 和 34.69%;89.80% 为苗族;53% 来自乡镇中心学校,13% 来自行政村完小,32% 来自村完小,2% 来自教学点;94% 的学生为农业户口,

---

①　袁刚. 坚定信心真抓实干全面推动教育事业新跨越[Z]. Http://www. leishan. gov. cn/info/2861/223651. htm,2013-09.

②　同上.

6%为非农户口。对上述部分学校的老师全员进行调研,部分学校30%以上的教师接受了课题组的问卷调查或访谈,并访问了上述学校所服务的部分村寨的近50名村民。被访村民5.56%不识字或识字很少,44.44%是小学文化,50%是初中文凭;35.29%是30~39岁,64.70%是40~49岁,5.88%是60岁以上。83.33%为农民,16.66%为工人;61%为男性,39%为女性。

(一)雷山县撤并校点后的成效

有43%的学生认为自己从"撤点并校"中受益,主要表现在更多的教育机会和资源的更优利用。比如开足全部学科课程,老师人数增加,老师上课更好,能够使用现代信息教学设备、体育设施、实验。

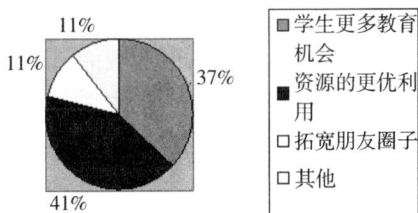

图3-15 学生的受益状况

(二)雷山县撤并校点后存在的问题

1. 办学条件差,办学水平不高

由于投入办学经费有限,大部分学校校舍及其配套设施没有满足需要,教具、图书、体音美器材短缺,图书室、阅览室、实验仪器室、器材保管室、电教室、会议室、多媒体教室等专用教室奇缺。学生宿舍仍然拥挤,厨房狭小简易,制约了办学水平的提高。

例如,15%的学生认为"撤点并校"并没有给学校教育带来预期的变化,主要表现在学校教学设备、体育设施实验设备不足,现代信息教学设备不足,50%以上的学生从未使用学校电教室。

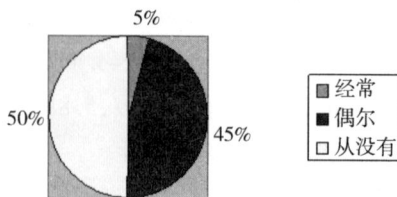

图3-16　电教室使用情况

2. 城区教育资源储备严重不足

随着城镇化进程的加快,农村学生向县镇转移,城镇学生逐年增长,城镇发展与教育发展之间的矛盾日益明显。由于山区地貌的限制,撤并前县城中小学校校园占地面积普遍较小,无法满足撤并后的校舍需求,而且生均校舍面积与国家规定标准差距较大。城区及乡镇所在地后备土地资源不足,学校扩建、拆迁整合难度较大,搬迁、建设成本高。

3. 大班额现象严重,择校现象较为突出

由于学校发展不均衡,优质教育资源少而集中,不能满足群众的需求,造成县城的居民择校现象突出,如城关丹江小学、丹江二小学平均班为54.9人,二中、三中平均班额58.1人。一些乡镇中学的班额也超过了初中"≤50人/班"标准,如永乐中学七年级每班40~67人不等,八年级每班33~67人不等。

18.18%的被访村民认为,在一些普通的村级学校,由于人太多学校管理不到位,9.09%认为会影响孩子学习,所以不支持学校的撤并。

4. 乡村学生步行距离增加,交通条件不具备

山高谷深导致村民居住分散,撤并后大部分的村寨学生特别是小学生上学行程遥远,路况差,需要寄宿学校,需要巨大的车辆接送服务队伍和学校寄宿服务队伍做保障,学生生活、上学等后勤服务保障费用成本高,经济贫困的学生家庭难以支撑。

例如,县城丹江镇附近的S村,有62%的被访村民认为学校撤并后学生步行时间和家校距离无变化,38%认为路程和时间是有变化的,其中37.5%被访者认为距离增加1.1~2公里,上学步行时间增加1~30分钟,12.5%被访者认为距离增加2.1~3公里,步行时间增加40~60分钟,2.78%被访者认为时间减少1~30分钟路程减少2.1~3公里。交通方面,仅7.14%被访者的孩子能坐车,92.85%

被访者的孩子步行上学。从家到学校要经过一段公路的占 70.58%,经过一段石子路的,占 5.88% 经过一段泥巴路的,占 11.76%,经过一段其他路的,占 11.76%。80% 的被访者担心山体滑坡塌方泥石流,20% 担心道路安全问题(上学路上车辆太多)。由于路远难走,5.55% 被访者的孩子选择住校。

表 3-40　学生眼中的家校距离及路况(单位:%)

距离	很远	较远	一般	很近
占比	15.22	21.74	54.35	8.70
路况	好走	一般	不好走	
占比	34.04	40.43	25.53	

而来自学生的回答则是:62.75% 步行(其中 84.38% 步行 0.5 小时,15.62% 0.5~2 小时),3.92% 坐校车(0.1 小时),11.76% 坐营运中巴车(0.15~2 小时),7.84% 坐农用车(0.15~3 小时),5.88% 坐黑面的(0.5~1 小时),5.88% 坐摩托车(0.15 小时)。

5. 教师资源配置不均衡,城挤乡弱

教师分布不合理,乡镇中心地区和城关周边学校师资富余,大部分的骨干教师都集中在中心学校,偏远地区缺编严重,村级小学和教学点教师数量不足,学科专业师资配置不齐,教师工作量大,制约教育均衡发展和教育公平。

6. 小规模学校教学保障水平低

义务教育经费保障机制改革虽然提高了生均公用经费标准,但按学生人数拨付经费的办法,导致许多规模小的学校生均公用经费收入与支出严重倒挂,影响教育教学活动的正常开展,校园文化氛围不浓,校点的监督指导很难到位。

7. "寄宿制"小学办学亟待解决的困难和问题多,家长对"寄宿制"办学的认可程度低,半数学生不喜欢"寄宿制"生活

(1)部分寄宿低龄小学生上学行程艰难、遥远,家长普遍担忧孩子的安全和健康

桃江乡年显村 80% 的受访家长表示所在的村有过"撤点并校"的情况,在他们的记忆里村里有 1 所学校,似乎经历了三次撤并:20% 认为 1983 年 9 月撤并只保留了学前班,20% 认为大约是 2002 年撤并,保留了二至三年级和学前班,20% 认为 2008 年 9 月撤并,学生全部转学到略果、排里、桃江或掌雷小学。

而略果小学可能是雷山县目前唯一一所既不撤并又不保留的学校,不撤并是因为方圆五六个村组的学生还要在这里上学,不保留是因为学校成了危房也一直

没有资金改造,而2013年9月开始,学校也只有一至二年级的学生,三年级的转到8里以外的掌雷中心小学("寄宿制"学校)去了。略果村周围的村寨都是苗族,而略果村民大部分是汉族,一位杨姓农妇向我们陈述了她的担忧:

不应该把三至四年级搬走,最好五年级以上再去掌雷,六年级以上更好,这样安心一点。因为孩子太小,担心在学校晚上睡觉踢被子,感冒生病,生了病也不放心他独自去学校;星期天回来回去的担心路上摔跤,打架,路程太远,那天整天都不安心去干活,天稍微黑一点不见孩子回来更是慌张;小一点的孩子家父母星期五都要去接孩子放学;父母在外面打工,稍微走远一点都不行,在学校有事了,家长必须赶到学校去,有时在外打工临时要跑回来。我的弟弟妹妹都是这样,不得已我们去替他们接了很多次。

一些家长则担忧学校合并后家长无法管教,担心孩子学坏,只得带孩子一同出去打工。

(2)缺乏车辆接送服务,校车接送保障机制尚未形成。通村道路极差,即便实施车辆接送,大型接送车进不去,小型接送车成本高

课题组在雷山调查时,看见教育局的院子里停着一辆由宋庆龄基金会赠送的"长鼻子"黄色校车,但还没有启用,原因就是道路交通安全、驾驶员的要求、运营成本、责任等问题没法落实。

(3)学校的心理辅导、寄宿管理、生活管理等服务保障水平低,无法根据不同学生群体提供针对性的保障服务。试点中的"寄宿制"小学教育教学管理盲点仍然较多,影响了学校正常的教学工作,教育教学质量提高的程度不明显

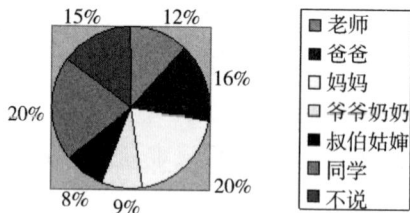

图3-17 学生遇到不开心的事情的诉说对象

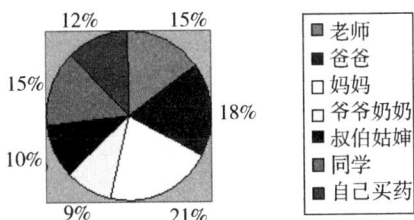

图 3 – 18 学生生病时的求助对象

"寄宿制"学校学生遇到不开心的事情时的诉说对象,12% 选择老师,生病时的求助对象 15% 选择老师,均排在倒数第三,仅高于爷爷奶奶和叔伯姑婶,与学生自己独自处理相当,不及同学,说明"寄宿制"学校在学生身心健康的管理方面存在盲点。

R 校长所在的 L 小学是一所近 200 名寄宿生的学校。被撤学校的学生路途较远,年龄小,生活无法自理。但学校缺少保安,目前只有一个,月工资仅为 1300 元,且从学校公费中抽出支付,学校已不堪重负,保安也对工资极为不满。学校虽然实行了营养午餐,但由于缺乏专门的工作人员,中午学生就餐时需要学校老师兼职负责打饭和维持秩序。买菜和粮食都需老师去完成,账务这一块非常难缠,学校也没有专门学会计的老师,算账这项工作经常遇到困难。午餐和账务使老师不能得到正常的作息,给他们带来了极大的困扰。希望政府在实施"撤点并校"工程时多往贫困偏远地区拨付公款,负责学校保安的工资发放,配给专门的生活老师、营养午餐工作人员以及财务老师,保证学校正常教学活动的进行。

(4)半数学生不喜欢"寄宿制"学校的生活

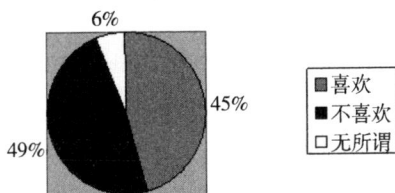

图 3 – 19 学生对寄宿生活的好恶

不喜欢的原因是离开父母、缺少父母关爱、生病没人照顾(57.89%),学校人多、不讲究卫生、学习受打扰(21.05%),学校离家近没有必要寄宿(15.79%),冬天学习很冷(5.26%);而喜欢"寄宿制"生活的学生中78.57%认为能提高学习效率,学习更多的知识,14.29%认为同学多在一起玩很开心,7.14%%认为"寄宿制"使他们不想回家干农活成为可能。

(5)"寄宿制"初中加重了学生家庭的负担

X中学Y老师说,雷山X中是封闭的大型学校,学校以封闭式为借口垄断食堂超市,学生去X中学习,家长负担更为沉重,学生大多开始同意撤并到雷山学校,但后来后悔了。

桃江N村两名家长2012年的教育支出占家庭总收入的50%和24.6%。教育支出中占比最大的是零花钱,其次是伙食费,而望丰W村支付给孩子的伙食费高达65.3%。学生用在学习用品、生活日用品及吃饭上的支出排前三位。

表3-41　2012年全年家庭教育各项支出占比情况(单位:%)

	住宿费	交通费	零花钱	书杂费	伙食费	合计
桃江N村	0.80	4.34	49.61	4.1	41.13	100
望丰W村	0.60	12.9	21	0.2	65.3	100

表3-42　学生自我支配各项开支占比(单位:%)

类别	学习用品	生活日用品	吃饭	衣服	坐车	打游戏	合计
占比	24.70	21.18	18.82	18.24	10.59	6.47	100

(6)"寄宿制"学校教师资源配置不合理,教辅人员奇缺

永乐中学2014年有学生1245人(女生530人,男生715人),其中住校生1144人,占学生总数的91.89%,然而由教育局正式聘请(在编)的宿管员仅1人,每千人还达不到1人。

第三节　"撤点并校"过程中相关利益群体的选择与表现

作为一项付诸农村中小学实施的公共政策,"撤点并校"的制定和实施直接或间接地与政府、农村教师、学生及学生家长等不同角色的利益发生关系,产生各相

关利益群体的博弈。这个博弈的过程表现为不同利益群体在"撤点并校"前后的心理变化过程、表现及其最终行为选择。相关利益群体所扮演的社会角色不同,他们在博弈中的地位和利益诉求就不同。我们认为,一个良好的公共政策制定和实施机制,应该是各利益相关方充分参与及公平博弈的结果,其带来的是资源的公平分配、公共利益的最大化和社会的和谐稳定。

我国的政体为人民代表大会制度,政策的产生与制定都需要通过人民代表大会的表决以及举行相关的听证会,从制度设计上保证程序的公正,与民生相关的公共政策产生前会通过相关的研究机构进行调研和咨询。但是,调研是否充分,是否考虑采纳相关利益群体的诉求及建议,一方面可以体现出台的政策是否顺应民心及切合实际,一方面也体现程序是否公正;因我国地域广阔、地貌多样、民族众多、文化纷呈,当某项公共政策的政令下达之后,执行过程中各相关利益群体出现矛盾冲突之时,甚至社会正常的生活秩序、社会成员的公共利益遭到损害时,如何调控各种利益关系、公平分配社会资源、最大限度地进行因地制宜的调整和理性纠偏,既能体现公共政策主体能力的强与弱,也能体现公共政策的相关利益群体参与性的高与低,最终体现的是公共政策相关利益群体博弈的机制是否公平。

一、"撤点并校"公共政策的相关利益群体

"不同利益主体在教育资源配置中的博弈则是教育资源配置格局形成的决定性因素,教育资源配置的实质就是不同利益主体之间的利益博弈。"[①]许丽英认为,"教育系统的利益主体主要有政府、学校、企业、家庭、个人等。"[②]本研究认为,作为义务教育阶段教育资源的配置,其主体是掌握权力的政府及具有话语权和影响力的人员,而接受教育资源配置的对象或教育资源的获取者如学校、教师、学生、家长等为客体。

(一)"撤点并校"公共政策的主体

陈庆云(1999)认为:"公共政策是对全社会的公共利益做权威性的分配,使之最大限度地改善最差者的地位,且这个分配是一个动态的过程。"[③]

公共政策需由"公共权力机关经由政治过程所选择和制定"[④],其目的是"解

---

① 许丽英.教育资源配置理论研究——缩小教育差距的政策转向[D].东北师范大学博士学位论文.中国知网,http://kns.cnki.net/KCMS/detail/detail.aspx? dbcode = CDFD&dbnam.

② 同上.

③ 陈庆云.公共政策十大理论问题再思考[J].中国行政管理,1999(12).

④ 王建容,王建军.公共政策制定中公民参与的形式及其选择维度[J].探索,2012(01).

决公共问题、达成公共目标、实现公共利益"①,"其实质是公共权力机关为着一定目的而进行的社会资源配置和社会价值的分配"②。所以,公共政策的主体指的是公共权力机关——政府,包括"在整个公共政策的运行周期中,在政策制定、实施与评估等阶段上对政策问题、政策过程、政策目标群体主动施加影响的人员"③。

作为一项公共政策,不同时期的"撤点并校"政策的讨论者和制定者,有政协、人大、国务院、教育部、财政部;从政策实施过程来看,是各省、市、自治区等地方政府、教育厅局;从参与政策讨论及评估的人员来看,有"两会"委员和代表、学者、民间智库。

(二)"撤点并校"公共政策的客体

相对于政策主体而言,"撤点并校"公共政策的客体是受此政策影响的社会成员,直接相关者无疑是该项政策的目标群体——农村中小学的教师、学生、学生家长,学校的去留与搬迁,将对教师的职业角色、工作压力、学生家庭生活模式、经济生活甚至他们与传统社区文化的关系产生直接的影响;而与学校搬迁撤建相关的另一类利益相关者,则是地方土地部门及房地产开发商。当然,这并不是本研究所涉及的内容,本研究关注的是地方政府部门、教师、学生、学生家长这四类利益相关群体。

从问卷调查和个案访谈来看,"撤点并校"的主体与客体、客体与客体之间由于所扮演的社会角色不同,利益诉求不同,对于"撤点并校"这项政策的反映也不同,甚至产生了巨大的利益冲突。

二、"撤点并校"公共政策的主客体的利益权衡及博弈

从 1985 年中共中央《关于教育体制改革的决定》明确提出普及九年义务教育的任务,鼓励"人民教育人民办"以来,农村学校一般建立在人口分布较多的地区或者是村寨附近,至 2001 年大部分农村实现了"村村有学校"。这不仅方便学生上学也能增强学校与村民之间的情感交流,从另一方面来说也增加了农民接触科学文化知识的机会。这样的布局使得学校与村寨生活关系密切,甚至一定程度上成为村落文化的中心。同时"普九"工作的开展及从 2001 年开始实施的对义务教育阶段家庭经济困难学生免费提供教科书、免杂费和补助寄宿生生活费的"两免一补"政策也减轻了农民负担,更多的农民愿意将孩子送到学校,因为这不仅能让

---

① 王建容,王建军. 公共政策制定中公民参与的形式及其选择维度[J]. 探索,2012(01).
② 同上.
③ 公共政策主体[Z]. 互动百科,http://www.baike.com/wiki.

孩子拥有走出去的机会,而且学校离家很近,学生在课余期间还能帮助家庭料理一些杂务,也方便家长对学生的教育。

随着计划生育政策带来的适龄儿童减少和中国城镇化步伐的加快,直接或间接地导致了农村人口的减少,农村教学点、村小学校生源减少供不应求,城镇生源增多供大于求,农村的学校资源配置不足,教育质量不高。为让农村的孩子都能够享受到公平、优质的教育,在实施"两免一补"的同年,中国开始进行农村中小学布局调整,贵州省也不例外,近几年还推出了"丹寨模式"与"兴仁模式",前者是小学进乡,后者是中学进城。但"撤点并校"政策实施十余年来,在贵州一些贫困少数民族地区却不同程度地损害了学生、家长的利益,因为"撤点并校"在相对偏远的地区同时伴随的是教育的附加成本的提高,这个附加成本包括学生的交通费、伙食费、住宿费以及零花钱等,"两免一补"的利好被消弭,更重要的是学生上学的安全隐患增大,家长的"陪读"成本增加。因此执行难度大、反对声音多,甚至一些地方出现群体性事件反对农村学校撤并。于是,在"撤点并校"政策的执行过程中,省级政府与地方政府之间、政府与学校教师、家长及学生之间,产生了不同程度的博弈。在"撤点并校"的公共政策制定与实施过程中,不同利益群体的利益调整、博弈、再分配直接影响着公共政策的权威性、有效性和公平性。

博弈论是研究互动决策的理论,"是指研究多个个体或团队之间在特定条件制约下的对局中,利用相关方的策略而实施对应策略的学科。"①它研究的是"一些个人、团队或组织,面对一定的环境条件,在一定的规则约束下,依靠所掌握的信息,同时或先后,一次或多次,从各自允许选择的行为或策略进行选择并加以实施,并从中各自取得相应结果或收益的过程"②。通常,各利益群体会追求自己利益的最大化。

博弈论由匈牙利数学家冯·诺伊曼于20世纪20年代开始创立,40年代用于经济学领域,近年来被运用于分析公共政策的决策过程。本研究试图从博弈论的研究视角去观察和分析地方政府部门、教师、学生、学生家长在"撤点并校"公共政策运行过程中的利益权衡和行为选择。

"一个完整的博弈应当包括五方面的内容:第一,博弈的参加者,即博弈过程中独立决策、独立承担后果的个人和组织。"③在本研究中指的是地方政府部门、教

---

① 博弈理论[Z]. 互动百科,http://www.baike.com/wiki.
② 运用"博弈论"可有效推进社会矛盾化解[Z]. 中国知网,http://xuewen.cnki.net/CCND-RMGA201210210033.html.
③ 博弈论与现代企业管理[Z]. 豆丁网,http://www.docin.com/p-33851630.html.

师、学生、学生家长。"第二,博弈信息,即博弈者所掌握的对选择策略有帮助的情报资料。"①包括有关"撤点并校"的政策文件、原则标准、提议方案、相关利益群体的意见和建议。"第三,博弈方可选择的全部行为或策略的集合。"②即"撤点并校"过程中每个博弈方在进行决策时可以选择的多种可能性的方法和做法,如撤或者不撤、走读或者住校、搬迁还是留守、上学还是辍学、妥协还是反抗。"第四,博弈的次序,即博弈参加者做出策略选择的先后。"③包括什么时候由谁提出撤并方案,什么时候进行意见征询,何时召开听证会等。"第五,博弈方的收益,即各博弈方做出决策选择后的所得和所失。"④包括地方政府部门、教师、学生、学生家长在撤并政策实施后的得与失,如教学质量是否得到提升、教育资源是否充分利用、承担的教学成本是否增加,等等。

在上述的五个博弈要素中,参与者是否充分有效参与、信息是否公开和被参与各方是否完全充分地知晓,决定了参与者博弈策略的选择及利益的得失多寡。这些要素不同程度的组合产生了合作博弈、非合作博弈、完全信息博弈、非完全信息博弈、静态博弈、动态博弈等几个博弈的类型。

(一)政府在"撤点并校"决策和实施中的行为选择

1. 片面追求学校规模效应

对于政府来说,追求学校的规模效应可以获取国家的专项资金,改善地方的办学条件,集中资源办学将乡村学校合并到交通方便的城镇,可以节约管理的成本,至少省去了爬山涉水的时间和精力。在这些地方利益的驱使下,地方政府不遗余力地执行上级的撤并政策,片面追求撤并的指标。

雷山县 2005 年共有中学 9 所小学 137 所(其中有乡镇所在地中心小学和片区中心小学 27 所,教学点 30 个),2013 年共有初中 7 所小学 74 所(其中村级完小 57 所,教学点 17 个,小学"寄宿制"学校 18 所),初中撤并了 22.22%,小学撤并了 45.98%,其中教学点撤并了 43.33%,"寄宿制"学校增加了 88%。教育局认为"通过近十年来的布局调整,全县中小学校的办学规模得到进一步扩大,集中办学的优势日渐明显。在国家资金的大力支持下,全县中小学办学条件迈上了一个新的水平",但是存在"生均校舍面积与国家规定标准差距较大,大班额现象严重、乡镇中心地区和城关周边学校师资富余,骨干教师集中在中心学校,偏远地区缺编

---

① 博弈论与现代企业管理[Z]. 豆丁网,http://www.docin.com/p-33851630.html.
② 同上.
③ 同上.
④ 同上.

严重、规模小的学校生均公用经费收入与支出严重倒挂、城区及乡镇所在地后备土地资源不足,学校扩建、拆迁整合难度较大、搬迁、建设成本高、村民居住分散,山高谷深,撤并后大部分的村寨学生特别是小学生上学行程遥远,路况差,'寄宿制'管理盲点多、学生生活、上学等后勤服务保障费用成本高"等问题。在这样的情况下,理应针对存在的问题进行理性纠偏,比如暂缓"撤点并校",绕开城镇土地资源不足的问题,加强乡村学校和教学点的资源投入,解决学生上学远上学难的问题。但是,教育局 2013 年开出的药方依然是撤并:"以减少校点数、扩大学生规模数为突破口,以推进标准化学校建设、实施'寄宿制'学校办学","到 2015 年全县完全小学调整到 42 所,教学点调整到 8 个,初中调整为 4 所。到 2020 年,全县设置完全小学 25 所,农村设置教学点 8 个,设置初中 4 所",计划再撤并 66.22%的完小(包括撤并 52.94%的教学点)、42.86%的初中,相当于仅保留乡镇所在地中心小学和片区中心小学,将初中全部集中到县城。

2. 学校撤并配合城镇化让位于经济发展

"教育要争做城镇化带动战略的排头兵"是不少地方"撤点并校"的指路灯,在"加快城镇化步伐,教育等公共服务资源要重点向小城镇集中;逐步实现小学到乡镇,中学到县城的目标"[①]指导下,"2009—2011 年三年间,我省小学在校学生分别减少 13 万人、23 万人和 25 万人,年均减少 20 万人;小学(教学点)、初中学校每年分别减少 590 所、789 所和 634 所,年均减少 671 所"[②]。"作为排头兵的丹寨县近年来采取搬动儿子来搬动老子,促进城镇化发展的举措,初步形成了城镇办学为主体、乡村校点为补充的教育发展新格局,小学向乡(镇)集聚。三年来,丹寨县先后撤并村级完小 8 所,教学点 15 个,投入建设资金 2000 多万元建成 8 所农村'寄宿制'小学,小学寄宿生达到 5184 人,小学寄宿率由 2008 年的 11.76%提高到35.58%,高出全省 27.03 个百分点。"[③]

雷山县 X 镇 X 村是中国乃至全世界最大的苗族聚居村寨、全国知名的乡村民俗旅游村,2000—2010 年来自重庆、广东、广西、湖南、湖北、北京以及上海、美国、法国、英国、西班牙和比利时等国内外"游客达 228.7 万人次,仅 2009 年就创收门票纯收入 1216 万元,2010 年为 1407 万元"[④]。

X 镇 2002 年 5 月投资 495 万元建成的唯一一所中学就坐落在旅游区。巨大

---

① 霍健康. 教育要争做城镇化建设的排头兵[Z]. 贵州教育厅网站,2012 – 09 – 14.

② 同上.

③ 同上.

④ 贵州美色之西江千户苗寨[Z]. 金黔在线,2013 – 04 – 27.

的经济收益,促使政府在 2008 年做出了搬迁 X 中学的决定,"景区内不应该有中学""旅游歌舞影响学生上课"被认为是撤并的理由,村民则认为 X 苗寨被卖给了旅游公司,所以学校要搬迁,有网民以"X 中学迁出 X 苗寨,是 X 苗族人民的巨大的历史文化损失"发起抵制搬迁的帖子。不过反对无效,政府斥资选址在距离 X 镇 X 村 3 公里的营上新建新的 X 镇中学,计划 1400～1600 人的规模,2013 年新的 X 镇中学落成,由于村民的抵制,新校舍终究成为雷山县职业中学的新校址,2013 年招生 120 余人,由于没有食堂等附属设施,生活不便,至 2014 年 7 月止流失余40 多人。

3."撤点并校"政策制定与执行过程中出现"越位"与"缺位"现象

作为公共政策的主体,在公共政策制定与实施的整个运行过程中,需要具备规制社会成员行为、引导公众观念行为、调控各种利益关系、公平分配社会资源的能力,需要做到站在公平的立场上,觉察不同利益相关者所持的相互分歧的意见,对这些分歧意见进行连续的、反复的探究,分析问题并做出决策,使公众的利益最大化。

然而在调查中我们发现,由于政府实际上是"撤点并校"政策实施的掌控者,往往会容易诱使政府在决策时利用其地位优势,从政府部门相关的利益出发,过多考虑管理的便捷化、政绩的最大化,而忽视了与教师,尤其是学生、家长利益相关的问题,导致"撤点并校"公共政策缺乏实效,造成新的问题。或者只维上不维下,违背民意,代民做主,完成上级指派的任务了事。

贵州撤并模式有"丹寨模式"与"兴仁模式",前者小学进乡,后者中学进县。教育局 Y 股长认为"丹寨模式好,走在雷山之前,公平教育,值得这边的学校学习。学习其完善的教学条件和师资的配置",他的观点代表了不少政府工作人员的观点。

撤并有利也有弊,可使办学规模提高,教师集中,学生获得更好的更完善的学习资源,教育得到整合,管理水平提高,但是"寄宿制"办学标准不够,医务人员、生活教师都没有配置。长远来看,分散办学效率低,成本高,不利于管理,集中办学却可以集中解决这些问题,集中办学可以达到教育公平。但是适当保留也有好处,应该根据当地的实际情况来进行撤并。

在过去的调整中,配套设施跟不上,宣传不到位,老百姓不明白撤并的好处,希望后期撤并能够加大教育的投入,做好思想动员工作。老百姓认为孩子往返和开销的增加成为负担,不愿撤并。但政府还是一定会撤校,因为反对者是少数,大多的家长支持。不论教育辐射的村寨交通方便与否、有无条件撤并都要进行撤并。

课题组在雷山县人口大镇 Y 镇的 Z 村进行了问卷调查和个案访谈,访谈中我们发现政府是"撤点并校"的权力掌控者。首先体现在政策信息掌握在政府手中,传递给谁、传递什么与传递多少的决定权在政府。因而在信息传递和收集民意的过程中,出现了为完成任务而进行的伪民意调查。村民告诉课题组,2013 年年初教育局曾经到 Z 村进行"撤点并校"的调查,了解村民对撤并该镇唯一一所中学到县城的意见。第一次调查时,100% 的村民在调查问卷上选择了不同意镇中学撤并的选项,然而调查人员反复将问卷发给被调查者,直到所有被调查者都选择同意县政府决定的"撤点并校"为最优选项为止。

Y 镇的被访教师表示"县里面来做过调查,专门开了两次会议,请了一些家长来收集他们的意见,问卷调查也做过。学校按照目前情况做了前期调研、中期准备",但是相关资料却不知放到哪儿了。

被访的学生则表示:"没有征集意见。老师就说学校要搬到雷山去,后来又说雷山的学校不够住,人太多了就说不搬了。"

而在 X 镇,当地政府部门也对村民进行过民意调查,但最终结果如何村民并不清楚,政府没有及时通知村民"撤点并校"的信息,只是将撤并学校的文件内容下达给各个学校而已,直到学生回来通知家长学校具体什么时候要搬走,他们才匆忙地给学生准备到新学校的东西。

在这个过程中,信息内容是不透明的,信息的传递只是单向的指令,缺乏其他群体的有效参与。从这个意义上说,雷山县的"撤点并校"并不是老百姓真正需要的教育公平与自愿选择,这就给博弈各方的矛盾冲突埋下了伏笔。

对于一个职能部门来说,接受上级的政策信息并准确无误充分地传达,在这项政策制定、实施的过程中应该采集过相关人员的意见和建议,如何引导公众观念行为、调控各种利益关系、公平分配社会资源是一项艰难的任务,特别是在少数民族地区,由于文化的多样性、价值观以及政策的适用性和公平性的差异,他们对于政策的理解与接受更是一个考验政府部门办事效率的难题。政府部门在下发以及制定政策时,他们所考虑的是一个较为长远的全国性的计划,这个计划的出台也是不同地区不同利益群体博弈的结果,但是基本忽略了同样处于这个大局中的重要群体——相对来说处于弱势的学生和家长。

(二)学生家长教师的认知及行为选择

雷山县各个乡镇中学在 2014 年年初展开了大刀阔斧的中学进县的合并计划。尽管有不少合并后的学校距离原学校的车程达两小时以上,甚至有的学生需要转几趟车,尽管原学校的规模在 200～400 人的情况下,当地政府部门还是选择了将所有的中学合并进县城。目前全县的中学只剩 X 和 Y 两个乡镇中学并未搬迁或完全搬迁,原因有二:一是县城学校的容量有限,暂时不能容纳千人以上的规模;二是被合并学校所在村寨村民大规模的集体抗议。

1. 学生、家长的认知、心理变化与行为选择

在一项是否了解目前就读的学校哪年撤并的调查中,55.26%的被访学生表示不知道,42.55%不太了解,仅2.13%了解。在这种不知情的情况下,学生对学校撤并有较高的支持率,而家长的支持率偏低。

表3-43 学生和家长对学校撤并的态度(单位:%)

	支持	不支持	不确定	无所谓	合计
学生	55.26	7.89	23.68	13.16	100
家长	9.09	63.64	27.27	0	100

能够方便地就近入学、对自己村寨和乡镇社区的情感依赖、担心孩子"学坏"、就近可以照顾到孩子、搬迁会加重经济负担都是村民普遍反对"撤点并校"的原因。对学生远距离上学分别有16.67%家长持反对或支持的态度,66.67%不确定自己的观点。

表3-44 学生和家长对学校撤并原因的认识(单位:%)

学生	原学校入学人数少	原学校房子不好教学设备不足	原来的学校师资力量不足	家长管孩子压力大	有益于学生	不清楚	合计
占比	16.54	21.05	14.29	12.78	13.53	21.81	100
家长	教育资源不足		国家政策	家长压力	学生利益	其他	
占比	4.35		17.39	4.35	69.56	4.35	100

2013年12月课题组在雷山县X镇调查期间,发现部分家长甚至为了保留乡镇中学而举行大规模的游行抗议,在学校搬迁的当天堵住路口,拒绝任何人员和车辆的来往,特别是学生的出入。

2014年3月至4月课题组到雷山县X镇进行了回访,发现原本有300多人的X中学,仅剩下120名学生,大部分初三的学生在新学期开始时就转到县城去上学了,学校只剩下初一和初二,由于人数太少,无法开班、无法进行统一的升学考试,选择留下来的初三学生留级到初二。学校现在主要是Y老师负责,教育局也把学校该配送的教材、资料如数配送给了X中学的教师、学生。学校虽然教师数、学生数减少了很多,但仍然在按正常的教学秩序进行教学活动。

　　以下的个案也许可以透视学生家长在学校撤并过程中的心理变化与行为选择。

　　留守学校不仅仅是因为经济因素。

　　李同学，男，15岁，应读初三，学校部分撤并后留级初二。在学校未撤并之前对李同学进行访谈时，李同学希望留在 X 中学，因为他"害怕自己到县城之后会学坏，不能在县城这个诱惑多的地方抵住诱惑"，害怕影响学习，同时"家庭经济比较紧张""父母在身边、考虑到父母的感受"。以下是回访记录。

　　问：你是自愿留下来的吗？

　　答：是自愿留下来的，现在想走的都走了，我们留下来的也没什么动摇的了，现在只想好好学习，希望能拿出一个好的成绩，这样的话，在与县城的学生做成绩对比时，我们也能证明 X 中学也是能培养出好的人才的。

　　问：去的同学现在还给你们做思想工作，让你们去县城吗？

　　答：去县城的同学平均每个月回家两到三次，现在还有极个别的同学在班上的 QQ 群上发送消息，鼓动留下来的学生去县城。以前的同学回来之后，也会和自己聊天，在聊天中会极力宣传县城新学校的好处，让自己去县城。不过，我现在已经没有什么想法，只希望好好学习。

　　问：如果经济不是问题，你会考虑去县城上学吗？

　　答：本来我就是想在这里上学，所以才留下来的，所以即使经济宽裕了，我还是会选择在这里上学。

　　问：现在老师的教学质量如何？是否关心你们的学习？是否还有老师鼓动你们去县城？

　　答：现在留下来的老师都是想在这里教学的，即使有的老师之前不愿意，现在也已经不会再鼓动学生去县城了。反而现在老师比以前严格多了。因为老师和同学们谈了一次话，说大家都要努力学习，这样就不会被县城的老师、同学看不起了。每个班的老师几乎都调整过，所以，大家在学习上更加努力了。都希望向去县城的老师、同学证明——留下来并不表示我们就是差的，我们也很优秀。

　　从学生李某某的谈话中，可以了解 X 镇中学搬迁时的情况及对搬迁的认识。

　　李某某，男，初二，15岁，从雷山转入 X 上学，目前暂住亲戚家，目前还在 X 中学上学，昨天还上了课。"如今只有几个老师，副校长还在，正校长昨天回来过。X 中学本有初一 3 个班，初二 4 个班，初三 3 个班。学校两个月前通知我们搬迁，老师偶尔提起，学生问，然后他们正面回答了搬迁，其实他们已经知道这回事。本来是 12 月 26 日搬，之后一直拖到 29 日。28 日、29 日搬走的学生最多。本来有 300多人，目前仅剩 100 多人。大部分老师还没有搬走，没有课的也没有搬，有课的都搬走了。""不想走的老师就好好上课,想走的老师几乎都上自习,还动摇学生搬迁的念头。""留在这里的学生照常考试,走的学生基本上是因为家离 X 中学远。"

"学校的软硬件即使提高了也不一定能提高学习成绩,因为班级人数多,老师无暇管理。目前学校没有搬迁完毕,所以无法知晓是否有学生因此辍学。"他觉得"把学校搬走就会减少来 X 镇的人数,学校带动了旅游,学校的活动也能吸引游客"。

社区村民间的互助与亲情是学生留守学校的原因之一。

宋同学,女,13 岁,X 中学初一学生。她是一个比较不幸的女孩,父亲在她小时候就去世了,母亲也改嫁了,家里现在只有她和她五年级的弟弟两人,靠亲戚和低保以及假期出去打零工来维持生活。学校未撤并之前课题组访问了她,她明确表明不会去县城上学。主要原因是:一、要照顾弟弟;二、家庭经济跟不上;三、在本地离家近,在学校放假之余还能边打工边照顾家里。以下是回访记录。

问:现在你对学校撤并有什么看法?

答:现在已经对撤并没那么多的抵触情绪了,最好还是留下来,因为本地打零工的地方比较多,这样不仅能上学而且还可以照顾弟弟。如果以后条件好了,我也会带着弟弟去县城或者更好的地方上学。

问:你现在对父母的概念是什么?父母不在之后,你的学习和生活是怎样的?

答:以前父母在的时候,感觉有依靠。但是他们不在之后,时间一长,自己学会了独立。有父母在更好,没有了我自己也可以。学习上没有多大影响,之前学校在传撤并的消息的时候,的确有读不进书的感觉,但是现在想走的都走了,清净了,我也就更安心学习了。有好朋友和老师在学习与生活上都会关心我,我觉得自己现在还是过得好的,我非常感激他们对我的帮助。只是弟弟内心比较孤独,我以后会多多开导他的。

学校良好的管理和学习环境是学生关注的重点。

董同学,女,13 岁,X 中学初一学生。第一次进行访谈时,董同学在帮着父母看管店面,当时她表示过撤并学校挺好的,因为在她眼里,X 中学太乱了,打架、斗殴经常发生,有些时候老师和保安都不敢管,她觉得搬到县城之后学校在管理上会好一些。但是他的父母不同意她去,因为离得太远,管不到她,怕她学坏或者不好好学习。这个学期再次的回访,她的看法发生了改变。

问:你现在对撤并有什么新的想法吗?现在的学校对你有什么影响?

答:学校现在人数少了,安静了很多,而且老师的管理也比以前更严格了,发了统一的练习本。学校现在这样挺好的,那些调皮的学生基本不在了,也很少有社会上的人员过来学校,学习环境好了很多。现在这样我愿意留下来了,留下来了就好好学习。反正也几乎没什么影响到学习的因素了。

问：你还想到县城去学习吗？

答：不想了，我觉得现在这样挺好的，老师也好，学生也比以前爱学习了。

从以上的访谈记录来看，学生非常渴望优质的教育资源和良好的教学环境——教师的教学与同学间的关系，他们对家乡的环境有很强的情感依赖，他们也很关注学校进城后自己的开销是否会给家里增添负担。这些因素左右着学生是否能接受到县城上学的要求，决定他们的去留，但绝大部分学生最终的选择是学校的决定和家长的选择。

而家长更多地考虑到孩子年龄较小，不可能照顾好自己，会影响学习，新学校离家很远，不放心孩子一个人在外面上学，家里面也没有条件来支持学生上学产生的额外费用，没有条件进行陪读。其中认为撤并后会影响孩子学习的被访者占25%，认为上学距离远、孩子上学不方便，孩子换了新的环境不适应、学校消费过高增加家庭负担分别占12.5%。

而"撤点并校"对家庭最大的影响，66.67%的被访者认为是增加经济负担，33.33%认为是增加思想负担。一项"孩子在中心校住宿，你最担忧的是什么问题？为什么？"的调查，说明了家长的思想负担：21.43%的家长担忧孩子在学校不好好学习，分别有7.14%的家长担忧孩子的身体健康、在学校听不听话（或学坏）、生活自理问题、发生意外事故或打架。其原因被归结为没有家长对孩子的监督（33.33%）、学校的教师管理不到位（16.67%）等。

除了上述原因外，曾经遍布乡村的学校承载了乡村几代人的记忆，村民对学校的存在拥有浓厚的情感。因此，学生家长对学校的保留是很坚决的。

X镇的家长还认为，学校的建立也有他们的一份功劳，而且是看着这个学校一步步在成长的，X镇的人口较多，且分布密集，学校有足够的生源，学校的保留是合理的。无论是家长还是学生，乡土情结都是较为浓厚的。在这样的背景下，政府部门对于学校的合并问题并没有及时与相关群体沟通，更没有做有关的心理疏导工作，所以才产生了强烈的抗议活动。

在Y镇和D镇，同样存在撤并镇中学以及将小学迁进乡镇的问题。D镇的中学已经在2013年12月搬迁到县城，而Y镇由于中学现有规模不小，学生数量超过1000人，县城学校无法容纳还没有搬迁。课题组从村民那里了解到家长的一些观点和反应。

某女士，Y镇Z村民，有一名正在Y镇中学上初一的13岁女儿（住校），一名在Y镇小学上六年级的女儿和一年级的小儿子。她认为Y中学并入雷山会造成孩子生活的不方便，担心其不能自理。在Y镇较方便，一星期回家一次，拿生活费方便,还省车费,利于监管。Y镇中学并入雷山未征求村民意见,她并不知晓学校要搬迁的原因。她说可能是因为乡下人少,要往城市走。猜想雷山学习条件好,但担心孩子去雷山后无法掌握子女动向,怕孩子"男跟女""女跟男"地一起乱交朋友。

D镇石某某的女儿已经随学校搬迁到县城,他的态度和选择代表了大多数村民的态度和选择:反对"撤点并校"但"没有办法反对",克服自己的困难,接受政府安排。

石某某,男,41岁,D镇村民,女儿上初一,儿子三年级。2012年听学校老师讲要搬迁,完全未征求意见。11月通知学生搬迁,"是政府决定的,没有办法"。认为学校不搬的好,小孩离自己远,不会照顾自己,担心孩子的安全健康,怕她变坏。搬迁对孩子学习没有好处,在大塘中学离家近,"在家有时间复习,都是晚上11点才睡觉,在外打工一两个月就回来照顾,管着孩子,钱少挣点都无所谓",重视孩子学习。"父母不在家孩子就学会抽烟,在学校也统一关灯,没有电学习。"知道西江、望丰、达地的中学要搬到雷山一中,永乐不搬,"反抗不好"。村民基本不同意撤校,但没有组织去上访。如果搬得更远,就不想送去,因为完全管不到孩子,但如果没办法还是要送。特别小的孩子完全不会自理,希望以后撤校的时候征求意见,低年级最好不要撤。

当然,也有一些人口较多村民集体意识比较强的村寨,通过抗争的方式争取自己的权益。

坚持抗争的苗族妇女

村民毛某某,35岁,家庭妇女,儿子在X中学读初一。2014年1月课题组访问了她:"X镇民国时期就已经有学校,现在只有这一所学校。孩子太小不会自理,X这么大没有学校是不行的。中学很早就有,如果旅游区影响了学生,那么可以把表演场搬走。X有四个村,村民都不愿意学校搬走。两个月前召开村民大会,所讲内容都听不懂,哄小孩式的讲话。村民都叫村主任、镇长下台,去和镇长说,镇长害怕了,把县长叫下来。村民让县长签了一份协议:西江永远不能搬。12月27日去反映,但是村民没有看见协议签的主要内容。县长自己打印的协议,具体内容村民并不清楚。协议上没有'永远'两个字,村民准备游行抗议。村民认为老师是因为受迫于官员所以才同意搬。村民的反抗行为是自发的,无论是谁家,大家都一致同意,自愿进行抗议。"

她参加了未能全部撤并成功的X中学撤并的抗议活动,在2014年4月的回访中,表现得比较激动,始终表明的是中学必须留下的立场:

"我强烈要求这里一定要有个学校,不管怎样,即使我的小孩不在这里上学了,我也希望这里有个学校。如果政府不同意保留 X 中学,那么我们还是会组织大家一起去反对的。之前我是一直坚持留下中学的,但是如果大家都走了,这里没有老师了,那么我们就组织剩下的学生和家长自己去聘请老师来教书。但是现在看来也是有比较多的学生和老师留下来的,那么我的孩子也一定要在这里上完中学。中学这块地皮已经被政府卖给商人了,卖了两个亿还是几百万。本镇换了好多任官员,他们都是赚够了就走了,根本就没有为我们村民考虑过,他们把挣到的钱都拿去建设县城和凯里了。而且去县城的学生还有又回来了的,因为那里的生活保障不够,有时甚至没水、没饭。"

针对村民所述的中学地皮被卖这个问题,课题组也随机访问了一些村民,他们基本上都持有这样的观点和态度。我们无暇去核实准确的信息,也从"卖了两个亿还是几百万"里发现信息的非完全性。可以确认的是,县城的学校后勤保障不够影响学生正常的生活引起了村民的不满,村民坚持学校留守的态度是始终如一的,家长学生对学校是很有感情的。正如就读初二的李同学(女)所言:"我从小就在这里学习,对这里产生了感情,而且中学有一定的历史了,我希望这里可以一直保留下去。"

X 中学撤并案例告诉我们,在"撤点并校"过程中,相关的利益群体关注的角度不同,各方产生的反应也不同。我们在整合教育资源、实现教育公平的同时不仅要注重长远的计划与打算,也要给作为弱势群体的偏远地区的学生、家长在现阶段的撤并中遇到的所不可避免的经济问题、心理问题辅以行动上的支持,真正地为学生、家长的切身利益着想,解决燃眉之急。在撤并决策形成到制定之间应该及时与相关群体沟通,将各种因素罗列出来,尽可能地制定一些帮扶、补助措施,也许学校的撤并道路就会平坦一些,支持率也会提高许多。对可能造成村民学生利益受损和群体事件的学校撤并行为,要采取慎重的态度。

2. 教师的认知、心理变化与行为选择

我们分别从学生、家长和老师的访谈中发现不同角色身份的教师对"撤点并校"的看法有比较大的差异。例如在谈到 X 中学搬迁时,一位宋姓的学生说:"在这个学期老师确定要搬,X 村民不愿意去。X 中学是村民自己建的,与政府无关。老师在雷山买了房子,比较想去雷山。X 中学有的老师不负责任,校长想去雷山当官,就不管学校了。一些老师也找了方法来提高学生成绩,但学生不听。"也有村民认为"X 中学的老师以前很负责,现在学校要搬迁以后,就没有心思上课了"。

出于"人往高处走"的心理及生活方便的考虑,大部分乡村的教师会比较赞成学校搬迁到县城,但合并后又会给城市的老师带来压力。

R 老师,女,30 岁,W 小学教师。本人不愿进城,称乡下悠闲舒适。但是撤了学校教师高兴，比方撤两个年级，只会有两个老师撤走，剩下老师任务变少，教学轻松，撤走的老师会很高兴，因为可以直接调进县城。另外，校长也高兴，因为多了公用经费。原来县城学校的老师会不高兴，乡下学生学习成绩差，进入县城学校后会让他们的任务加重。孩子在学校生病了的话，老师打电话给家长，家长还必须去学校并且整天都会担忧。

曾经被列入撤并计划的Y中学，由于"县城学校太挤"而未被撤并。Y中学有学生1245人，处于雷山的人口大镇，居民居住也比较分散。Y老师2008年从其他乡镇来Y中学任教，他是支持Y中学撤并的。他认为学校撤并是为了显示教育的公平，可以和其他学校共享资源，不撤并对于百姓来讲只是就近上学，但学校则会在教学评估中垫底，教师的个人发展也受影响。

学校撤并是为了显示教育的公平，去年12月西江、大塘、达地就已经开始了撤并。我们学校现在只是暂时不并，因为雷山那里的住宿条件有限，现在正在等待进一步撤并通知。2008年方祥中学撤并的时候，也有很多家长反抗，现在有的子女到雷山上学之后，父母也跟着去了，雷山现在的发展很好，去雷山的话就相当于人口整合。

学校并了以后，有很多我们学校没有的资源我们就可以和其他学校共享，同时在资金和人员管理上都会方便很多。大部分人都同意学校搬到雷山去，那些不同意的是周边的商户，因为学生一走，他们的生意就会受影响。上个学期学校撤并消息出来以后，在搬与不搬之间，小升初的前五十名的优秀学生都到雷山去了，如果不并，那么在教学评估中我们将会垫底。这样就会打击教师和学生的信心，教学工作就更不好开展了，那么剩下来的学生就会越来越差。对老百姓而言，留在这里只是为了就近上学而已。Y镇太小，人太少，好多男老师都因为交际面窄而找不到对象，搬到雷山去，找到对象的希望也大一些。

Y老师的观点能够代表一部分老师的立场，他们更关注的是撤并对学校教学评估的影响，抑或对自己工作绩效和生活的影响。Y中学很多老师的家庭在县城，他们希望学校并到县城，应该也占据了很大的一部分原因。

而L学校的R校长则认为，Y中学处于人口大镇，全镇总面积257平方公里，26195人，每平方公里101.9人。2013年年底镇有初级中学1所，小学教学点12个，每平方公里仅0.05所学校，对于山高谷深居住分散的Y镇来说，学校的数量并不多。仅本镇的中学生就有1000多人，因此中学不宜撤并到县城。

Y老师2003年从其他乡镇来X中学任教，他是为数不多的留守学校的老师。他比较客观地向课题组介绍了X中学搬迁前后的情况，他认为在撤与不撤上，教师处于比较中立的立场，关键是百姓和政府的冲突比较大。

X 中学原有教师40多人,本地的占60%,有一名来自江苏的特岗教师,现仍有40多人,教师正常上课。原本有300多个学生,服务10个村子,最远村寨是距此20多公里的乌高村。2007年有过一次撤并的消息,老百姓抗议之后撤并未成功。2012—2013年又有撤并的传闻。部分家在雷山的教师想回雷山,本地的不想去。29日撤校时,教师未去参加雷山一中的教师会议。学生已经去了一半,多数想去雷山。初一和初三的上课不正常,初二上课情况基本正常。星期一即2013年12月30日,家长到学校示威。政府消极对付,没有媒体报道此事。有老师鼓动学生搬去雷山,挑起了一些矛盾,但造成最大矛盾的是政府。目前已经处于学期末,学校会组织正常考试。

对大中型学校不能一刀切,不该强制到大型学校学习,应该分散到几个教学点,分散教学,对撤并也不能一刀切,学校人数少就可以与周边的村寨合并。学校布局应该按照就近原则。学生进入中心的大型学校就读,大班额的班级对学生的身体健康成长有害,雷山一中是封闭的大型学校,学校开超市,垄断获利,食堂也垄断,家长负担更为沉重,至少每个学生在400元。学生大多开始同意撤并到雷山学校,但是后来后悔了。留下的学生为 X 苗寨本地的学生,现在教师和学生都干劲十足,学习氛围比未撤前更好,不过在此期间仍然有教育局的人过来游说学生撤离,学生都拒绝接受。

X 因为旅游开发吸引了更多的人口,人口和房子越来越多,外出打工的都已回家。个人观点和老百姓一致,赞成大潮流,也就是不搬学校。老百姓不让搬,若是强行搬了的话后果无法承担,政府应该遵从民意。若老百姓要求教师参与抗议,制作横幅,教师将会保持中立。作为老师,与政府的出发点不同。教师的福利一般,门票收入与教师的收入无关。老百姓和官员的矛盾越来越大。不清楚学校已卖的传闻。表演场噪声太大,也提过意见。根据教育法,学校周边不得存在娱乐场所,按道理表演场是违法的。一个地方经济发展也要推动教育发展,不能因为经济发展而落下教育,教育GDP也非常重要,希望政府加大教育投入。政府应当分拨一点点的门票收入投到危房改建上来。中学应当由村民来办。

实际上撤与不撤的关键点在于:老百姓与政府的矛盾无法开解,百姓对教师的立场比较看得开,认为撤并与教师没有关联,主要是政府的独断专行,因此,教师可以自由选择。

日后再出现这样的矛盾,希望政府和百姓建立相互的沟通机制,教师作为中间平台,并与不并,共商大事,政策应该透明化,政府不该独断专行与百姓产生矛盾。

对于丹寨模式和兴仁模式,Y 老师与教育局的工作人员有不同的看法,认为不能盲目学习。

丹寨模式不是一种模式，与雷山不同，丹寨交通方便，乡村集中，整合不整合无关紧要。黎平与丹寨相比，黎平做不到丹寨的效果，雷山也做不到，有的学生去到中心校需要四五小时，但这样的村小也被撤并，不科学。所以雷山没必要采取丹寨模式。

三、相关利益各方博弈条件的非对等性

在为期一个月的田野调查中，我们发现了撤并学校而引起村民情绪反应较为激烈的村寨，也发现了服从政府决定的村寨。我们从中看出了当地政府部门与学生家长之间的利益博弈过程。在对学校或者政府部门是否正式或肯定地告知学生、家长、村民关于撤并的确切消息的调查时，我们发现大多数学生、家长、村民的回答是否定的，学校在偶然间透露过撤并的信息，但没有给学生一个肯定的答复，因此很多家长、村民都怀着半信半疑的态度去对待"撤点并校"这个消息。在撤并消息被证实并且付诸实践之后，就免不了产生过于激烈的情绪反应，产生村民与政府的博弈和对抗。

（一）不完全信息博弈和非合作性的博弈

博弈论虽然是个经济学的概念，但也同样适用于分析社会生活和公共政策的制定。从博弈者之间是否具有约束力的协议来看，博弈分为合作性博弈和非合作性博弈；按照博弈者对其他参与博弈的对象的了解程度来看，分为完全信息博弈与不完全信息博弈。

合作性博弈指参与博弈的双方或多方之间有一个共同的协议或约束，各方在此协议的范围内进行博弈。其结果是双方或多方的利益都有所增加，一方利益的增加不得损害另一方的利益。它存在的两个基本条件是：整体收益大于成员单独经营之和，而且遵守与帕累托最优的分配规则。[1] 非合作性博弈更多建立在个体的行为诉求之上，或者各自为政的某个地方集体的联盟或区域的联盟。合作性博弈与非合作性博弈的重要区别是前者强调联盟内部的信息互通和存在有约束力的可执行契约。[2] 前者追求各参与方利益的最大化，后者追求某一方利益的最大化。

完全信息博弈，指博弈的双方对对方的策略、行为特征及收益有准确的完全的信息，不完全信息博弈则相反，双方的信息处于不对等的状态。

---

① MBA 智库百科. 合作性博弈，非合作性博弈，完全信息博弈，非完全信息博弈[DB/OL].
② 同上.

　　激烈反对撤并学校的雷山县的 X 中学处于旅游景点之内,而旅游区的规划属于外包状态,这几年景区为了得到更好发展,当游客人数达到一定规模时,固定在每天早上 10 点和下午 5 点举行两场民族歌舞表演并与游客互动。表演场的对面是 X 中学,不但表演中传出的噪声影响了学生的学习,而且学校周边出现的大量游客也严重影响了学校的正常秩序,X 中学的教职工只能把主要科目的上课时间与节目表演时间错开。当地旅游管理部门没有为学校制定有效的解决办法,而当地政府部门在响应城镇化和"撤点并校"政策以及促进本地区人口的集中与经济发展的条件下,催生了将 X 中学搬迁出 X 村的决定并另择新址兴建校舍,在 X 中学抵制而搬迁未果的情况下,又做出了将 X 中学与其他三个乡镇中学迁进县城的决定。

　　事实上,学校要被撤并的信息一直没有正式地被教师、村民、学生所确认,他们相信这只是一个"谣言","谣言"持续了整整一个学期。在这期间,大多数的学生、教师已经无心教学。因为学校合并进城将直接导致学生必须住校的结果,家长就必须在这个过程中增加对学生教育相关资金的投入,对处于落后经济状态的黔东南而言,学校合并而产生的额外的资金很有可能是老百姓半年或者一年的经济收入,这个重担家长是不可能接受的,何况撤并给他们带来的不仅仅是增加经济负担这么简单。

　　雷山县对 X 中学的合并进县城的决定影响了村民的利益,当地政府部门对教育资源的利益增加上伴随着村民利益的损害,而且是在村民不知详情、不向村民解释相关长远的计划下做出的政策决定。因此,在这个博弈的过程中,政府处于完全信息博弈状态,而村民则处于不完全信息博弈的状态,二者之间的博弈建立在不完全信息博弈的基础上,属于非合作性的博弈,也难于达到各方利益均衡发展的状态。博弈中处于弱势地位的是学生、家长、村民,他们在基本不知政府部门决策态势的情况下,基于自身利益的需要而与当地政府部门产生了冲突。

　　(二)相关利益各方博弈的优劣势

　　政府职能部门,需要站在百姓的角度,把握未来形势与制定政策,然后将所做出的政策或规划拿给百姓进行检验。各个地方的政府部门都想改善本地区的教育,提高学校的教学质量,既完成自己的绩效考核,也达到上级部门的政绩要求。在中国经济发达及文化繁荣的地区,老百姓由于平均文化水平较高,接触的事物较为广泛,因而对于政府部门的各种政策的意见反馈比较及时,思想也比较开放,对制定政策的参与程度较高。经济发达地区的相关"撤点并校"人员如学生、家长、政府部门等,他们之间的信息互通较为频繁,他们的博弈条件是平等的,具有"信息互通"和"有约束力的可执行契约"这两个对等博弈的条件。

但是,对经济较为落后、信息相对闭塞的西部地区来说,学生、家长与政府部门一旦处于博弈双方,由于他们所处的平台不一样,决定了学生、家长在博弈中的弱势地位。处于博弈优势地位的政府部门具有直接执行政策、直接对上级部门进行意见反馈并获得支持的条件,位于博弈弱势地位的学生、家长只能无条件接受政策,因为他们没有反映意见的渠道或者说他们的意见对于当地政府部门来说并没有任何影响力。当地政府部门对于上级的政策传达与执行是有区别的,政府部门往往选择能够直接对话并且支持理解政府部门的村寨进行意见的反馈和分析,而"不通情理"的村寨,政府部门直接执行政策,没有与村民进行沟通的余地。而当管理者与执行者产生利益冲突时,当地村民能做的就只有极端的选择——游行抗议,阻断本地出入的道路,以激烈的方式要求政府部门改变政策使利益的损失达到最低。当地政府部门制定的"撤点并校"政策并不完全是站在本地区的实际来做出的,而是在参考经济发达地区的优秀撤并案例后直接或间接地生搬硬套,他们只是考虑到如何做出一份漂亮的报表,而学生、家长需要承担的是家庭劳动力的减少,对子女上学附加费用的提高以及父母、子女的长期聚少离多的状态,还有较为重要的一点,虽然本村寨的入学率较低,但学校是必须保留的,因为西部地区特别是黔东南地区的地形比较复杂,地图上学校与家庭的直线距离远远小于实际距离,撤并会增加学生上学路上的安全隐患。基于现实的种种考虑,学生、家长在意见、要求不能得到合理处置的情况下,对这一政策只能以游行抗议的方式来拒绝执行,这也就是"撤点并校"政策在西部经济、信息落后地区执行难度大的原因。

处于"中立"立场的教师,其立场在各种主客观因素的影响下,实际上无法做到中立。其一是老师们自身业绩考核的压力和生活成本、交友圈子方面的压力,尤其是在老师们越来越多地从外地考入,并没有对当地文化的乡土情结的情况下,关键时他们会做出对自己更有益的选择;其二,是资源配置导向使得老师们选择支持撤并小而偏远的学校。在集中资源办好优势学校的政策导向上,西部经济滞后的地区更会将有限的资源投入中心校和大型学校,这样就造成了偏远小校的资源短缺。于是,搭上中心校和大规模学校的班车,成为获得教育公平的手段。正如Y中学P老师坦言:

大型的中心校得到的资助多,所以学生能接触到电脑的机会就多,学生的知识也会增加。集中办学更好,合并后老师和学生的起点都是一样的,教育的公平性才能体现出来。

第四章

"撤点并校"的成效、问题、原因及对策

"撤点并校"是农村适龄儿童人数减少的客观要求,是农村城镇化的必然结果。其目的是追求教育均衡发展,提高教育资源利用率和教育质量。"撤点并校"十年来,农村中小学布局调整取得了不少成效,但由于一些地方政府简单化一刀切,也给农村教育带来不少负面影响,结果与预期目标相距甚远。本章结合全国和贵州的情况,对"撤点并校"的成效、问题、原因进行归纳和分析,并提出对策和建议。

第一节 地方政府执行农村集中资源办学政策达到的成效

一、农村教师素质得到提高

表4-1显示,2001到2006年农村小学专任教师学历合格率东部提高了1.33%,中部得提高了1.92%,而西部提高了4.11%;从农村小学高一级专任教师比例看,东部提升了34.09%,中部提升了29.81%,西部则提升了37%,大大高出了东、中两部的提升比例。

表4-1 2001—2006年全国农村小学教师学历变化情况(单位:%)

	农村小学专任教师学历合格率				农村小学高一级专任教师比例			
	2001	2002	2004	2006	2001	2002	2004	2006
全国平均合格率	95.96	96.70	97.78	98.41	20.15	25.07	40.30	53.79
东部	97.91	98.26	98.86	99.24	24.20	29.92	45.40	58.29
中部	96.87	97.51	98.29	98.79	20.67	25.19	37.99	50.48
西部	93.10	94.20	96.20	97.21	15.58	20.06	37.50	52.58

（数据来源：何卓．对我国农村中小学布局调整的思考①）

从表4-2看,西部地区的农村初中专任教师学历合格率提高了12.99%,比东部的8.52%高出了4.47%。由此可见,当前的农村中小学布局调整使农村地区的教师队伍素质得到了很大提高,教师队伍也在慢慢壮大。

表4-2　2001—2006年全国农村初中教师学历变化情况（单位:%）

	农村小学专任教师学历合格率				农村小学高一级专任教师比例			
	2001	2002	2004	2006	2001	2002	2004	2006
全国平均合格率	84.52	86.43	91.32	94.85	9.15	11.12	19.00	29.87
东部	87.44	88.94	92.89	95.96	10.50	12.59	21.24	34.45
中部	84.71	86.99	91.01	94.20	10.07	12.56	19.16	29.15
西部	81.40	83.35	90.07	94.39	6.88	8.20	16.46	26.02

（数据来源：何卓．对我国农村中小学布局调整的思考②）

二、推动了农村学校办学基本条件的改善

从表4-3我们可以清楚地看出,2006年我国西部地区的体育运动场面积、体育器械配备、音乐器械配备、美术器械配备和自然实验仪器的达标率都比2000年有很大的提高。也就是说,无论是中央政府,还是地方政府,通过统筹的办法,合理分配东、中、西三地区的有限财力,扶持推动了贫困地区的教育发展。

---

① 何卓．对我国农村中小学布局调整的思考[Z]．上海市教育科学研究院网,http://www.cnsaes.org/homepage/saesmag/jyfzyj/2008/1/gj080108.htm.

② 同上．

表4-3 2000—2006 年全国农村小学学校达标率变化情况(单位:%)

	2000 年				2006 年			
	合计	东部	中部	西部	合计	东部	中部	西部
体育运动场面积达标率	49.19	61.99	52.49	36.99	51.60	58.52	49.91	48.90
体育器械配备达标率	48.95	63.03	52.04	36.06	44.00	51.67	41.50	41.68
音乐器械配备达标率	39.69	53.67	39.35	30.36	38.75	45.20	36.51	36.94
美术器械配备达标率	37.48	51.60	37.41	27.79	37.26	44.09	34.90	35.33
自然实验仪器达标率	43.34	54.70	44.11	34.70	49.61	53.02	45.01	52.30

(数据来源:何卓. 对我国农村中小学布局调整的思考①)

三、农村教育行政管理工作逐步规范化

"撤点并校"前,由于受交通、时间成本的限制,教育行政部门很难下到分散的村小和教学点进行教学督导与常规管理,集中资源办学后教师相对集中于交通方便的行政村或乡镇,教学督导与常规管理逐步规范化。

四、"寄宿制"学校得以建立和发展

针对学生上学路途远的情况,各地纷纷建立了"寄宿制"学校。实施农村"寄宿制"学校建设工程,使学校的办学条件得到较大的改善,尤其是促进学生养成良好的生活习惯,学生独立生活能力明显增强,同时在一定程度上为"留守儿童"提供良好的教育、学习、生活环境,特别是近年来兴起的留守儿童之家,在促进留守儿童的健康成长方面提供了良好的硬件条件。

"撤点并校"是一项实践性很强的系统工程,只有认真分析、科学规划、稳步实施,才能既实现适度的规模办学,又避免出现布局调整过程中因各种主客观因素带来的目标偏差和结果偏差,避免因此而导致的农村教育边缘化空心化。

---

① 何卓. 对我国农村中小学布局调整的思考[Z]. 上海市教育科学研究院网站,http://www.cnsaes.org/homepage/saesmag/jyfzyj/2008/1/gj080108.htm.

第二节 地方政府在农村集中资源办学过程中存在的问题

一、缺乏必要的安全措施、存在交通安全隐患

"撤点并校"最直接的变化是学校的服务范围增加,中心校教育覆盖的村寨增多,村寨里的小规模学校减少。例如,2011 年贵州有小学 12008 所,比上年减少 414 所,教学点 3404 个,比上年减少 241 个。[①] 其结果是家校距离增大了,学生上学越来越远。例如,笔者 2005 年在陕西岚皋县看到的,漳河乡方圆 289 平方公里的土地上被撤得只有两所小学,在乡中心完小上学的小学生往返要步行十几里甚至二三十里的山路,路途中常常遇到山石垮塌。雷山县桃江乡掌雷完小服务 7 个行政村,孩子们每周需要挑着一周的米和柴火,翻山越岭回学校,路途往往耗时 1~2 小时。"全国人大教科文卫委员会在贵州、宁夏、甘肃等地的调研表明,有近 1/3 的学生每天单程超过 3 公里,近 1/8 的学生单程在 5~10 公里。"[②]因特殊的地理地貌和交通条件制约及安全措施落后,路途中安全隐患增加,甚至校车事故频发。

二、没有减轻农民的实际负担

虽然国家实行了"两免一补",并且实施了营养午餐补助计划,但在集中连片贫困地区和少数民族地区,农村孩子远距离上学或就读"寄宿制"学校,仍然增加了农户的教育机会成本。比如,就近上学可帮助家里干活照顾弟妹,吃饭吃菜来自家里的存粮。孩子寄宿后,生活及教育支出货币化,对于现金收入少的农户是很大的负担,有时候贫困家庭不得不做出辍学的选择。

三、学校资产闲置浪费或利用不充分

一方面是被撤的学校遗留的校舍和资产被弃置,无人管理破损严重,甚至被农户挪用,一方面是合并学校的设备如电脑图书等利用不充分。例如,有一些地方撤掉乡镇初中合并到县城,将其按照初中几千人规模新建尚未使用的校舍转给

---

① 贵州省统计局、国家统计局 . 2011 年贵州教育年鉴[M]. 北京:中国统计出版社,2011.
② Cauchqh. 农村中小学布局政策之 10 年反思[Z]. 旗帜论坛,http://forum. home. news. cn/thread/85918245/1. html,2011 - 07 - 02.

仅几百人的乡中心小学使用,大量的校舍和资产空置浪费。

四、"寄宿制"学校资源配置不合理

农村"寄宿制"学校尤其是"寄宿制"小学办学条件不足,学生宿舍硬件设施薄弱、后勤人员少,后勤工作难以保障、低龄寄宿生的管理问题突出、卫生安全状况令人担忧,校园文化生活单一。

五、农村生均教育经费投入落差大

表4-4显示普通小学2011年生均教育事业费贵州比全国平均数低1546.79元,比北京地区低15074.86元,仅为全国平均数的68.85%,北京地区的18.49%;生均公用经费比全国平均数低532.2元,比北京地区低7885.23元,仅为全国平均数61.05%,北京地区的9.57%,显示地方政府教育投入城乡失衡、东西差距巨大。

表4-4 2011年生均公共财政预算教育事业费、公用经费(单位:元)

	2011年生均公共财政预算教育事业费				2011年生均公共财政预算公用经费			
	全国平均	北京	河南	贵州	全国平均	北京	河南	贵州
普通小学	4966.04	18494.11	2736.91	3419.25	1366.41	8719.44	1135.09	834.21
普通初中	6541.86	25826.16	4563.99	4134.17	2044.93	11241.78	2104.78	1371.62
普通高中	5999.60	28533.85	4025.99	4867.87	1687.54	13612.11	1625.56	1121.61
中职学校	6148.28	18673.53	4956.20	4921.87	2212.85	9096.94	2190.87	1641.77
普通高校	13877.53	44073.80	8699.04	10140.61	7459.51	26465.43	4768.50	4330.00

(数据来源:2011年全国教育经费执行情况统计公告)

表4-5 普通小学教育生均公共财政预算公用经费增长情况(单位:元)

地区	普通小学					
				其中:农村		
	2013年	2014年	增减幅(%)	2013年	2014年	增减幅(%)
全省	1400.32	1386.05	-1.02	1466.69	1330.36	-9.30
贵阳市	1661.96	1795.75	8.05	2029.34	2075.04	2.25
六盘水市	1062.91	1370.61	28.95	1069.93	1294.15	20.96
遵义市	1107.14	1106.22	-0.08	1130.94	1185.13	4.79
安顺市	1689.45	1365.94	-19.15	1573.79	1002.22	-36.32

地区	普通小学					
	2013 年	2014 年	增减幅(%)	其中:农村		
				2013 年	2014 年	增减幅(%)
毕节市	1173.03	1142.43	-2.61	1247.62	1108.19	-11.18
铜仁市	1299.59	1281.19	-1.42	1384.62	1279.19	-7.61
黔西南布依族苗族自治州	1484.35	1944.08	30.97	1571.57	1664.95	5.94
黔东南苗族侗族自治州	1364.89	1346.38	-1.36	1351.05	1387.24	2.68
黔南布依族苗族自治州	1545.24	1630.84	5.54	1642.74	1626.15	-1.01
贵安新区	557.55	1050.67	88.44	557.55	1050.67	88.44

根据贵州省财政厅《关于 2014 年全省教育经费执行情况统计公告》:"生均公共财政预算教育事业费全省普通小学为 6789.79 元,比上年的 5975.72 元增长 13.62% 。其中,农村为 6813.21 元,比上年的 6135.61 元增长 11.04% 。生均公共财政预算公用经费支出情况全省普通小学为 1386.05 元,比上年的 1400.32 元降低 1.02% 。其中,农村为 1330.36 元,比上年的 1466.69 元降低 9.30% 。"[①]以 2014 年为例,10 个地州市(区)中有 7 个低于全省平均数,毕节低于全省平均数 243.62 元,黔东南低于全省平均数 39.67 元,贵阳市高出全省平均数 409.70 元;农村的生均公用经费比全省平均数低 85.69 元,除了贵阳市、遵义市、黔东南,其他 7 个地州市(区)的农村的生均公用经费均低于该地区的平均数。农村的减幅大于全省平均减幅(表 4 - 5)。

第三节　"后撤点并校"时代乡村学校的发展困境与农村教育的风险

2012 年 9 月 7 日国务院《关于规范农村义务教育学校布局调整的意见》坚决叫停盲目撤并学校,标志着农村中小学布局调整的"后'撤点并校'时代"来临。通过对贵州长顺、雷山、剑河等县数据和案例的研究,课题组发现十年"撤点并校"导致的乡村学校的发展困境与农村教育的风险,短期内不可能解决,必然会遗留并成为后"撤点并校"时代亟待解决的问题。

---

① 贵州省财政厅关于 2014 年全省教育经费执行情况统计公告(黔教财发〔2016〕98 号)[Z].贵州省教育厅网站,http://www.gzsjyt.gov.cn/Item/40669.aspx.

一、大规模学校的困境与风险

（一）城区教育资源储备严重不足，学校建设成本越来越高

城镇化的推动和经济发展风向标的指引，导致教育部门争做"城镇化建设的排头兵"，学校的撤并搬迁让位于县域经济的发展。导致现有的城区学校规模越来越大，师资生源越来越集中，然而标准化学校建设滞后，设施设备不能满足教学需要，引发新的扩建新建校舍需求，同时城区教育资源储备严重不足，城区建设用地短缺，最终的结果是地价攀升，学校建设成本越来越高。例如，剑河县得到国家2000万的专项资金扩建新建县城的两个中小学，然而该县地势有限，仅开山平地就花了县财政2000万元。

（二）择校现象突出，大班额现象严重，新的浪费出现

拥有优质教育资源的学校，学生家长趋之如鹜，大班额现象严重，影响了教师对课堂的控制，加重了教师的工作压力；在新课改的背景下，影响了学生的有效参与；班级管理难度加大。剑河县某大规模小学的优质资源，吸引了周边村镇的村级小学家长择校，导致距县城1小时车程的投入98万资金新建的村小人去楼空。

（三）"寄宿制"管理和服务资源不足，学生安全问题保障成疑

学校扩大并增加寄宿功能，相应的工勤人员则应增加，而贵州乡村学校每千名学生不足一个工勤人员，包括校医短缺、宿管人员短缺、食堂工作人员短缺、辅导教师短缺，食堂设备与宿管设备不足，特别是学生在学校期间的安全保障、低幼年级的生活自理等问题，成为校长和教师们最头痛的问题。剑河县教育局C局长坦言：合并学校从教学管理上比教学点好，但是后勤保障和校医保育人员跟不上，也是很头疼的问题。

（四）家校距离增大，交通条件等不足以支持校车运行

对于乡村中小学而言，撤并后家校距离普遍增大，学生上学路途遥远，但是现有的道路交通条件令校车运行的风险增加，加之校车运行的其他必要条件不具备，因此解决不了学生上学远上学难的问题。课题组2014年在雷山县教育局看到一部由宋庆龄基金会赠送的校车，然而却因解决不了校车运营费用及道路交通安全的问题而搁置未使用。

（五）电教设备等资源未能充分利用，造成资源浪费

表4-6显示电教设备的使用率非常低，经常使用的学生不到5%，从没有使用的超过四成。长顺的使用率高于雷山，其原因在于采集的资料主要来源于中心校和九年一贯制学校，它们通常在城镇，也一定程度上说明长顺的电教化程度高于雷山。

表4-6 电教设备使用情况(单位:%)

	经常	偶尔	从没有	合计
雷山	4.55	45.45	50	100
长顺	5	57.5	37.5	100
平均	4.78	51.46	43.76	100

二、小规模学校的困境与风险

(一)教育资源短缺、配置保障水平低

课题组走访到的小规模学校,包括100多学生的完小及几十人的教学点,大多存在校舍破旧甚至是危房、教师数量少(1～2人居多)、图书设备短缺等现象。这样的学校在贵州山区普遍存在(有的达不到教育厅要求规模已不在教育局的发展规划里,并且在自生自灭的动态中变化着数据),比如,2014年剑河有76所这样的学校,从江有115所,学生人数少的不足10名,多的50～60名,班额达到20名就算"大"班了。长顺县乡村小学班额少于等于45人的占97.89%,班额多于等于46人的占2.11%。其中36～45人的占12.63%,25人以下的占59.37%,小规模的班额近六成。2013年雷山县乡村小学班额少于等于45人的占96.62%,班额多于等于46人的占3.39%。其中36～45人的占10.46%,25人以下的占67.08%,小规模的班额近七成。

表4-7 被访者所在学校类型(单位:%)

	中心校	完小	教学点	九年一贯制	合计
雷山	29.41	70.59	0	0	100
长顺	40	6.67	3.33	50	100
平均	34.70	38.63	1.67	25	100

由于地理地貌原因,这些学校不能撤并,除非因生源枯竭自然并转。但是国家的教育资源仅投到乡镇以上的学校,县级财政无法拿出资金对这些学校进行改善,甚至即使有外来援助资金,也不敢轻易决定接受。一来外部援助资金多要求县财政匹配一定比例的经费,而教学点建设涉及建筑材料倒运的问题(交通运输不便倒运费高增加建设成本),二来教育局很难预见该校生源是否稳定(家长随时可能带着孩子出去打工,学校择址而建可能导致一些村寨与学校距离加大形成新的失学或转学),担心投入的资源浪费。

（二）乡村学生隐性失学现象突出

由于学生步行上学的距离增加，导致体能消耗增加，影响了学习的专注度，同时为了避免学生上学"两头黑"，很多乡村学校9点上课，16点放学，课时难以上足，一些学校由于教师身兼数职，保障学生的安全和安排学生的午餐是头等大事，已无法投入精力在教学上，学生虽然在学校却处于隐性失学状态。

（三）师资年龄老化，知识更新的机会和动力不足，新人注入困难

留守偏远小规模学校的老师本土本乡的较多，年龄也偏大，教育主管部门提供给他们的知识更新机会很少，加之有的地方实行末位淘汰制，学生成绩垫底的老师下放到教学点，致使部分教师自身的职业倦怠感强。在普遍开午餐的情况下，老师坦言一天就忙着给孩子做饭，保障饮食安全，学习好不好都是次要的。教育局的领导也深知教学点的尴尬状况，对他们的要求也只能是"在保障学生安全和营养餐的情况下认真抓好教学工作"。

剑河县2014年11月举行了首次村级教学点教师培训，56个教学点的98位教师全部到齐，教师年龄老化，60岁以上12人，占比12.24%，45岁以上39人，占比39.80%，50岁以上25人，占比25.51%，34岁以上22人，占比22.45%。其中达到退休年龄的教师无法退休，因为无人顶替他们的工作。教育局也不敢让他们退休。每年教育局都要招考特岗教师，但他们有的熬过三年得到正式编制便想方设法转岗和调离，有的则不到三年就要求调到学区，否则即放弃工作，教育局为留住他们，往往会答应他们调动的要求。能够留守在大山里的，都是年龄偏大的本乡本土的教师，而他们中大部分是民办教师转岗的。

（四）学校前途不明工作压力大导致校点教师人心不稳

村级以下的学校由县级地方财政投入，除了教师工资由国家财政转移支付，一些贫困县根本无力投入教学点，教学点自生自灭日益荒芜，每年都有教学点自然撤并。学校留守的老师们无力感很强，在随时有可能被撤的等待中希望借此机会调到条件好的村小或中心学校。教学点四分之三是男老师，平常不做家务，在学校承担起了做饭带孩子的工作，感觉自己不像老师，"就像是在家里带一帮娃娃"。南加乡某教学点距乡镇20里路，老师每天花一小时到乡里买菜，回到学校忙着做饭切肉（这是男老师认为最耗时的工作），由于孩子们太小，老师饭后还得收拾残局，因此对于"肥了学生瘦了老师"的营养午餐，他们戏言："什么时候撤？"

（五）语言交流障碍导致教学效果低下，学生学业成绩难以达到基本要求

越来越多通过招考进入少数民族村校的老师不懂得当地少数民族语言，即使是本民族的老师，也会因为自己从小读书缺少母语的训练而无法与当地的孩子有效沟通，因为当地的孩子大部分随着不懂汉语的爷爷奶奶生活，使用母语进行交

流。进入汉语的小学,孩子们成为学困生,最难的是汉语拼音的学习,无论是苗族学生还是侗族学生,即使花一个学期也学不会,学期考试语文数学得零分的过半。老师们坦言,不懂少数民族语言,谁来到教学点都教不好学生。

三、"撤点并校"造成家校分割与乡土的孤岛化

（一）家校分割,家庭教育缺失

该问题在大规模学校和小规模学校同时存在,表现有所差异。剑河县乡村留守儿童在60%～80%之间,他们随爷爷奶奶生活或者在单亲家庭生活,随着学校布局的调整在不同的学校上学。

首先在大规模学校（通常是集中在城里或乡镇的学校）,家长把孩子送到学校寄宿后,就把教育孩子学习和生活的所有责任交给了学校,而面对学生多班额大尤其是学生年龄小等情况,为了不出安全问题,孩子们被关在学校里,承担了"监护人"尴尬角色的教师并没有得到孩子更多的"父母"角色的认同,而老师们也无法成为学生的"父母"。

而在小规模学校,孩子们虽然与家庭距离较近,每天都可以回家,但爷爷奶奶对其的监护也有很多问题,有的三四年级的孩子性情暴躁,与同学打架甚至随时拿着棍子追打爷爷奶奶的例子也不少,可反观其亲子教育的缺失。

（二）民族语言与乡土文化孤岛化

正如前文所述,语言障碍导致少数民族孩子学习困难,为了符合学校考试的要求适应主流教育以及今后进入"先进文化"的可能,少数民族语言被逐渐抛弃,仅仅成为记忆,与语言相伴的乡土文化成为孤岛。

首先,在小规模学校,即使扎根乡村,由于评价体系的不同,学校教育内容也与乡村没有关系。学校的老师只管两件事:管生活、管语文数学。课题组对剑河县所有教学点的老师（95人）进行了问卷访谈,结果显示身处乡村的老师们80%以上对本地的乡村文化非常陌生,无法理解"乡村文化教育",也从来没有开展过与乡村文化有关的教学活动,他们将此归因于师资不足。而他们本身从小在外读书,没有继承本民族的语言和文化,其生活方式观念基本汉化,即使乡村有一些民俗活动开展（如二月二招龙）,教师们也是远远地看,冬季农闲乡村民俗活动集中的时候,学校放假教师们又回到了城里。

而在贵州省推行的民族文化进校园,多在乡镇以上的学校开展,表面上热热闹闹,实际上仅为挽救民族文化的特殊手段,经费有限,受益学校有限,对"文化"的理解有限——停留在民族歌舞、手工绣品的层面,其元素编排在学校的课间操中,成为校园文化活动的点缀,其案例也乏善可陈。

我们看到的更多的是老师们疲惫地应对学生的生活、教师的自卑与认命,空巢的乡村在文化上的凋敝以及乡村校园的孤寂。没有了文化的自觉意识,文化便成了"秀"。乡村学校的自然存在,并不意味着能够自然而然地传承乡村文化,文化自觉性的缺乏,致使教育工作者们看不到乡村文化的价值,从而弱化或断裂了乡村学校与乡村文化的链接。

每当谈到"撤点并校"的利与弊,老师们都说学生集中到学校管理,教师人数多,可以将"教学"与"生活"的角色分开,课程可以开齐,教师们可以相互讨论课程,教学氛围好;但是学生年龄太小,离开家庭亲情更加缺失。这不得不让我们思考一个问题:教育的目的是什么? 农村教育的方向在哪里?

如果以分数达标升学为重点,则集中办学好了;如果以人的身心健康成长为重点,以塑造健全的人格为优先,则分散办学,并投入相应的师资(语言、人数、角色),配置发展农村教学点相适应的资源,改变教学的方式与教育的理念,譬如双语教学与复式教学,突破教材,亲近自然和尊重孩子们所处的文化环境,并肯定孩子们对自身文化与乡情的认同从而激发自我的认同。

第四节 "撤点并校"问题存在的原因

"撤点并校"的出发点是有效利用资源办好优势学校达致教育均衡发展,但推行的过程中,却出现了对政策理解的偏差与执行的失当、教育资源配置的失衡。我们认为地方政府行为偏差以及与学校、家长三方面的博弈结果是农村基础教育资源配置失衡的原因。

一、地方政府对集中资源办学政策的理解与执行失当

李涛(2015)认为:"中央政府科学合理的原则,被地方政府在具体的政策实践时,单向度地解读为强化集中办学和规模效应。"[1]出现城镇学校、中心学校超大班额化、小规模学校消亡化、学生上学安全隐患增大等现象。"在政绩工程和专项资金的双重刺激下,地方政府采用行政手段,过高、过快、过急地一刀切撤并农村学

---

① 李涛."撤点并校"如何在执行中走样——一个西部农业县教育布局调整的30年[Z].中国社会科学网,http://www.cssn.cn/jyx/jyx_jyqy/201509/t20150914_2252905_1.shtml.

校"①是农村教育资源配置失衡的原因。

贵州的情况也不例外。比如,贵州省首个"撤点并校"的文件省教育厅《关于我省中小学布局结构调整意见的通知》(黔府办发〔2000〕80 号),明确了学校的规模要求、服务半径与覆盖人口、撤并数量指标具体,计划撤并力度达 50%,但对于"农村小学和教学点要在方便学生就近入学的前提下适当合并"的撤并条件却语焉不详,忽略了学生的"上学距离、上学时间、交通便利度、区域文化、学校设施状况、办学历史与教学质量等因素"②。

2006 年 3 月《贵州省国民经济和社会发展第十一个五年规划纲要》中乡镇以上"寄宿制"攻坚任务、农村薄弱学校改建工程依然是单向度的规模效应思维,首次提出坚持就近入学与相对集中办学相结合,但在具体提出"寄宿制"小学的住校率指标的同时,对"必要"的村小教学点的表述模糊不清。说明对以往政策执行中盲目撤并造成的问题有所关注,但资源的投放方向没有改变。

贵州省"撤点并校"政策纠偏始于 2012 年《关于进一步推进全省中小学布局结构调整指导意见的通知》(黔府办发〔2012〕26 号),对 2000 年的规模指标有所反思,给基层留下讨论的空间;坚持城镇化带动的战略思想、谨慎的布局原则,提出一定比例的以"寄宿制"小学为主、其他村小教学点为辅的新格局,重点是扩大初中学校办学规模且有具体规模要求但未设规模上限,给超级中学的出现带来空间;而对小学的规模、服务半径没有明确的表述,明确了高中进城的要求,城镇中学校的改扩建以适应城镇化带来的人口激增的变化。

二、政策制定与执行的程序缺乏公正

地方政府在制订和实施本地区"撤点并校"计划的过程中信息不透明,工作简单化,缺乏科学的调研与咨询。农村中小学布局调整,涉及学生、家长、教师、教育管理者等利益群体,但是在撤并过程中,并没有对相关利益群体尤其是受教育的主体学生、学生的监护人进行必要的公开的咨询,甚至很多老师都不清楚政策的来历。除非撤并引发了村民集体上访等影响较大的群体性事件,通常计划在教育管理部门和政府相关部门的范围内,仅依据学生少规模小的单一指标就决定撤并了。

不仅雷山县的调查案例如此,在课题组随机抽样调查的镇远县尚寨苗屯小学

① 李涛."撤点并校"如何在执行中走样——一个西部农业县教育布局调整的 30 年[Z].中国社会科学网,http://www. cssn. cn/jyx/jyx_jyqy/201509/t20150914_2252905_1. shtml.
② 同上.

亦如此。例如,100%的受访教师对集中资源办学政策的来源表示"了解,但不清楚",76.19%和23.81%的受访学生表示"不了解"或"不太了解"学校撤并情况,95.2%的学生不知道学校撤并的原因,4.8%认为"原来的学校人数减少"。在剑河县,当我们向被访者询问"集中办学与分散办学(保留教学点)的成本效益""哪个更利于公平教育、哪个后遗症最少""什么样的撤并标准是合理的"及"对'撤点并校'您有什么建议"时,分别有18.42%、28.95%、31.58%、34.21%的被访者没有回答,也说明工作在一线的农村教师在影响他们及其学生命运的"撤点并校"政策及其运行机制中,没有担当任何角色,而他们半数以上来自在布局调整中首当其冲被撤的教学点。

三、撤并的配套措施不完善

包括对闲置校舍和资产的设备的再利用与处置措施、学生远距离上学的交通安全措施、"寄宿制"学校人力物力与学生生活管理措施等。

四、地方政府对农村义务教育投入严重不足

我国中西部以农业生产为主的县,教育经费支出往往占据了全县财政支出的半壁江山,几乎发了教师工资就再无教育投入,靠生均公用经费维持学校的运转。这就要求政府加大对贫困地区的经济扶持,同时地方政府也要适当增加当地义务教育经费。但是截至2011年,虽然各级各类教育总量增加,但基础教育的投入依然偏少(表4-8)。

表4-8 贵州省2011年各类学校的教育经费投入

	均预算教育事业费		均预算内公用经费	
	金额(元)	比上年增长(%)	金额(元)	比上年增长(%)
幼儿园	2308.93	33.5	670.58	241.47
小学	3419.25	23.95	834.21	44.01
初中	4125.55	28.75	1363.01	64.77
普通高中	4867.87	46.75	1121.61	23.33

	均预算教育事业费		均预算内公用经费	
	金额(元)	比上年增长(%)	金额(元)	比上年增长(%)
中等职业	4921.87	23.84	1641.77	0.36
普通高校	10140.61	14.93	4330.00	4.06

（数据来源：2011 年贵州教育年鉴①）

五、教师编制标准不符合农村教育的实际情况

2001 年,国务院办公厅转发中央编制办、教育部、财政部《关于制定中小学教师编制标准的意见》,规定城市中小学师生比大于县镇、县镇大于农村(表 4－9),这个规定与城乡中小学的教育实际情况不相符。大部分边远农村学校虽然学生数少但班级却不少,教师往往承担几门课程,甚至需要复式教学。在农村"寄宿制"学校和实施国家营养午餐的农村学校,教师身兼多职,不仅要教书还要当后勤人员。在我们调查的不少地方,老师们坦言,在这种情况下首先考虑的是学生寄宿生活和食品的安全,教学质量是其次的。

受管理体制和经济状况的制约,农村学校的教师基本上处于单向流动状态,即农村向城镇流动、小城镇向大中城市流动、低收入地区向较高收入地区流动。贵州农村教育中的挂末考评,将学生考试成绩不好的教师调动到边远教学点,对农村教师的工作积极性无疑是一种挫伤,单纯按生师比进行教师配置的做法,加剧了农村教育资源分配的不公平。

表 4－9　中小学教职工的编制标准

	城市	县镇	农村
初中	1：13	1：16	1：18
小学	1：19	1：21	1：23

（数据来源：罗银利．农村中小学布局调整的问题、原因及对策研究②）

---

① 贵州省教育厅．2011 年贵州教育年鉴[Z]．贵州教育厅网站,http://www. gzsjyt. gov. cn/I-tem/27253. aspx.

② 罗银利．农村中小学布局调整的问题、原因及对策研究[D]．华中师范大学硕士学位论文．豆丁网,http://www. docin. com/p－191669856. html.

第五节 对策及建议

针对上述"撤点并校"中存在的问题,我们认为采取以下对策,可以避免布局调整过程中因各种主客观因素带来的目标偏差和结果偏差,在教育发展差异化的前提下,促进西部欠发达地区农村义务教育资源的合理配置及均衡发展,最大化地保障教育弱势社群得到最基本的教育公平和最具可能性的优质发展。

一、明确政府提供教育公共服务的角色和责任

(一)政府是农村中小学教育公共产品的提供者

"公共产品是指那种向全社会成员共同提供的,且在消费上不具有排他性的物品,一般是由政府向全民投资的各种服务的总称。"[①]中小学教育是农村基础教育,具有纯公共产品性质,公共物品的不排他性和非竞争性属性决定了必须由政府来提供,也是政府的社会管理职能和公共服务职能的体现。中央和地方政府是办学主体,应创造良好的社会环境和经济条件,改善和保障学校的硬件设施,合理配置各种资源,投入充足资金,保障公共产品的质量。

(二)促进基础教育的均衡发展是政府的责任

基础教育的均衡发展主要是义务教育的均衡发展,这种均衡"不仅表现于反映其数量特征的结构、布局的平衡,也表现于反映其质量特征的绩效、结果的平衡,还表现于反映其运动状态的速度和规模的平衡"[②]。但是"撤点并校"加剧了地区之间教育的差距和不平衡。《2010—2020 国家中长期教育发展规划》提出教育公平的战略规划,包括加快缩小城乡差距,建立城乡一体化义务教育发展机制,对农村边远地区实行倾斜政策。因此,中央和地方政府在促进"基础教育均衡发展"方面大有可为。

二、尊重差异,立足公平,合理布局,均衡配置教育资源

教育资源的配置原则是使有限的教育资源得到充分有效的利用及促进教育的均衡发展,教育资源的配置以公平、效率、稳定为目标,在不同的条件下,公平和效率是有冲突的,而稳定的教育投入则有利于缩小地区之间的差异,最大化地实

---

① 王丽慧. 政府在义务教育均衡发展的职能定位[J]. 才智,2008(11).
② 杨颖秀. 基础教育均衡发展的政策视点[J]. 教学与管理,2002(22).

现教育资源均衡的配置。

（一）公平优先,保障弱势社群得到最基本的教育资源

教育资源的稀缺和不均衡是常态,均衡发展是动态。教育作为公共产品,公平的原则宜优于效率的原则。由于教育在不同地区、不同社群、不同文化、不同类型的学校呈现差异性及不均衡的特征,因此宜在教育发展差异化的前提下,针对不同地区、社群、文化背景、学校类型制定资源配置的原则和标准,最大限度解决"撤点并校"过程中产生的教育资源配置失衡问题,最大化地实现教育资源的均衡配置,例如通过教育资源补偿机制,最大化地保障教育弱势社群如政策、权力、机会等社会资源相对匮乏的边远地区、集中连片贫困地区的农村学校特别是小规模学校得到最基本的教育公平。

（二）尊重多元的文化教育生态,提供最具可能性的优质教育发展空间

由于地区、社群、文化背景、民族、宗教等因素的差异,我国农村教育呈现多元的社会文化生态环境,乡村学校曾经是乡村的文化中心和社群的纽带,对地域文化或乡村文化的传承是传统教育也曾经是现代学校教育的功能之一。因此,在保障国家教育的架构和同质性的同时,建议结合不同地区乡村学校的文化特色,加强校本课程和地方课程的建设,为不同地域和文化背景的乡村学校提供最具可能性的优质教育发展空间。

三、采取措施,保证义务教育公共政策的程序公正和结果公正

义务教育是一个政府为其适龄的青少年提供的准公共产品,农村"撤点并校"政策是一项公共政策,公共政策的制定和执行首先必须保证其程序的公正,其次必须保障其结果的公正。作为掌握公权力的政府,必须小心使用自己的权力,做到信息公开、过程民主、决策科学,适时纠错,以维护社会的和谐稳定。

关于程序公正,首先在制订计划前公开"撤点并校"的人口、适龄儿童数、村落聚合特点、地理地貌、交通、学校资源等信息,要保障受决策影响的利益相关主客体实质性地参与讨论撤并计划,切实听取和采纳他们的意见。

（一）以参与式的发展思想和方法指导教育公共政策的决策与评估

在扶贫发展领域,有一个著名的思想即"参与式发展",它认为发展不是扶贫者或外来人的发展,而是当地人和被扶贫者的动力与需求,因此强调在发展的过程中对弱势群体赋权、提供平等参与的机会,激发他们内生的主观能动性,以提高发展干预的效率。参与式发展同时也是一种农村快速评估的方法,它协助农民在有限的时间内发现自己的需求、资源和优势,同时发现自己的劣势和短板,从而与外来协助者一起更好地制订社区的发展计划和方案。

邬志辉认为,制定"撤点并校"的标准应该充分考虑物质性、社会性和教育性三类约束条件。"物质性的约束条件包括自然地理条件和交通条件;社会性约束条件包括人口条件,宗族、民族、宗教文化条件,社会治安条件、家庭生存形态条件,地方政府资金供给条件和百姓教育意愿条件;教育性约束条件包括学生身心发展条件,学校与农村社区关系条件,学校自身历史文化条件和学校功能发挥条件。"①因此,"撤点并校"、农村中小学布局调整必须考虑到与其相关的各利益群体的充分参与。

我们认为,参与式的发展思想和方法可以运用到农村"撤点并校"这一教育公共政策的决策与评估中来,因为农户是否接受教育的意愿和选择、学生身心发展条件、政府的资源供应、教师的主观能动性与学校功能的发挥等都是"撤点并校"资源配置重要的约束条件。参与式的思想和方法可以短期内有效了解各方的需求愿望及资源条件,为教育公共政策的制定提供充分的必要的前期咨询和需求评估,为政策制定及实施方案的设计提供合理的依据,中长期内则对政策的执行绩效和终期评估调整提供程序公正与结果公正的保障。

(二)以听证会和公示等方式修正撤并方案完善配套措施

在严格按照就近入学,一个乡镇应该有一所初中,学生步行不超过40分钟等原则合理布局校点的大前提下,充分考虑学校布局调整的三类约束性条件的交互影响,对经过科学论证和严格程序予以撤并的学校必须进行听证和公示,先建后撤,事先考虑到学生住宿、交通、生活保障、教师等人力资源调整、教学资源配置应用效率、闲置校舍再利用等配套措施。

程序公正不一定带来结果公正,但程序不公正一定会带来结果的不公正。对于民怨较大、偏离了预期绩效目标、确实不公正的结果,要及时采取措施,重新进行评估,进行理性的纠错。

四、建立完全信息博弈与合作性博弈的机制

以2012年9月教育部出台文件叫停各地的"撤点并校"为分界线,中国农村中小学布局调整进入后"撤点并校"时代。其面临的任务是对我国前期"撤点并校"的不合理措施进行纠偏,以适应不断发展变化的社会现实。地方政府需要正视的是,不能再教条式地生搬硬套经济发达地区和平原地区的模式与经验,而是必须结合本地区经济发展水平、地理地貌环境与民族聚落分布特点对农村中小学

① 邬志辉. 中国农村学校布局调整标准问题探讨[J]. 东北师大学报(哲学社会科学版),2010(5).

进行合理的布局,以"合作性博弈"为原则,促进教育公共政策制定与实施的良性循环发展。因为只有真正对学生、家长都好的政策才能得到长远的发展,才能为教育的公平与资源的整合打好坚实的基础。公共政策的制定至少需要过程公平和程序正义,教育作为公共产品,需要为所有人服务,那么相关的政策的制定更应该充分征询各方面意见。

2012 年 6 月,贵州省教育厅《关于进一步推进全省中小学布局结构调整的指导意见》要求:"各地对中小学布局结构调整尤其是中小学校的撤销与合并要慎重考虑,稳步推进。在撤销与合并原有学校、教学点之前,要充分论证,广泛听取意见,确保工作平稳有序推进。对一些有必要保留的学校和教学点,在师资配备、校舍维修、办学条件改善等方面要给予必要支持。"①同时"各地要深入细致地做好思想工作,使干部、群众、教师、学生充分认识学校布局结构调整工作的重要意义。加强正面宣传报道,切实消除负面影响,为推进中小学布局结构调整工作营造良好的社会环境。坚决杜绝因工作简单粗暴引发群体性事件,确保思想稳定、学校稳定、教育稳定、社会稳定"②。该文件的发布,也充分说明"撤点并校"过程中曾经存在的因政府职能部门工作越位和缺位导致的群体性事件绝非个案,缺乏决策前利益相关者诉求表达和决策论证也不是个别的现象。

我们认为,一项充分尊重各方利益的政策才能具备良好的实施环境,在保证社会整体利益的同时,也要注意保护弱势群体的参与权利。教育是国家的基本大计,大刀阔斧的改革既需要直指目标,也需要科学合理可操作的执行过程,需要一定的适应期与成长期,"撤点并校"的政策更应该为这个适应期和成长期留出时间与空间。百年大计,教育为本,"撤点并校"关系着农村教育的前途和农村孩子的命运,在执行的过程中要不断根据实际进行调整,达到教育公平的目标,取得均衡发展的效果。

(一)以"善治"为政府追求的治理目标

善治,就是良好的治理。"善治的本质特征在于,它是政府与公民对公共社会生活的合作管理,是使公共利益最大化的社会管理过程。"③俞可平认为:"追求善治被视为世界各国政府的共同目标,不同政治制度下的政府都希望有更高的行政

---

① 贵州省教育厅. 关于进一步推进全省中小学布局结构调整的指导意见[J]. 贵州省人民政府公报,2012(07);贵州省人民政府网,http://www.gzgov.gov.cn/xxgk/gwgb/qfbf/58697.shtml.

② 同上.

③ 李辉,任晓春. 善治视野下的协同治理研究[J]. 科学与管理,2010(06).

效率、更低的行政成本、更好的公共服务、更多的公民支持。"①

何哲"从公共产品最优供给和分配正义两个角度,提出了善治实现的四个原则,即政治上的竞争和退出的压力、公民偏好的表达和选择权、第三方社会契约的约束、信息透明下的分配正义"。②

基础教育作为一种公共产品,应该实现政府公共产品供给或提供的公共服务的公平性和一般均衡性,那么基础教育服务的"善治在公共产品的一般均衡意义下,表现为各种公共产品恰好满足各种偏好群体的需求"③的理想状态。

在我国现行体制下,我们将重点探讨的是如何透过"公民偏好的表达和选择权""信息透明下的分配正义"来实现教育公共产品的一般均衡,对"撤点并校"政策进行理性纠偏。

(二)保障不同利益群体充分的表达权和选择权

1. 为不同的利益相关群体创造充分表达自身需求偏好的机会和场合

正如前文所述,在"撤点并校"政策的制定及实施过程中,政府是权力的掌控者,代表着主流社会群体的需求,往往会以自身的利益为出发点,容易利用其地位优势越位"替民做主",忽视甚至压制与教师,尤其是学生、家长利益相关的问题和需求,在充分咨询意见的过程中缺位,导致教师,尤其是学生、家长正常的表达权的丧失,要么激化矛盾引发冲突,要么使民众丧失选择的权利,利益受损,实际存在的矛盾被掩盖,留下不安全的隐患。因此,在博弈的过程中,应给予不同的利益相关群体机会和场合,使他们有可能充分表达自身的需求、偏好和观点,避免他们的需求被主流社会群体及其需求压制。这些场合、机会抑或途径,可以是相关利益各方参与的听证会、专家咨询会、民意调查,等等。

2. 保护少数弱势群体对公共产品的特殊需求

"撤点并校"是一个宏观的全国性的政策,执行十余年来被事实证明在西部少数民族山区是不适宜的。然而,即使在中央叫停"撤点并校"的今天,一些基层政府依然盲目地不折不挠地撤并,忽略甚至无视少数民族山区最弱势的群体学生、家长对教育这个公共产品的特殊需求——就近的、低成本经济的,与社区文化情感、家庭相联系而非相隔离的、负责任的教育,伪民意的调查就是一个典型的例子。"由于社会中每个个体的利益都不能被其他个体的利益所替代,因此善治必

---

① 俞可平. 治理是政府与公民对政治的合作管理[Z]. 法制日报,http://finance.ifeng.com/roll/20101020/2737317. shtml,2010 – 10 – 20.

② 何哲. 善治概念的核心分析——一种经济方法的比较观点[J]. 理论与改革,2011(05).

③ 同上.

须保护少数群体对某些特殊的公共产品的需求。"①

3. 建立有效参与的约束机制

保护少数弱势群体对公共产品的特殊需求,"并不能通过政府内部自发地实现,必须通过第三方的力量,也就是通过社会契约的力量来实现"②。由于地理地貌的原因以及族群和文化的多元需求差异,西部山区基层政府在提供公共产品服务时,行政成本比较高而行政效率比较低,而追求学校的规模效应被认为是减少行政成本提高行政效率的捷径,在无第三方约束的情况下,博弈主体的力量被放大,教育资源的不公平分配和非均衡发展出现。

有效性、参与和回应均是善治的基本要素,只有建立有效参与的约束机制才能遏制非公平性的发展。例如,社区家长委员会、学生代表、教师代表组成学校咨询小组参与到整个讨论和咨询过程,沟通信息、收集并回应民意,提出多种解决问题的方案供咨询讨论和选择。

(三)促进信息透明下的程序正义与分配正义

善治的基本要素还有透明性、公正等。参与性建立在与该政策相关的信息透明性的基础上,只有当博弈的各方对相关信息充分地知晓,才可能平等参与博弈的过程,制定使公众利益最大化的公共政策。因此,透明性是公平性的前提条件,完全信息博弈是合作性博弈的基础。透明性既包括来自政府的信息,也包括来自不同利益群体的信息。

教育部《关于实事求是地做好农村中小学布局调整工作的通知》指出:"农村小学和教学点的调整要在保证学生就近入学的前提下进行,在交通不便的地区仍须保留必要的小学和教学点,防止因过度调整造成学生失学、辍学和上学难问题,县级教育行政部门要合理确定小学生的就学路程,并做出明确规定;对确因布局调整造成学生入学难、群众反映强烈,而'寄宿制'学校建设不能满足需求的,要采取切实措施予以解决。正处于初中适龄人口高峰期的地方,要本着先建设、后撤并的原则,实施初中布局调整……条件不具备的地方可暂不调整。"③对于这样一个重大的决策,课题组所调查到的校长、教师均不知情,更遑论村民。

分配的正义首先需要程序的正义做保障。2004年3月,国务院印发《全面推进依法行政实施纲要的通知》(国发〔2004〕10号),就建立科学民主的决策机制,

①　何哲. 善治概念的核心分析——一种经济方法的比较观点[J]. 理论与改革,2011(05).
②　同上.
③　教育部. 关于实事求是地做好农村中小学布局调整工作的通知[Z]. 教育部门户网站,http://old. moe. gov. cn//publicfiles/business/htmlfiles/moe/s3321/201001/xxgk_81816. htm.

提出了健全行政决策机制、完善行政决策程序、建立决策跟踪反馈和责任追究制度三项要求。包括"建立公众参与、专家论证和政府决定相结合的行政决策机制"①,重大决策事项应当进行必要性、可行性、合法性论证。"社会涉及面广、与人民群众利益密切相关的决策事项,应当向社会公布,或者通过举行座谈会、听证会、论证会等形式广泛听取意见。"②

2010年10月,国务院发布《关于加强法治政府建设的意见》,就依法科学民主决策,再次重申规范行政决策程序、完善行政决策风险评估机制、加强重大决策跟踪反馈和责任追究等要求。包括"严格遵守法定权限和程序,完善公众参与政府立法的制度和机制,保证人民群众的意见得到充分表达、合理诉求和合法利益得到充分体现"③,要求规范行政决策程序,"要把公众参与、专家论证、风险评估、合法性审查和集体讨论决定作为重大决策的必经程序"④。

而据课题组的调查,样本县"撤点并校"政策的制定和实施并没有充分征询最大的最直接的利益相关者学生和家长的意见,缺失可行性合法性的论证,出现学校新建后村民拒迁、抗议的情况是必然的。

程序公正首先是过程的公正,邬志辉认为:"为了保证农村学校撤并程序的公正性,需要建立最低限度的程序公正标准,即受到决策影响主体的实质性参与、学校撤并决策过程的理性化运作和教育行政权力运行的公开化设定。还要构建完善公正的程序步骤,具体包括收集与分析学校运营事实、研究与制定学校撤并标准、讨论与决定学校撤并名单、告知与公布师生调转计划、评估与处置学校空闲资产。"⑤

其次,分配的正义要追求结果的公正。善治是一种理想的状态,要达到或满足每一个个体的需求是不现实的,但无论如何,在实现一般性均衡的前提下,其结果不能损害社会弱势群体的公共利益,反之,应采取必要的措施促使社会弱势群体的公共利益最大化,以达到社会和谐稳定的要求。

---

① 国务院关于印发全面推进依法行政实施纲要的通知. Http://www.law-lib.com/law/law_view.asp? id=82701.
② 同上.
③ 国务院关于加强法治政府建设的意见(国发〔2010〕33号)[Z]. 中国政府网, http://www.gov.cn/gongbao/content/2010/content_1745842.htm.
④ 同上.
⑤ 邬志辉. 农村学校撤并决策的程序公正问题探讨[J]. 湖南师范大学教育科学学报,2010(06).

五、实事求是,因地制宜设定农村学校的规模及班额

虽然说教育的均衡发展是农村中小学布局调整追求的目标,但在实际的"撤点并校"过程中规模与效益成为醒目可见的最大的目标,省级和县级政府都不约而同地设定了中心校、村小的学生规模以及单一的服务半径或家校距离,而忽视了其他的约束性因素,造成城挤村弱,大规模学校班额过大、小规模学校资源匮乏的局面。正如第三章对样本县的数据统计分析,长顺县和雷山县山区特殊的地理地貌环境和村落分散度大的状况代表了贵州省山区农村的居住状况,而200人以下的小规模学校是这样的山区县农村学校的常态,城镇小学规模是乡村小学的3.05倍,乡村25人以下班额的占59.37%。应因地制宜实事求是地设定其规模标准,而不是罔顾"撤点并校"的物质性、社会性和教育性的约束条件,一味追求规模效益。更何况"大班额下学生参与情况并不理想,学生学术性参与和社会性参与受班级规模影响较大,尤其是学生课堂参与机会、受教师关照度和师生交流,而学生情感性参与下学生成就感受班级规模影响最大"[1]。管泓2016年对J县45～65人及66人以上的大班额的研究表明,班额越大学生的上述参与度及教师对学生的关照度越低,对学生学业成绩的影响越大。一定程度上,对于那些课堂参与度低、被教师关照度低的学生,造成了新的不公平,也难以实现"撤点并校"预期的提高教育质量均衡发展的目标。

六、加大农村教育经费投入并改革投入机制

2012年我国财政性教育经费首次达到了占GDP比例4%的要求,但是却仍然低于发达国家的水平,面对我国城市化进程中教育需求急剧扩张的局面,农村班额是影响教师教学、学生学习的重要因素。班额直接影响基础教育课程改革的成效、"撤点并校"布局失当遗留的小规模学校消亡、"寄宿制"学校硬件不足的新问题,着眼考虑增加教育经费比重的问题,以适应缓解教育供求矛盾。

2011年贵州教育投入已经达到了GDP的6.8%,但正如表4-6显示的,投入最大的还是高等教育。对于基础教育,除了财政经费倾斜外,还要确保现有预算口径的教育支出稳定增长。加大上级转移支付力度,专项资金解决好农村集中资源办学出现的新问题。比如,增设小规模学校发展资金。除合理使用上级转移支付资金投入小规模学校的发展外,需要申请国家专项资金恢复必要的教学点,对

---

① 管泓.县城义务教育大班额学生参与度研究——以J县为例的调查分析[D].中国知网,http://navi.cnki.net.

教学点的校舍重建维修改造、远程教育设备、师资配置进行投入。

七、完善配套措施，充分利用资源，保障交通安全

针对辍学率反弹安全事故率上升的情况，在交通条件达到的地区，配备校车或者购买社会运营车辆服务，避免黑校车带来的安全事故隐患。依法管理处置农村撤并学校资产，避免校产流失。对于资源浪费的情况，可充分利用已撤并学校A、B级闲置校舍资源，并维修加固已撤并学校C级危房，根据农村村落和人口分布的特点，用于兴办乡村学前教育和农民技能培训。

八、改革农村教育人事制度，加强优化教师队伍的建设

集中资源办学后，由于学校的减少，农村教师出现"总量富余学科结构短缺"，以及生师比超编、班师比缺编的现象。在"农村小规模学校师资配置出现超编与缺编问题并存和实质缺编导致教师工作负担重的问题。究其原因，在于现有义务教育教师编制标准存在规模取向和向城取向两大问题"[1]。所谓规模取向，指假设每一所学校的班额都达到一定的规模，向城取向则是以城市学校为标准，而未充分考虑乡村学校的情况。为了解决集中资源办学后的师资优化配置问题必须制定相应的应对措施。

（一）改革教师编制制度，制定城乡一致的生师比

据悉，2014年中央编办、教育部、财政部《关于统一城乡中小学教职工编制标准的通知》："将县镇、农村中小学教职工编制标准统一到城市标准，即高中教职工与学生比为1：12.5、初中为1：13.5、小学为1：19。"[2]建议西部山区的农村学校，不仅要落实教育部提出的"不足百人按100人划拨生均经费"的要求，同时在生源少班级多的学校，考虑按班级数增加教师职数比例，以保证农村教育的基本需要。

（二）合理搭配教师的学科结构和年龄结构

农村学校教师第一学历以小教语文、数学专业为主，音、体、美、计算机科目教师缺乏，年龄结构偏大。如课题组在剑河县10个乡镇的抽样调查，40～49岁、50～59岁的教师分别占42.11%和26.32%，他们中的一些人教学方法陈旧，学习

---

① 周兆海，邬志辉．工作量视角下义务教育教师编制标准研究——以农村小规模学校为例［A］．"新城镇化背景下义务教育改革与发展机制研究"2014年学术研讨会论文集．中国知网，http://navi.cnki.net/KNavi.

② 中央编办，教育部，财政部．关于统一城乡中小学教职工编制标准的通知（中央编办发［2014］72号）［Z］．Http://blog.sina.com.cn/s/blog_87dc6be90102vetm.html.

的机会不够,学习的能力不足。建议在引进教师时考虑学科及年龄结构,适度分流,改革激励机制,使优秀的年轻的老师安居乐业。

(三)以教师工作量来配置师资

在切实解决农村小规模学校师资配置问题上,周兆海、邬志辉提出:"除现有标准外,以教师工作量来配置师资则更符合编制本义。在工作量为研究视角下,学校配置教师数最终应由学校一周教师工作总量与教师一周标准工作量来决定。"①从而"充分考虑到了学校在校生数、班级数(年级数)、课程数、教师课前课后工作量等影响因素。此种方式建构的教师编制标准能够做到因校进行师资配置,同时还能够实现教师编制的动态管理"②。

九、加强农村"寄宿制"学校的建设和管理

首先是依法治校。学校要依据法律法规制定各种规章制度,作为寄宿学校办学活动的重要依据。其次是以人为本。不同经济、家庭和成长环境的学生在实行封闭式管理的"寄宿制"学校集体生活,难免出现人际交往心理方面的问题,应充分重视寄宿学生个性发展,以学生的身心健康成长作为学生管理的立足点,为学校开展因地制宜的心理健康教育提供资源支持,从师生关系与同伴交往上留住学生。最后是加大投入,完善学校的基础设施建设,改善食堂、住宿、洗浴、厕所等基本生活设施。

---

① 周兆海,邬志辉. 工作量视角下义务教育教师编制标准研究——以农村小规模学校为例[A]."新城镇化背景下义务教育改革与发展机制研究"2014年学术研讨会论文集. 中国知网,http://navi. cnki. net/KNavi.
② 同上.

第五章

"后撤点并校"时代农村教育的资源配置

2012 年国务院叫停"撤点并校"之后,中国进入了"后'撤点并校'"时代,但是十年"撤点并校"遗留下来的问题并没有解决,虽然一些地方政府和部门开始反思和调整"撤点并校"的计划,积极探索教育均衡发展及实现教育公平的路径,但也有一些地方政府和部门从自己的理解出发,依然没有停止撤并的步伐,还在片面地追求规模效益。

我们认为,教育的发展具有差异性,但教育的均衡发展是我国义务教育追求的目标,在公平与效率面前,公平是应该优先考虑的原则。作为公共产品,教育资源的配置应该最大化缩小欠发达地区与发达地区的差距,有针对性地对欠发达地区进行资源的补偿,保障弱势社区获得最基本的教育公平。无论是城镇大规模学校还是乡村小规模学校,无论是"寄宿制"学校还是非"寄宿制"学校,其学生都应有获得优质教育的权利,无论其学业成就还是身心发展,都应享受到可及的教育服务和关怀。在推进义务教育课程优质化的同时,根据我国民族众多地域文化差异大的特点,通过地方课程、校本课程等形式,为当地教育的优质化发展提供充分的发展空间,以培养出服务国家、社会、家乡,具有健康人格的人才。

正是基于教育公平、多元化均衡发展的考虑,本章针对十年"撤点并校"以及近几年农村基础教育布局调整中遗留的突出问题特别是样本调研中发现的问题进行分析,探讨可能的解决办法,提出教育资源配置的建议。

第一节　贵州农村中小学食堂管理模式与效益评价

随着社会经济的发展和食品的日益丰富,中国儿童的营养状况整体上得到改善,但由于农村贫困面大,造成了农村特别是农村边远村校的儿童营养存在摄入不足、体重偏轻、发育迟缓等现象。2002 年"第四次中国居民营养与健康状况调查表明,农村儿童低体重和生长迟缓率是城市儿童的 3 倍以上,农村 6 ~ 12 岁儿童的贫血和维生素 A 的缺乏率分别为 13.8% 和 10.4%,明显高于城市儿童"①。

2012 年,凤凰记者邓飞等在贵州、湖南、广东等五省发起的"给山区孩子送免费午餐"活动,使这一份报告所蕴含的内容得到具象的体现,也使大规模"撤点并校"后农村中小学孩子的生存状态得到社会的普遍关注。

2011 年 11 月 23 日,国务院办公厅以国办发〔2011〕54 号印发《关于实施农村义务教育学生营养改善计划的意见》,要求"各地充分认识实施农村义务教育学生营养改善计划的重要意义……以贫困地区和家庭经济困难学生为重点,启动实施农村义务教育学生营养改善计划"②。强调把食品安全摆在首要位置,加强领导,精心组织,确保各项工作落实。从 2011 年秋季学期起,中央财政为每生每天补助 3 元,在集中连片特殊困难地区启动试点。

时隔两年,课题组对这一计划的实施效果及存在的问题进行了调研。

一、"撤点并校"引发的问题

我国农村中小学进行了大规模的"撤点并校",一定程度上优化了管理、提高了教学质量,但也衍生出了一系列问题,如农村学校学生入学晚、午餐缺失、发育迟缓等。

（一）引发农村学生发育迟缓、身体发育受限制

据课题组调查,长顺县有村级小学 93 所(不含乡镇中心小学和城关小学),学生 14306 人(贫困学生 4292 人,留守儿童 5722 人,女学生 6738 人,少数民族 9892 人),家距学校超出 2 公里的学生有 10729 人,无法在学校或家庭解决午餐的学生 10193 人,占学生总数的 71.25%,占家校距离较远的学生的 94.35%,充分表明学校距离远与学生的午餐缺失有明显的正相关关系。

课题组 2012 年对冗雷小学 277 名一至六年级学生(其中女 158 人)的学校进行了抽样调查,样本 161 人,其中男 87 人,年龄段 7～13 岁,女 74 人,年龄段 7～14 岁,样本量为该校学生总数的 58.12%。统计结果显示,长顺县农村边远村校的儿童体重偏轻、身高偏低、发育迟缓(表 5-1、表 5-2),表中也显示,学生的体重与家校距离的远近有一定的正相关关系,家校距离远的学生体重较轻,表明其上学途中的体能消耗较大。

---

① 我国儿童正面临营养缺乏和失衡双重挑战[Z]. 人民网,http://scitech. people. com. cn/n/2013/0530/c1057-21665719. html,2013-05-30.
② 国务院办公厅. 关于实施农村义务教育学生营养改善计划的意见(国发办〔2011〕54 号)[Z]. Http://www. foodmate. net/law/shipin/175448. html.

表5-1 长顺县长寨镇冗雷小学学生体质测量表(男生组87人)

年龄段(岁)	平均身高(厘米)	平均体重(千克)	家校平均距离(公里)
7	119	21	4
8	118.9	21.1	4.8
9	128	27	4.58
10	134.44	38.08	4.16
11	138.60	31	4.5
12	145.80	34.97	5
13	144.09	38.91	5.55

表5-2 长顺县长寨镇冗雷小学学生体质测量表(女生组74人)

年龄段(岁)	平均身高(厘米)	平均体重(千克)	家校平均距离(公里)
7	113	17.5	5
8	114	19.5	4.38
9	120.33	21.33	7
10	129.81	25.27	6.18
11	133.40	26.50	4.38
12	136	28.50	7.43
13	141.56	30.41	5.06
14	148.33	41.17	5

调查中还了解到,我国农村中小学布局调整后,中学兴办"寄宿制",集中在乡镇和县城,孩子享受午餐补贴,而撤并后的小学则以走读为主,没有午餐补贴。有的学生上学要走一个半小时,因为距家较远,有四分之三的小学生每天中午无法回家吃午餐,有的同学用一块零花钱买零食吃。课题小组所指的"午餐"为含米面、蔬菜或肉蛋的正餐,而非零食或方便食品。

长顺县威远镇永增小学家校距离最远的有11公里,每天有75名学生须步行两小时才能到校上课,这些学生中午全都不能回家吃饭,占学生总数的31.8%。远距离、条件差导致学生的身体健康受到严重影响,2010年来在个别学校甚至发生了学生因不能按时就餐、长期营养不良导致肚子疼痛、晕倒等情况。

(二)客观上造成农村学校学生入学晚

基于这样的现象,项目组对当地家长进行了走访调查,大多数家长出于对孩子安全和饮食的考虑,将一、二年级学生带入流入地学校就读,而城市公办学校由于户籍的限制,不能够安排学生就读,导致家长选择符合自己条件的民办学校,因而推迟了学生的入学年龄。选择在家乡就读的也往往推迟孩子的入学年龄。在我们抽样的冗雷小学,被抽样的8岁男生9人,其中上一年级的8人,二年级的1人,88.89%推迟两年(国家法定6周岁入学)入学,11.11%推迟一年入学,被抽样的9岁男生11人,其中上一年级的1人,二年级的4人,三年级的6人,9.09%推迟三年入学,36.36%推迟两年入学,54.55%推迟一年入学。被抽样的8岁女生4人,上一、二年级的各2人,50%推迟两年入学,50%推迟一年入学,被抽样的9岁女学生3人,上二年级的3人,100%推迟两年入学。以上学生家校距离在4~7公里之间。

二、农村中小学食堂的管理模式

2010年10月至2011年1月,长顺县财政共拨款63万元在三所偏远的少数民族小学开展了小学生午餐补助试点工作,按每生每天1元的标准补助4625人,解决一部分家校较远的小学生的午餐问题。但由于县财力有限、学校硬件设施不足等原因,仅维持3个月就结束了。2011年10月,国家对西部地区实施"农村义务教育学生营养改善计划"(简称"免费午餐"),长顺县98%的学校得到援助。

国内"营养改善计划供餐模式主要有三种:学校食堂供餐、企业供餐、家庭(个人)托餐,学校食堂供餐是营养改善计划的主要供餐模式,同时也是现阶段最好的模式"①。教育部规定,"供餐食品特别是加餐应以提供肉、蛋、奶、蔬菜、水果等食物为主,不得以保健品、含乳饮料等替代"②。营养餐补助标准为4元,其中3元为国家提供,1元为地方财政提供。

"贵州目前有农村校点17706所,其中教学点3647所,小学12071所,九年制学校440所,初中1548所。全省农村初中学生185万人,其中寄宿生93.3万人,约占50%;农村小学生423万人,其中寄宿生只有22.7万人,仅占5.36%。"③贵州省财政计划从2011年起在5年时间内投入120亿元解决农村校点学生吃和住的问题。其中"省财政投入的100亿元将解决'寄宿制'学校、餐费补贴、食堂建

---

① 教育部答问学生营养餐:改善计划强调政府主导作用(2)[Z]. 凤凰网财经,http://finance. ifeng. com/news/bgt/20120615/6614525. shtml,2012 - 06 - 15.

② 教育部:农村学生营养餐校长应当陪吃餐费自理[Z]. 搜狐新闻,http://news. sohu. com/20120615/n345661406. shtml,2012 - 06 - 15.

③ 五年内解决山区孩子上学吃住难题[N]. 中国青年报,http://www. sina. com. cn,2011 - 10 - 17.

设、教师周转房、校车配备等七方面问题,通过社会募集的 20 亿元则专门用于'寄宿制'学校、食堂建设以及孩子生活的必需品"①,以设立"贵州山区希望工程基金"的方式运行。

2013 年 6 月 26 日,据省教育厅《关于对全省中小学食品安全和农村义务教育学生营养改善计划联合检查情况的通报》,认为"'贵州特色'营养改善计划实施成效明显,地方投入力度进一步加大。安顺市投入资金 6000 多万元,在国家每生每天 3 元营养膳食补助的基础上,安顺市市、县两级财政共同为每生每天增加 1 元补助"②,2011 年营养改善计划实施后,抽检的 100 所中小学校(含教学点)"实现了'校校有食堂,人人吃午餐'的目标"③。但是这些学校中有的没有配备食堂,学生午餐只能到校外小吃店解决,或者接受经销商的配餐,既缺乏营养,成本高,且与本地的饮食生活习俗相异。食堂建设及费用等还存在很大的资金缺口,厨师资质、食堂管理、食品安全还存在一些问题。

(一)学校食堂供餐模式

在实施营养改善计划前,农村"寄宿制"学校的食堂一般采用外包和自我管理两种方式,非"寄宿制"的学校一般没有配备食堂。营养改善计划实施后,教育部要求"各地统筹农村中小学校舍维修改造长效机制和中西部农村初中校舍改造工程资金,本着节俭、安全、卫生、实用的原则,将学生食堂列为重点建设内容,使其达到餐饮服务许可的标准和要求"④。

"从 2011 年秋季开始,贵州省投入资金 6 亿元,在全省 88 个县规划建设了 9961 个农村中小学食堂"⑤,占农村学校总数(17706)的 56.26%。其中"村小和片区完小,由省级财政补助每校 2 万元,充分利用闲置校舍改建食堂,乡镇所在地小学省级财政补助每校 10 万元,按每校不少于 100 平方米修建食堂,初中由省级财政补助每校 20 万元,按每校不少于 200 平方米的标准修建食堂"⑥。

2012 年 6 月,教育部、中宣部、国家发改委等十五部门印发《农村义务教育学

---

① 五年内解决山区孩子上学吃住难题[N]. 中国青年报,http://www.sina.com.cn,2011 - 10 - 17.

② 资助办. 关于对全省中小学食品安全和农村义务教育学生营养改善计划联合检查情况的通报[Z]. 贵州教育网,http://xsc.gzedu.cn/2013/06/26/160023121628.html.

③ 同上.

④ 全面理解中央要求正确把握政策内涵[N]. 中国教育报,http://paper.jyb.cn/zgjyb/html/2011 - 12/31/content_57653.htlm,2011 - 12 - 31.

⑤ 王橙澄. 贵州近万个农村中小学校学生吃上"营养午餐"[Z]. 小学频道,http://xiaoxue.eol.cn/gzxx_3005/20120328/t20120328_759335.shtml.

⑥ 同上.

生营养改善计划实施细则》,要求"试点县和学校根据不同情况,确定供餐模式,以学校食堂供餐为主,企业(单位)供餐模式为辅。对一些偏远地区暂时不具备食堂供餐和企业(单位)供餐条件的学校和教学点,可实行家庭(个人)托餐"①。事实上确定了学校食堂供餐的主要模式,同时要求实行供餐准入机制和辅助供餐的退出机制。"试点地区应加快学校食堂(伙房)建设与改造,在一定过渡期内,逐步以学校食堂供餐替代校外供餐。"②该细则要求:"重视学校食堂管理……学校食堂一般应由学校自主经营,统一管理,封闭运营,不得对外承包。"③学校食品安全实行校长负责制和学校负责人陪餐制。据统计,截至 2012 年秋季开学前,"全国53% 的试点学校采用了学校食堂供餐,35% 选择了向企业(单位)购买供餐服务,还有 12% 实行了家庭(个人)托餐"④。

在贵州省长顺县白云山镇中心小学,课题组看到学校借用村委会的办公室做临时餐厅,该校金校长说午餐费用国家补助 3 元,学生自筹 1 元,学校自聘 3 个工勤人员,每月 1100 元工资,从学校的生均经费(每生每年 500 元)中开支。对于免费午餐,金校长提出,在零利润的情况下,午餐 5 ~ 6 元可以达到健康饮食的标准,现在没有工勤人员的配备,挤用了学校生均经费,教师不同程度地投入食堂帮助工勤人员打饭给学生。

长顺镇冗雷小学的食堂里张贴着从采购到贮存加工的"食堂管理细则",威远镇永增小学的食堂挂着一周菜谱的小黑板,学生们则说,食堂的饭菜比家里好吃,也不需要像过去那样步行到 3 公里外的街上吃米粉,学校没有供应午餐时常常随便买点零食充饥,既不卫生也不营养。现在方便多了,而且学校的饭菜好香。就餐高峰期,两个学校的老师都为孩子们打饭打菜,忙完才坐下吃饭。

这样的场景在有食堂的学校随处可见,食堂的好处是解决了学生的家庭负担,保证了孩子们吃饱,食品也不单调了,豆腐、白菜、莲花白、土豆和少量的肉蛋是孩子们常吃的午餐。但给学校带来的压力也是很大的。正如摆塘乡摆塘小学杨校长所言,全乡村小开食堂时,等不到下课校长就得去炒菜,学校教育教学的好手都得去分管食堂,从采购到剩菜剩饭的处理,每天 6 ~ 7 个教师参与,还要帮着

---

① 农村义务教育学生营养改善计划实施细则[Z]. 教育部等十五部门关于印发《农村义务教育学生营养改善计划实施细则》等五个配套文件的通知. 中国教育新闻网,http://www. jyb. cn/info/jyzck/201206/t20120614_498448_1. html,2012 – 06 – 14.

② 同上.

③ 同上.

④ 赵婀娜等. 关注农村义务教育学生营养餐:补助 3 元钱营养如何加[Z]. 新华网,http://edu. qq. com/a/20121127/000011. htm.

切菜打饭,校长天天安排食堂工作无暇顾及教学。

在更贫穷的册亨县威旁乡大寨小学,我们看到学校的食堂"餐厅"用两把塑料大伞外加几张简陋的课桌构成,食堂"操作间"也是简易的棚屋,教育厅配备的1万元的冰箱消毒柜等厨具在简陋的棚屋里看不出颜色,两个当地的农妇被聘为学校的厨师,正在操作间里忙碌,孩子们在露天坝打饭吃饭,既不安全也不卫生。

(二)企业供餐

镇远县"苗屯中心小学是一所片区完全小学,在校学生133人(其中女生92人,少数民族学生119人),距乡政府驻地7公里,距县城47公里。学校服务半径为5公里,最远的4个组距离学校5公里,其次有3个组距离学校3公里。每天有53名学生须步行2小时才能到校上课,这些学生中午全都不能回家吃饭,占学生总数的39.85%"①。

2012年春季学期,镇远县"98%的学校得到国家对西部地区农村学校免费午餐项目,一个学生每天补助3元,但是这些学校却没有配备食堂"②,苗屯中心小学也没有配备食堂,"无相关厨房设备,仅有1名工勤人员,学生午餐只能接受经销商的配餐(一份乳酸饮料、一个鸡蛋、一个面包),老师们认为配餐缺乏营养,运输成本高,路况差,食物易损坏、难保鲜。且与本地的饮食生活习俗不同,部分就餐学生表示不喜欢吃"③。学校希望修建食堂,由家长提供部分大米,学校采购当地村民自种自养的蔬菜肉食,至少保证食材的新鲜安全,符合学生的饮食习惯。

而关于企业配餐出现的食品安全问题也常常见诸报端。"2012年3月29日,毕节市织金县八步镇中心小学86名学生出现了疑似群体性食物中毒症状,就是在吃了学校统一下发的'营养早餐'——乳品与面包之后,尽管市县有关部门称与食品无关,属'群体性心因性反应'。"④然而"尽管官方发布了事故原因,但仍未公布早餐的检测结果。同时,事发地学生营养改善计划的供餐企业依旧疑点重重,山花牛奶方面明确表示供餐企业和其'没任何关系',却以'山花牛奶'的名义中标,中标后却配送其他品牌奶"⑤。说明企业配餐的招投标及管理存在很多问题,需要制定市场准入的门槛,增强承包食堂负责人的食品安全意识,加强对集中供

① 杨兰,李亚军."营养改善计划"后的农村中小学供餐管理[J].中小学管理,2013(12).

② 同上.

③ 同上.

④ 龚菲.贵州小学生疑似食物中毒续:企业供餐模式被叫停[Z].新浪网,http://www.sina.com.cn,2012-04-09.

⑤ 贵州称"学生中毒"系心理暗示与食用牛奶无关[Z].东方网,http://news.163.com/12/0331/17/7TUMNI1300014AEE.html,2012-03-31.

餐单位的源头监管。

"3月30日,贵州省教育厅下发了《关于加强农村义务教育学生营养改善计划食品安全和资金安全管理的紧急通知》,该通知指出,织金县八步中心学校事件表明,购买成品的方式存在较大的食品安全隐患,应立即进行整改。"①此事件后,贵州基本上排除了企业供餐模式。

(三)家庭(个人)托餐

家庭(个人)托餐也是教育部认可的一种方式,在课题组调查的免费午餐计划样本点中,目前没有发现这样的案例。但据学校的老师和学生反映,"在免费午餐实施前,不少家庭经济条件稍好的学生是到学校附近的亲戚家或者校外餐馆'搭伙'"②,免费午餐实施后,学校提供的饭菜把孩子们吸引到学校的食堂来了。

三、贵州农村中小学食堂的管理建议

2013年6月课题组跟踪调查发现,冗雷学校学生的体质状况有了明显改善,如小学部身高平均长高4~8厘米,四年级最为明显,均增高6厘米,男生超过国家标准0.1cm,女生身高仍然低4.6cm,但较之前改善;体重每学期增加2千克,3个学期增加6千克,有的增加10千克,男生比女生增加明显,女生达到正常值。充分说明该项计划给西部儿童带来了真正的营养补充和体质改善。③

针对农村中小学食堂的管理,我们提出以学生为本、以安全优先、以优化资源配置为主的建议。

(一)以学生为本——改善学生体质

"不断提高农村学生营养健康水平"④是国家实施农村中小学营养计划的目标,具体到贵州贫困地区,对于绝大部分没有午餐保障的学生,回应他们午餐和成长必需的营养需求,保障他们的食品安全及健康生长是工作的核心。

2012年,"全国学生营养办组织了全面督查,教育部副部长、全国学生营养办主任鲁昕介绍,从实际供餐内容上来看,截至今年秋季开学,已实施营养改善计划的国家试点县和地方试点县,分别有5.8万所和1.7万所学校,采用牛奶或'牛

---

① 龚菲. 贵州小学生疑似食物中毒续:企业供餐模式被叫停[Z]. 新浪网,http://www.sina.com.cn 2012 - 04 - 09.

② 杨兰,李亚军. "营养改善计划"后的农村中小学供餐管理[J]. 中小学管理,2013(12).

③ 同上.

④ 国务院办公厅. 关于实施农村义务教育学生营养改善计划的意见[Z]. 辽宁省人民政府公报,2011(22);http://c.360webcache.com/.

奶＋X(鸡蛋、糕点、火腿肠等)'的加餐模式,分别占63%和86%"①。牛奶面包的搭配是营养的,有一些地方学生饮用牛奶后会出现乳糖不耐受症,因此营养的未必一定是适合当地学生的。

长顺县摆塘乡摆塘小学王长彬2012年13岁,家住距学校7公里之外的小洞口,每天5点起床,步行1.5小时的山路到学校上课,原来每天的午餐是3元的粉条和饭,没有蛋和肉,一个月60多块钱;实行营养午餐计划后每个月交20元在学校午餐,有洋芋、白菜、肉,两菜一汤,与家里的伙食差不多,但在家里不是天天有肉,学校天天有。尽管如此,只能达到吃饱的标准,正如白云山镇白云山中心小学金校长所说,午餐达到健康饮食的配餐标准需要5~6元的成本。

通常儿童少年体内合成代谢比成年人旺盛,因此满足他们生长发育所需要的各种营养素和能量也比成年人高,尤其是蛋白质、能量、脂类等营养元素。但是,各地物产及饮食习惯不同,大多数人可以从当地丰富的地方物产中找到以上营养元素。因此,食堂供餐应充分征求学生和家长的意见,因地制宜就地取材配备供餐内容。

课题组所调查的学校普遍缺乏营养学知识,不仅厨师大多从当地农民中聘用,也缺乏必要的上岗培训,参与到营养餐工作中的教师也缺少营养学的知识,特别是就地取材搭配营养的知识。不仅仅是"吃得饱""吃得好"以改善学生体质,也是国家在贫困地区实施营养餐计划的目标。

建议地方财政拿出部分资金培训上岗厨师和主管营养餐的学校教师,以弥补学校普遍缺乏营养学知识的不足,同时筹措资金(含社会资金)配足真正达到营养标准的餐标。

(二)以安全优先——保证食品安全

"学校食堂供餐模式被认为是现阶段最好的模式,既便于学校管理,又可以相对控制食品安全,有利于让学生吃得'放心',有助于实现营养补助'全部吃到学生嘴里'。"②食物的选择以时令菜为主,尽可能为学生搭配各种食物,关键是要确保孩子吃得安全。但课题组调查发现,有的偏远学校条件差,消毒储物设备不足,卫生制度形同虚设。有的学校为节省开支,洋芋等干货定点采购,时蔬在本地农户家临时采购。

---

① 丁汀. 农村学校营养餐试点调查:大多供应牛奶加鸡蛋[Z]. Http://news. qq. com/a/20121127/000744. htm.

② 学生营养餐校长"陪吃"食堂供餐须替校外供餐[Z]. 搜狐公益, http://gongyi. sohu. com/20120620/n346096897. shtml.

"安全问题招致诟病更多的是企业配餐,除严格招投标制定市场准入的门槛、加强对集中供餐单位的源头监管外,学校从业人员的食品安全意识和能力也不容轻视。"①为此,有关卫生部门应该严格加强对农村学校食堂的管理机制,控制各项卫生安全指标达到合格状态,并保证学校食堂从业人员卫生安全知识达至合格要求,提高食品检验合格率,落实食堂餐具消毒措施。

"贵州省学生营养办从 2012 年 7 月起探索营养午餐的贵州模式,全面实行食堂供餐,家长承担少量钱粮,大宗粮油统招统购统配统送,期望以此把好食品安全关,同时提倡学生勤工俭学自种蔬菜自养牲畜。"②课题组调查的样本点尚无此例,比起企业统一派送时蔬,或许发展县乡蔬菜基地就近实行配送更具有可持续性。据课题组的观察,一些地方由大型餐饮企业承包了全县的学校食堂供餐,统一配送食物,通过远距离运输,往往时蔬到了学生餐桌上已经不再新鲜。

(三)以优化资源配置为主——人力物力资源配置的最优化

学校食堂面积不足是部分中心校存在的问题。鼓扬镇鼓扬小学毛校长称,学校现有的条件满足不了学生的需求,食堂只有 100 多平方米,集中就餐学生有 500 多名,只能解决一至二年级学生就餐,三年级以上的打了饭在外面吃,致使孩子们在冬天进食午餐,环境较差,容易造成肠胃不好等问题。

人力资源不足也是食堂供餐中存在的问题。贵州省教育厅 2013 年 7 月 30 日的通报表示毕节市已基本配备食堂工勤人员,工资、社保由县级财政承担。但是贵州大部分农村学校的食堂工勤人员挤占了学校的生均经费。例如,长顺县鼓扬镇鼓扬小学每月从生均经费中开支 5000 多元支付 6 个工勤人员的工资。

摆塘乡摆塘小学 480 人就餐,聘用了 4 个工人,投入教师 4 人,总共 8 人投入食堂工作。教育局文件规定工人每人每个月工资 800～1000 元,全天的工作量,很难找到人;目前学校每月从生均经费中支出 8000 元,其中人工工资 6200 元。杨校长说,如果要办好食堂搞好教学,应该解决工人的工资,学校只需要一个专人管理账目和采购,估计专职厨师需要 6 个才可以正常运转。

因此,提供具市场竞争力的工作条件,由地方财政配备足够的工勤人员,把教师们从厨房中解放出来,方能使农村学校的教学、生活两不误。

总之,课题组调查的样本点由于经济社会发展水平不同,营养午餐的发展也不均衡。"建议根据各地贫困程度,由省和地方财政分层负担投入经费,根据学校

---

① 杨兰,李亚军."营养改善计划"后的农村中小学供餐管理[J].中小学管理,2013(12).

② 同上.

规模按50：1投入工勤人员,在原材料配送、营养安全教育方面做更多的探索。"①

第二节　贵州农村"寄宿制"初中现状的 **SWOT** 分析

自2001年"集中资源办学政策"出台以来,各地政府纷纷制订了本地区农村中小学的布局调整规划。"撤点并校"和举办农村"寄宿制"中心校是常见的措施。贵州省自2004年年底开始启动农村"寄宿制"学校建设工程,2006年3月已有691所农村"寄宿制"学校投入使用,70万名农村学生住进宽敞舒适的学生宿舍。2007年贵州省150所农村"寄宿制"初中建成并投入使用,至此,贵州省农村"寄宿制"工程全面完工,计划建设的1044所"寄宿制"初中全部竣工并投入使用,全省农村初中寄宿生人数增加至80万。

但是由于贵州地处西南,农村基础教育本就呈现弱质性特征,除地理环境、经济发展状况、人口素质等因素的影响外,师资、校舍、经费、教学设备等因素也制约着农村"寄宿制"初中的发展。初中阶段的学生处于身心发展的重要时期,容易在学习、生活、人际交往等方面遇到各种问题和困惑,影响德、智、体、美诸方面的发展。和城镇学生相比,农村学生求学更有着诸多的不便和困难。

为了深入了解贵州农村"寄宿制"初中在发展过程中存在的实际困难和凸显的问题,贵州大学"贵州农村'寄宿制'初中调研"和"'撤点并校'产生的教育资源配置均衡问题及其对策研究"课题组选择了贵州省20所农村"寄宿制"初中学校为样本,以学校领导、教师、学生和家长为调查对象进行了4000份问卷调研,其中学生问卷3040份(男生问卷2012份,占66.18%;女生问卷1028份,占33.82%),家长问卷500份,学校教师问卷400份,学校领导问卷60份。

本文在对调查数据进行初步分析的基础上,引入SWOT矩阵分析模型,对贵州农村"寄宿制"初中学校发展的现状进行优势(strengths)、劣势(weaknesses)、机会(opportunities)和威胁(threats)分析,找出农村"寄宿制"初中发展过程中可取的经验和存在的问题,提出相应的建议和对策,使学生们在人生成长的重要阶段健康、活泼、全面地发展。

一、关于 SWOT 分析
SWOT分析即强弱机危综合分析法,是一种企业竞争态势分析方法,是市场

---

① 杨兰,李亚军."营养改善计划"后的农村中小学供餐管理[J].中小学管理,2013(12).

营销的基础分析方法之一,通过评价企业的优势、劣势、竞争市场上的机会和威胁,用以在制定企业的发展战略前对企业进行深入全面的分析以及竞争优势的定位,由旧金山大学的管理学教授于 20 世纪 80 年代提出,是一种能够较客观而准确地分析和评估一个单位现实发展状况的方法。它最初用于企业的分析,后来也用于其他行业和个人职业发展的分析,其优势是分析模式及其结论通常带有一定的决策性,有利于领导者和管理者做出较正确的决策与规划。从整体上看,SWOT矩阵可以分为两部分:第一部分为 SW,主要用来分析内部条件;第二部分为 OT,主要用来分析外部条件。运用这种方法可以从中找出对自己有利的因素和对自己不利的、需要避免的因素,并从中发现存在的问题,找出解决办法,并明确以后的发展方向。

二、贵州"寄宿制"初中的内部优势

贵州"寄宿制"初中的内部优势包括教学管理日趋规范、学生独立能力得到锻炼和增强、学生安全得到保证三方面。

农村"寄宿制"初中有效整合了原来比较分散的师资力量、教学设备等资源,教学计划的执行和教学管理日趋规范,学风、校风明显好转。55%的学校能够遵循国家教育部和省教育厅的教学计划规定,并结合学校本身特点,在基本课程开设的同时注重对非考试科目的课程的安排,音乐、美术、体育、劳技等课程都有开设,一定程度上增强了学生的素质教育。大部分学校的教学日常管理活动井然有序,对教学活动的各个方面和教学过程的各个环节,能做到有计划、有检查,并对教师有明确的考核标准。学生住校后,增加了很多学习时间,再加上有老师辅导,学习成绩显著提高,自主学习能力明显增强。虽然学校没有硬性规定,但 97.5%的学生经常上晚自习,其中 58.75%的学生自愿上晚自习,100%的学生回答上晚自习时有老师辅导。

初中阶段是学生可塑性最强的时期,中学生在外求学不仅要克服想家的念头,还要学会处理与同学、老师之间的关系,更要养成独立生活的习惯。本次调查的学生中 92.5%的人每星期回家一次,仅有少数家庭住址比较远的学生一两个月回一次家。虽然经常回家,但是有超过一半(57.5%)的学生是经常想家的。由于大部分学生家庭住址偏远,父母经常忙于农活,有父母或亲戚朋友偶尔来学校看望的学生占 73.75%,其他人的父母则从来没有到学校看望他们,尽管这一定程度上疏离了父母与子女之间的关系,但走向独立是青少年成长的必然结果,与小学生离开家庭步行到很远的学校上课或者四五年级就住校不同,初中阶段的"寄宿制"学校的生活极大地培养并锻炼了学生的独立生活能力。

住校后,大部分学生不用再起早摸黑走夜路上学,路上的危险减少,安全系数提高。大多数学校建有围墙,且学校经常对学生进行安全教育,大大减少了社会人员对学生人身安全的干扰和威胁。特别是 2010 年 7 月接连发生的幼儿园小学安全事件,致使教育部发文层层落实校园安全条例,增设安保人员,严格控制非校方人员进入学校,调查显示有 86% 的家长对孩子住校的安全问题比较放心。

三、贵州"寄宿制"初中的内部劣势

贵州"寄宿制"初中的内部劣势包括教师工作任务加重、校舍硬件设施简陋、学生饮食卫生较差以及心理健康教育缺失。

农村"寄宿制"初中公用经费紧张,很多学校只能维持正常运转,后勤配套、师资提高等难以实现。很多教师的工作量是教育部门规定的两倍以上,除了教好课程以外,还要对学生的生活进行管理。很多学校虽然开设了多门课程,但是音、体、美等专职教师极度缺乏,有的学校甚至一个也没有。为了保证教学计划的顺利执行,只能由一个音、体、美专职教师肩负全校的教学任务或是由其他科任老师兼任,这在很大程度上又加重了教师的教学负担。音、体、美教学的缺乏或缩水又会带来校园生活的单调,不利于学生身心全面健康地发展及校园文化的建设,教学质量尤其是素质教育的提升难以保障。①

虽然政府投资解决了部分学校的教室问题,但有些学校的教室还是比较陈旧,电脑、多媒体等现代化教学设备极其缺乏;有些学校里教师没有专门的办公场地,通常是各个学科的教师共用一间大教室作为办公室;有些学生宿舍比较差,下雨天会漏雨,寝室内的书桌不够用,几人共用一张甚至没有;大部分学校没有相应的生活老师,也没有专门的教师宿舍;一些学校的食堂设施简陋,学生就餐困难等显性问题突出。被访的领导大都表示如果有经费,会加大对硬件设施建设的投入力度。

古语有云:民以食为天。处于中学阶段的学生们更是身体发育的重要阶段,因而中学生的饮食是非常重要的。很多学校虽然建有食堂,但是设施较差,也没有相应的卫生标准,食堂饭菜质量不高。而学校也没有要求食堂在做菜时考虑学生的营养需求。除了家庭经济的影响外,这也是很多学生(53.75%)宁愿自带食物,而不愿在食堂吃饭的原因之一。由于缺少经费,大部分学校没有设置专职的心理健康教师,也没有开设心理健康教育相关课程,心理健康教育体系不够完善。中学生处于生理和心理极速成长变化的阶段,因此加强中学生的心理健康教育很

---

① 文红星. 关于农村义务教育经费保障机制的思考[J]. 当代经济研究,2007(04).

重要。被访的教师对于学校开展心理健康教育的态度是非常支持的,不论是不是班主任,老师们在平时都会抽出时间阅读有关心理学、教育学方面的书籍,也表达了希望开展心理健康教育的愿望,希望能与学生进行心理沟通。一些学生学习目标不明确,不知道毕业后能干什么;有些学生厌倦学习,没有兴趣,感觉无聊;一些学生读书只是因为被家人、被社会所逼迫,而没有真正认识到读书的价值;还有一些学生因为家庭条件较差,想放弃学业外出打工。部分学生因为思维扩展不开,理解能力较差,成绩不理想,老师对好生、差生有歧视,心理承受压力大等隐性问题的存在说明中学心理健康教育亟待加强。

四、贵州"寄宿制"初中面临的外部机会

贵州农村"寄宿制"初中虽然还存在一些问题,但从很大程度上解决了农村学生上学难的问题。在各级政府十分重视农村义务教育的情况下,农村"寄宿制"初中有着很好的发展机会,包括政策的支持、校际的交流合作与发扬自身优势,创办特色农村教育。

《2010—2020 国家中长期教育发展规划》提出教育公平的战略规划,包括"加快缩小城乡差距,建立城乡一体化义务教育发展机制,在财政拨款、学校建设、教师配置等方面向农村倾斜"[1],逐步实行城乡统一的中小学编制标准,对农村边远地区实行倾斜政策。因此,贵州农村"寄宿制"学校首先要合理利用政府的教育投资,改变现有师资尤其是薄弱学科及心理健康教育师资严重不足的现状,其次争取和利用好社会各界人士的无偿捐助,加大对校舍等硬件设施的建设和改善力度,为农村中学生提供优质的教育环境。加快缩小城乡差距,建立城乡一体化义务教育发展机制,在财政拨款、学校建设、教师配置等方面向农村倾斜。

为了提升农村教师的学历和实力,各级教育部门加强了对中学教师的培训,积极构建教育的交流平台。《2010—2020 国家中长期教育发展规划》[2]提出六大保障措施全面提升教育质量,其中的首要措施即加强教师队伍建设,提出对义务教育教师进行全员培训,加强农村中小学薄弱学科教师队伍建设,配齐音乐、体育、美术等学科教师,开足开好规定课程。因此,贵州应抓住这一机会,采用就地培训、异地培训、农村教师与城市优秀教师进行交流等方式,吸取经验,不断学习

---

① 国家中长期教育改革和发展规划纲要(2010 - 2020 年)[Z]. 中华人民共和国教育部网站,http://www. moe. edu. cn/srcsite/A01/s7048/201007/t20100729_171904. html.

② 国家中长期教育改革和发展规划纲要(全文)[Z].23:29 新华网 http://www. xinhuanet. com/edu/,2010 - 07 - 29.

新的知识以提升农村教育的软实力。

贵州少数民族众多,其瑰丽多彩的民族文化是非物质文化遗产中的一朵奇葩,为传承和发扬民族文化,应将学校作为传承民族文化的基地。"寄宿制"初中在完成教学大纲要求的情况下,可以开展一些特色教育。如邀请民族艺人传授歌舞、刺绣、乐器、实用技艺等以代替音、体、美等课程,既丰富了课程设置,又突出了自己的特色。而新的国家教育中长期规划也明确指出,要促进农科教结合,注重知行统一。坚持教育教学与生产劳动、社会实践相结合。

五、贵州"寄宿制"初中面临的外部威胁

贵州农村"寄宿制"学校发展过程中的最大威胁是一些适龄学生被迫辍学,生源减少是"寄宿制"学校发展的最大障碍和威胁,学生入住率不高则是造成学校资源浪费的重要因素。例如,L 县配备学生床位 4242 张,学生入住 2975 人,占床位数的 35.1%,学校食堂可容纳就餐人数 5200 人,实际就餐 2582 人,仅占 49.7%,除中途辍学外,学生家长承担不起食宿费用也是原因之一。

政府选择创办"寄宿制"学校主要是为了更加合理地利用教育资源,以求实现资源利用的帕雷托最优,进而实现农村基础教育全面发展的长期利益。因此,政府积极倡导学生住校读书。而短期利益最大化则是主导农户选择辍学行为的重要影响因素。双方博弈的焦点在于哪一个行为获得的效益比较大,显然,辍学后家庭劳动力增加,农户的短期利益达到最大。

贵州省是全国唯一一个没有平原支撑的农业大省,由于受自然环境脆弱和文化水平较低等因素的限制,农民大多选择以种植业为生。土地越多的农户,需要的劳动力越多,因而当他们的孩子能下地干农活时,家里就增加了一个劳动力,能够很有效地减轻平时耕作的繁忙程度。

实行农村"寄宿制"后,原本可以在家帮助干活的孩子必须住校,不仅减少了家庭的劳动力,而且孩子的食宿等费用又使得农户负担增加,因此,需要劳动力越多的贫困农户,孩子辍学的可能性越高。

调研组对四个乡镇的四所学校学生住校前后的干农活情况进行了调查,住校后干农活的学生人数比住校前平均减少了一半多,这也就意味着很多农户家庭减少了一个劳动力,当农户无力承担孩子住校的费用时,在有限理性和短期利益最大化的驱使下,这部分农户会选择让孩子辍学。当大量的学生辍学时,农村"寄宿制"中心学校由于生源不足,又会出现新的教育资源浪费的现象,此时,投入很大成本建设的农村"寄宿制"学校可能会因为利用不足而再次被撤除合并。

总之,通过 SWOT 模型分析,可以看出,目前农村"寄宿制"学校发展的劣势大

于优势,威胁与机会同在。根本原因在于经费使用不合理,用于校舍的多,而用于师资建设课程建设和学生补贴的少,很多农村学校没有财力资源对教育软件进行改善,发展面临很多难题;教学以硬性管理为重,忽视学生的心理需求及发展需求,轻视以人为本的软性管理。

六、贵州农村"寄宿制"初中发展的对策建议

我国基础教育投入不足主要表现为量的不足、质的不足、教育服务的不足。农村基础教育是提高农村人口素质的重要手段,也是为农村发展培养人才的依托,但是教育经费的不足使得农村"寄宿制"学校在发展过程中困难重重,办学水平远远低于城镇中学,教育质量的不足及服务的不足使学生难以学以致用,学校缺乏足够的吸引力,影响生源的稳定。

SWOT分析的结果通常会形成四种内外匹配的战略,即SO战略——依靠内部优势,利用外部机会;ST战略——利用内部优势,回避外部威胁;WO战略——利用外部机会,克服内部弱点;WT战略——减少内部弱点,回避外部威胁。通过分析,我们认为WO战略和WT战略的结合,将会有效地改变贵州农村"寄宿制"初中的现状。具体建议如下。

(一)改善财政投入体制,保证教育经费充足并合理利用

首先,地方各级政府应在中央政府教育投入的基础上,结合本地财政状况,提供专用配套资金用以改善农村"寄宿制"初中的校舍配套、师资等,政府的财政支持是农村"寄宿制"学校发展的有力保证。同时,在学校建设规模上,不要盲目贪大,一个乡镇只办一所初级中学,甚至几个乡镇合办一所初级中学,而是根据西部少数民族地区的人口居住特点,适度降低规模,多一些布点,多一些师资和配套设备。

其次,学校可以向企事业单位或个人募捐,也可以积极引进社会公益教育资金来改善自身硬件条件。

最后,从根本上改善财政投入体制,加大财政投入力度,在倾斜资源的同时,必须做到专款专用,在制度上杜绝截留挪用的空间,以保证农村"寄宿制"学校的教育经费充裕,从根本上降低农户对义务教育的投入,消除教育不公平现象,实现真正的义务教育。

(二)因地制宜开展心理健康教育,从师生关系与同伴交往上留住学生

农村"寄宿制"学校的学生大都是初次住校,在人际交往、语言沟通等方面存在诸多差异,在处理同学和老师关系时难免会遇到一些困难,由于处于或即将步入青春期,性格较为敏感,心理容易受到伤害,因而,在教学的同时还要注重学生

的心理健康教育。通过争取上级主管部门调拨心理健康教育专项经费,加强心理健康辅导员的培养工作,开展多种多样的心理活动课,利用学校的图书阅览室、校内广播、电教室等条件,提供有关情绪管理等方面的视听资料,增强学生学业、成长等方面的承受能力。

在心理健康教育上,应当遵循以下原则。例如,根据学生心理发展特点和身心发展规律,面向全体学生,关注个别差异,根据不同学生的不同需要开展多种形式的教育和辅导;注重以学生为主体,调动学生的积极性,做到参与式教学;同时必须做学生的朋友,真诚、尊重、理解、觉察与感知学生,力争在预防阶段解决问题,同时,对于心理问题比较严重的学生,寻求专业帮助,矫治和发展相结合。

开展心理健康教育的方法与途径有很多,关键是要建立民主、平等、相互尊重的新型师生关系。师生关系对学生的心理健康具有举足轻重的作用,只有做到理解尊重学生,才能获得学生的信任,从根本上帮助他们解决问题。

教师在教学过程中要运用恰当的教学方法引导学生主动学习、学会学习,培养学生勇于探索、勇于创新的精神。在教学中,班级、团队活动和班主任工作中渗透心理健康教育的内容,甚至开设心理活动课。学校可根据实际情况灵活运用各种心理健康教育方法。如师生一对一交谈法,小品角色扮演,班级、小组讨论等。

(三)建立以人为本、以学习者为主体的教育观念及教学方法

外部的威胁需要集中克服内部的弱点,以及抓住外部的机遇,采取切实可行的措施来消除。正如上文分析的那样,教育质量的不足及服务的不足使学生难以学以致用,学校缺乏足够的吸引力,影响生源的稳定。其根本的原因还是教育理念与教育方法滞后造成的。因此,建立以人为本、以学习者为主体教育观念及教学方法才是解决根本问题的途径。

首先,学校要改善教学目标与教学方式,从质量上吸引学生。教师教学时应配合教学内容对学生进行学习目标的渗透,使他们明确自己的学习目标,形成积极健康的学习观念。(1)教师要加强学习,不断提高自己的教学理论和实践水平;(2)在授课方式上,借鉴他人的优秀成果,尽量使课堂气氛生动活泼,学生积极参与其中,减轻学生的厌学情绪;(3)尽量做到对全体学生进行家访,了解所有学生的家庭情况,以便在遇到问题时,能够因人而异,及时具体地予以解决,给学生尽可能多的帮助。

其次,应更新人才培养观念,创新人才培养模式。《2010—2020国家中长期教

育发展规划》提出四项改革扩大教育开放,包括"更新人才培养观念"①"创新人才培养模式"②"改革教育质量评价和人才评价制度"③。其战略主题是"坚持以人为本、全面实施素质教育是教育改革发展的战略主题,是贯彻党的教育方针的时代要求,其核心是解决好培养什么人、怎样培养人的重大问题,重点是面向全体学生、促进学生全面发展,着力提高学生服务国家服务人民的社会责任感、勇于探索的创新精神和善于解决问题的实践能力"④。根据这一战略要求,我们的教师就必须转变传统的应试教育的观念及教学方式和人才培养观念,建立以人为本、以学习者为主体的教育观念及教学方法,转变传统的教师即中心的观念,运用"启发式、探究式、讨论式、参与式教学,帮助学生学会学习"⑤。而学生在参与的过程中将会感到自己被尊重、被需要、价值被实现,从而提升其学习的动力和兴趣,当学习成为一种兴趣和需要时,还怕我们的学生离开我们的学校吗?

第三节　农村"寄宿制"学校的教师角色期望及资源配置

教师角色期望是指社会对"教师"这一职业的群体特征、行为、责任的要求、预期和评价。教师角色期望包括"自我形象"和"公共形象"两方面,"前者是指教师对自身应扮演的角色的期望,后者是指与教育相关的个体或群体,如学生、家长、学校管理者、社区人士及教育研究者对教师任教或从业应具有的行为模式的期望"⑥。本文所指的教师角色期望是指教师的"公共形象"。

一、教师被赋予的角色要求和期望

在 R 县的 C 校,课题组发现在新时期好老师被赋予了"四有三者"的新期望:有理想信念、有道德情操、有扎实学识、有仁爱之心,做教育改革的奋进者、教育扶贫的先行者、学生成长的引导者。当前我国农村教育相关群体对"寄宿制"学校教

---

① 国家中长期教育改革和发展规划纲要(2010 - 2020 年)[Z]. 中华人民共和国教育部网站,http://www. moe. edu. cn/srcsite/A01/s7048/201007/t20100729_171904. html.
② 国家中长期教育改革和发展规划纲要(2010 - 2020 年)[Z]. 中华人民共和国教育部网站,http://www. moe. edu. cn/srcsite/A01/s7048/201007/t20100729_171904. html.
③ 同上.
④ 同上.
⑤ 同上.
⑥ 刘要悟,朱丹. 教育相关群体的教师角色期望之社会调适和教师自我调适[J]. 教师教育研究,2010(02):35—39.

师的角色期望可分为三种:社会的道德完人、学生的第二父母、学校的全能管理者。

(一)社会的道德完人

教师是人类灵魂的工程师,是塑造他人灵魂的人。首先自己要有高尚的灵魂。教师要热爱教育事业,忠诚于教育事业,甘于奉献。《中小学教师职业道德规范》中就明确指出作为教师就要"爱岗敬业"。教师要严于律己,为人师表。"其身正,不令而行;其身不正,虽令不从。"学生往往是"度德而师之","教师只有以身立教、为人师表,才能确立自己在教育中的地位。"①现代社会则要求教师是红烛、园丁,照亮他人燃烧自己。究其本质,就是要求教师首先是"道德完人"。

农村"寄宿制"学校是全托式的教育模式,家长把学生交付给学校,教师就成了学生的精神保姆,必须对学生的健康成长负责。我们进行的调查有一项是问学生长大后想做什么,结果有近八成的同学选择当老师,由此可见,教师在学生心目中是神圣的。教师必须保持较高的道德操守,为学生乃至于社会树立榜样。

从农村的实际情况来看,教师是农民实际接触最多也最愿意接触的"文化人"。一些基层政府部门的工作人员也经常与老百姓打交道,但由于工作性质的限制(拿农民的话说,他们不是收税就是搞计划生育),农民往往在心底对他们有抵触。我们在调研时,也有家长很不满地告诉我们,某某某老师经常打麻将,言下之意就是老师应该跟一般人不一样,要做到"出淤泥而不染",独善其身,可见社会需要老师做"道德标兵"。

(二)学生的第二父母

苏联著名教育家马卡连柯说:"没有爱便没有教育。"冰心也说:"有了爱,便有了一切,有了爱,才有教育的先机。"爱是教师手中不可须臾离开的魔方,"爱生如子"是教师职业道德的应有之义。"捧着一颗心来,不带半根草去",教师,就是学生的第二父母。

随着农村越来越多的剩余劳动力外出务工,留守儿童和暂时的"单亲家庭儿童"逐年增多,2010年12月22日的《人民日报》和《北京日报》报道,有数据显示,目前我国农村留守儿童已达5600万人,相关调查发现,超过半数的留守儿童不能和父母生活在一起,33%的父亲、25%的母亲外出打工5年以上,而且60%~70%的父母是在外省打工,30%的父母每年只能回家一次,打电话已成为留守儿童与父母联系情感的主要方式。父母监护的缺位,致使寄宿学校的教师代为承担监护之职。此时,教师就成了学生的第二父母,特别是家长和孩子对教师第二父母的

---

① 迟洪波. 浅析教师自身素质的提高[J]. 现代教育科学,2012(08).

角色期望非常高,以期弥补家庭监护的不足。

我们在调研时,问学生有困难找谁帮忙,有超过四分之三的学生表示找老师。当问到以后会不会记得老师,大多数同学说会永远记得老师。甚至有的学生和老师接触时,经常有意无意地拉着老师的手,表达内心对亲情与爱的渴求。由此可看出,教师在大多数学生眼里,已经成为最可信赖的人。

(三)学校的全能管理者

受学校基础设施和硬件条件的限制,大多数学校管理者遵循传统的管理模式和思维方式,在对待学生上还处于看管的低层面,力求保证学生"不出事",要求教师尤其是班主任管住学生。尽管这种做法为外界指责,被一些新闻媒体斥责为"圈养"学生,但是,在有关教育的法制不够健全的情况下,这种明哲保身的做法还算是明智之举。

一般来说,比较普遍的学校管理模式是校长管班主任,班主任管学生。在学校领导看来,班主任的首要职责就是要保证学生安全万无一失,以此相应的要求就是,科任教师要保证自己的课程教学时间内学生无重大安全隐患。这种承包式的管理方式加强了教师的责任意识,同时也要求教师是学校的全能管理者。

在调研时,我们听到学校领导者说得最多的就是任务分解、责任到人、事事落实。在全社会以极大的热情关注教育发展时,我们的教师承担着常人难以想象的工作压力。尤其是在"寄宿制"学校,教师除了正常的教学任务之外,还要负责轮流照看学生晚上住宿和护送学生回家。我们所到的"寄宿制"学校都没有配备生活老师,少数规模大的学校请了宿舍管理员,但他们只起着门卫的作用,具体的管理责任还是落在班主任和值日教师身上。从这个角度来说,"寄宿制"学校教师的工作没有分内分外之分,没有"八小时"的概念。因此,为教师"减负"可能比为学生"减负"更为紧迫和重要。

当然,除了以上角色之外,"寄宿制"学校的教师还必须是一个兢兢业业的教学者,担任着繁重的教学任务。我们访问的学校教师的平均周课时都在15节以上,有些年轻教师甚至有20多节的周教学任务。

二、教师角色期望的自我调适

"寄宿制"学校的老师的责任和压力非常大,但又不得不适应角色的变化,主动迎接挑战,主动进行自我调适。

(一)重视角色学习,主动适应社会形势的要求

教师如何对角色期望进行自我调适呢? 首先,重视角色学习,主动适应社会形势的要求。角色学习指个人学习社会理想角色的行为准则、技能,提高认知角

色水平,缩短与理想角色的差距的过程。社会的要求影响着教师角色的定位,社会、学校、家长、学生等相关群体对"寄宿制"学校教师的要求,并不是出于个人喜好,而是来源于社会需要。农村教师应该认识当前社会形势和农村实际情况,意识到当代农村教师肩负的责任与使命,主动适应社会对自己的角色期待,适时地转换角色,适应社会环境及新的学校教育模式带来的变化。

(二)提高自身素质,重视角色建设

张爱琴、谢利民(2002)认为教师的角色定位受社会、学校、个人三方面因素的影响,其中"教师自身的素质与水平直接影响着教师对社会期待角色的认同以及对角色的践行水平"①。自身素质的提高可以使教师较快适应社会变化,重新进行"角色建设",认同和接受新的社会期待。

角色建设是一种抗挫能力,是一种主动创造。它不是对角色期望的完全否定,而是对它的再加工、再创造。因此,在农村"寄宿制"学校教师提高自身素质、努力实践自己的社会角色的过程中,角色建设就是一种自我创造自我成长的形式。它引导教师学习专业知识,如新的参与式教学理念与模式,应用新技术的教学方式,学习管理知识,如住校生管理、心理咨询与辅导、营养知识,等等。

(三)重视选择,注意沟通,积极寻求支持

农村"寄宿制"学校教师在实际扮演角色的过程中由于受主客观诸多方面因素的影响,常常不能顺利实现,难免产生了一些诸如角色冲突、角色不清、角色中断等类型的角色障碍。在这种情况下,选择和沟通就很重要。就课题组的观察和访谈结果来看,"寄宿制"学校的老师承担的不仅仅是学校的教学任务,还承担着乡镇临时分派的工作任务,近年来又承担了留守儿童的登记、追踪、访问的任务。"就教师而言,明确自己所扮演的每一种角色应做些什么,善于分析和判断变化的情境,并加强自我选择意识与反思意识,是角色期望的自我调适所必需的。"②

另一方面,由于社会就是一个众多角色扮演及角色互动的大舞台,个体必须注意与社会的沟通,当教师个体遇到角色障碍时,要积极与同行的教师群体交流,借鉴别人的经验,同时加强与学生家庭的联系,很多角色障碍问题在交流中可以有效地克服。"寄宿制"学校也为教师之间的交流提供了有利的条件,而现代化的通信工具为家校沟通提供了便利。

---

① 张爱琴、谢利民. 教师角色定位的本质透视[J]. 教育评论,2002(05).
② 刘要悟、朱丹. 教育相关群体的教师角色期望之社会调适和教师自我调适[J]. 教师教育研究,2010(02):35—39.

三、农村"寄宿制"学校教师角色调适的资源配置

综合上述,农村"寄宿制"学校的教师身兼社会的道德完人、学生的第二父母、学校的全能管理者、兢兢业业的教学者等角色。对于传统的农村教师而言,"道德完人"和教学者的角色是社会一直期待而教师们也努力履行的,而学生的第二父母、学校的全能管理者则是"寄宿制"学校产生后的新期望新角色。兴建农村"寄宿制"学校是"撤点并校"政策实施的结果,教师的新角色期望和实际的职责履行,是有较大差距或教师力不从心的,因而在资源配置上是短缺的,我们不能仅仅依靠教师自觉进行角色调适,必须在资源配置上促进或帮助教师们进行角色的调适。建议从以下几方面考虑资源配置的问题。

(一)配备农村"寄宿制"学校学生生活教师和保育员

"撤点并校"后,山区村寨之间、村校之间相距较远,正在长身体的少年儿童不得不离开家庭寄宿到学校。对于小学"寄宿制"学校而言,由于寄宿的低年级学生学习、生活、饮食起居还不能够自理,远离自己的父母和家庭,亲情关系缺失,对教师这个"第二父母"的依赖比较大,但承担繁重教学任务的教师难免失察年龄较小学生的诉求和利益,学生得不到及时有效的关心和爱护,给其健康成长带来较大负面的影响。调查中有教师坦言,一至二年级的孩子是不能住校的,除非配备一对二的保育员管理他们的吃喝拉撒。这个说法也许有些夸张,但透露了低年级学生寄宿给农村小学带来的负担。因此,建议从幼儿师范毕业生中配备农村"寄宿制"学校低年级学生保育员,鉴于他们对"第二父母"的依赖比较大,建议分男女按20:1的编制标准配备。

对于"寄宿制"中学而言,针对青春期的孩子,应配备具有心理咨询专业和教育学、社会工作专业背景的生活指导教师。恩施市的做法是按照100:1的编制标准配备农村"寄宿制"学校生活指导教师,200人以下规模的农村"寄宿制"学校可配备男女生活指导教师各1名[①],将农村"寄宿制"学校生活指导教师所需经费纳入财政预算。

(二)配备校园文化活动教师

"寄宿制"学校的学生,一天24小时待在学校,除了上课外,有大把大把的业余时间需要打发,他们在课堂之外的学校生活与成长问题需要有人过问。据西部阳光农村教育基金会在陕西成县的调查,平均46%的学生觉得"愿意倾听自己心

---

① 恩施市配备农村"寄宿制"学校生活指导教师[Z]. 恩施新闻网, http://www.enshi.cn, 2011 - 03 - 02.

里话"和"难过时可以说说话"的老师"完全没有"。如何让孩子们有丰富的业余生活、有良好的同伴关系,校园文化建设是极其重要的一个环节。

"校园文化是以学生为主体,以课外文化活动为主要内容,以校园为主要空间,以校园精神为主要特征的一种群体文化。"①校园文化是学校教师与学生共同创造的,但教师的组织、引领及推动作用是关键。

对于"寄宿制"中学而言,读书会、文学社团、某项体育运动团队如乒乓球、羽毛球、篮球、足球,校刊校报、橱窗、板报等都能给学生们提供丰富的校园生活,并在其中学习合作与处理同辈关系,在文学创作中释放自己的情感。对于"寄宿制"小学而言,绘画、手工、阅读、下棋,也是不错的选择,为孩子们组织并提供上述校园文化活动的空间,可以成为他们在学校生活快乐的源泉。

(三)配备农村"寄宿制"学校餐饮和公共卫生安全的专职人员

在课题组调查的一些"寄宿制"学校和一些非寄宿但家校距离较远的学校,学生的午餐、饮水等安全卫生问题比较突出,没有设置足够的专职人员负责。一些学校的食堂承包给他人,一些学校的食堂由教师们轮流值班担任炊事员,前者难以保证学生的午餐质量,后者加大了教师的工作量,午餐质量也难以保证。即使是实行免费午餐的学校,由于国家下拨的3元钱"必须吃到学生肚子里",炊事员的工资仍然由地方实际上更多的是由学校提供。

以长顺县为例,教育局文件规定工人每人每个月工资800~1000元,一个480人就餐的中心校,聘用了4个炊事员,工资从生均经费中支付,负责午晚餐的2人每月1600元,仅负责午餐的1000元,晚上管学生的1000元,每月开支6200元,此外学校投入教师4人参与食堂管理,从采购到剩菜剩饭的处理,无暇教学。炊事员通常每天凌晨三四点就得起床准备一日三餐,低工资和高强度的工作量,完全无法与周边劳务市场竞争,往往造成炊事员的流失。因此建议配备农村"寄宿制"学校餐饮和公共卫生安全的专职人员,列入工勤人员的编制,由省和地方政府按比例投入资金。

(四)充分利用代课教师资源,培训其转岗为生活老师或工勤人员

"撤点并校"之后,一些校点的代课教师随之被辞退。但这些老师对农村教育工作依然有感情,他们曾经支撑起乡村的教育,对孩子们依然有感情,很多代课教师被辞退后很失落,甚至产生极端行为。不妨将他们吸收进生活老师或工勤人员的队伍,一方面解决了"寄宿制"学校上述专职人员缺乏的问题,也解决了代课教

---

① 周向阳. 浅谈校园文化建设[J]. 南通师专学报(社会科学版),1991(S1),http://www.cnki.com.cn/Article/CJFDTotal－NTSX1991S1021.htm.

师的出路问题。当然,他们的编制和预算也列入地方财政。同时,由于他们由过去的教书先生变成了生活指导教师或保育员,因此需要进行上岗培训。

第四节　"后撤点并校"时代小规模学校的复兴

一、关于"后'撤点并校'"时代及"小规模学校"

(一)后"撤点并校"时代

"撤点并校"政策实施以来,"取得了一系列的成效,促进了教育资源的合理配置,提高了农村学校的规模效益,促进了区域内教育的均衡发展,提高了农村学校的教育质量"[1]。据教育部公开数据显示,从 2000 年到 2010 年,国内农村小学数量减少了 52.1%,初中数量下降 26.19%。而小规模学校之一的农村教学点从 2000 年的 178060 个锐减到 2010 年的 66941 个,减幅达 62.41%,平均每年减少 11112 个。随着城镇化的发展,持续多年的农村"撤点并校"、集中资源办学政策,演变为"学校进城"的运动,农村教育出现了"城挤、乡弱、村空"的危局。[2] 在农村学校日渐萎缩凋敝之时,县城的学校却人满为患,不堪重负。于是,在学龄人口日渐减少、理应实行"小班小校"的人性化教育之时,却出现班额和学校越来越大的现象,甚至辍学率反弹,校车事故频发,导致中国农村基础教育的倒退和乡村文化的凋敝。

2012 年 8 月,教育部《规范农村义务教育学校布局调整的意见》发布,持续了十年之久的农村中小学盲目的"撤点并校"似乎终于有了刹车之势,学界认为"后'撤点并校'"时代已经到来,对这一政策的执行及效果充满期待,普遍认为小规模学校尤其是教学点的恢复与振新是拯救中国农村教育的道路。

(二)小规模学校

规模和效益是十年"撤点并校"关注的重点,对于基础教育各学段的规模,学界和地方政府有不同的理解。储朝晖从有效管理的角度认为比较合适的是:幼儿园每班 30 个学生以内,每园平行班 3~4 个;小学每班 40 人以内,每校平行班 5 个以内;初中每班 40 人以内,每校平行班 6 个以内,高中每班 40 人以内,每校平行班

① 中西部地区农村中小学合理布局结构研究课题组,范先佐. 学者观点:"撤点并校"的是与非[J]. 生活教育,2010(01).
② 杨东平. 教育蓝皮书:学龄人口下降和超大班额[EB/OL]. 新浪博客,2011-03-02.

8 个以内,超过上述规模的学校都属于超规模学校。[①] 也就是说幼儿园 120 人以内、小学 200 人以内、初中 240 人以内、高中 320 人以内是合适的规模。如果从贵州等西部山区省份的人口密度低和村落分布散的特点来看,这也是一个比较合乎实际的规模。

2002 年 12 月,贵州省人民政府办公厅《关于印发农村中小学布局结构调整和优化农村中小学教师队伍意见的通知》规定,农村每所完小最小规模 12 个班,在校生达到 500 人左右,乡(镇)中心完小最小规模 18 个班,在校生达到 800 人左右。2012 年 6 月省教育厅《关于进一步推进全省中小学布局结构调整的指导意见》要求初中学校学生一般应达到 1000 人以上。而本课题讨论的小规模学校则是 100 人及以内,教学班不足 30 人的村校。

杜屏、赵汝英回顾了美国农村小规模学校政策的变化。19 世纪末,美国小规模学校的存在被许多人视为影响农村教育质量的重要原因。各州相继立法,采取措施推动农村小规模学校的合并,例如,宣传大规模学校的优势,鼓励建立大规模学校,并规定单位学校面积内低于一定的学生数,不支持校舍维修,导致小规模学校校舍得不到维护,被迫关闭。20 世纪 60 年代后期开始,美国政府逐渐认识到学校合并并非解决农村教育问题的唯一途径,发现小规模学校无论是在学生的学业成就、课外活动参与方面,还是在经济效益方面,都比大规模学校有着更好的表现,于是开始探索农村小学校在教学环境和教学质量等方面与农村合并校具有"均等的机会"。认为美国的经验和做法具有借鉴意义。提出因地制宜,适当保留小规模学校,提高对小规模学校的资助,以法律形式保障小规模学校的发展,加强对小规模学校的研究,为政策的实施和调整提供依据等建议。[②]

从美国的经验来看,其政策由最初的合并、消除,转变为保留、扶持小规模学校,说明小规模学校的存在还是有价值的,但我国的现实情形又是怎样的呢?

二、"撤点并校"造成农村小规模学校的资源困境

(一)小规模学校资源紧缩或被关停并转

然而,中国的步伐似乎要慢一些。据课题组 2012 年 9 月以来的调查,"在教育要争做城镇化带动战略的排头兵的指导思想下,2009—2011 年,贵州年均减少

---

① 储朝晖. 超大规模的中小学校太危险[EB/OL]. 博客中国, http://chuzhaohui. blogchina. com/1052592. html,2010 - 11 - 29.

② 杜屏,赵汝英. 美国农村小规模学校政策变化分析[J]. 教育发展研究,2010(03).

671 所农村学校"①。作为排头兵的丹寨县"形成了城镇办学为主体、乡村校点为补充的教育发展新格局,小学寄宿率高出全省 27.03 个百分点"②。换言之,农村小规模学校资源紧缩或被关停并转。

除丹寨县外,不少地方的基本思路仍然是规模化办学。如长顺县,在小学进一步合并为"寄宿制"学校的指导思想下,三合小学——一个抗争了六年的村校,因为大势所趋及上级意图的不可避免,在老师的难舍和百姓的反对声中在 2012 年 9 月终于撤掉了,百姓无奈地选择带孩子离开村寨或服从分配到新的学校,村干部希望"办学前班,给老百姓留点后路"。

三合小学的被撤使我们看到,中央政策的落实在地方总是滞后的,十年撤并后果产生的影响仍将延续。小规模学校尤其是教学点的恢复与振新仍将任重道远。保留恢复农村必要的校点,投入资源提升校点教学质量,防止新的辍学失学和安全事故发生,是目前亟须解决的问题。

我国农村小规模学校经历了初步兴起阶段(1949—1984)、蓬勃发展阶段(1985—2000)和大撤大并阶段(2001 年至今),从"因地制宜举办各种简易小学或教学班(级)"的"小学办在家门口",到"普九"压力剧增,"实行村村办学的分散布局模式,以满足偏远地区适龄儿童的就学需求"③,到"以县为主"财政压力下的集中化办学,"大量农村教学点和村小撤并,导致农村小规模学校急剧减少"④,其直接后果是"造成农村小规模学校经费总量不足与效率困境、办学条件达标与更新困境、课程门数开齐与小科困境"⑤。

(二)小规模学校的价值被大规模学校的价值预期掩盖

对比中国和美国的农村"撤点并校"的历史进程,发现二者有很多相似之处。

首先,从撤并农村校点尤其是撤并小规模学校的出发点来看,中美两国都曾经认为小规模学校的存在影响了农村教育质量,所以要提升教学质量优化教育资源,以学校的规模效益作为撤并的依据。这事实上是在大、小规模学校机会资源不均等的前提下进行的撤并,从而导致小规模学校的消亡。

其次,在农村学校成本效益与公平方面,偏重于成本效益的分析,包括经济投入成本与管理成本,一切从节约经费及方便管理出发,忽略了教育的公平性以及其他非经济因素。例如,小班化教学在学生学习、课外活动方面的有效性及参与

---

① 霍健康. 教育要争做城镇化建设的排头兵[Z]. 贵州教育厅网站,2012 – 09 – 14.

② 同上.

③ 雷万鹏,张雪艳. 论农村小规模学校的分类发展政策[J]. 教育研究与实验,2011(06).

④ 同上.

⑤ 秦玉友. 农村小规模学校教育质量困境与破解思路[J]. 中国教育学刊,2010(03).

度较高,而大班教学的有效性及参与度低于小班教学;远距离上学和"寄宿制"忽略了家长的教育机会成本,也忽略了家庭亲子教育对儿童成长的作用,反之亦然。

长顺县的一位领导认为,从成本上看,分散办学的成本节约得多。因为分散办学老百姓负担低,国家投入也相对低,可以不考虑学生宿舍,原来投资的校舍是有的,集中后反而浪费了。镇远县尚寨苗文小学是一所合并了其他村小的中心完小,57.14%的教师认为集中办学成本高效益不一定高,分散办学有利于教育公平。比如"寄宿制"成本高,重修学校成本高,增加学生路费等。

课题组对镇远县苗屯小学的问卷调查发现,28.57%的五六年级学生认为学校合并后没有变化(包含课程一样、老师没有增加),没有受益(14.28%),学校合并并不一定会提高资源的利用率(表5-3),学校合并与资源利用率没有正相关关系。相反,认为品德变差脏话多的占19.05%,学习下降的占14.28%,路远迟到的占9.52%。

表5-3 苗屯小学学校电教设备使用情况(单位:%)

从来没有使用	偶尔使用	经常使用
42.86	28.57	19.05

以上数据说明提高教学质量的预期未能达到,造成学生多教师少、管理不过来的情况。正如储朝晖所言,超大规模的学校不只安全无法保障,最大的问题是质量无法保障,超出了有效管理范围,无法真正满足学生成长发展的需求。[①]

在教师资源同质的情况下,"小班化教育则有利于通过个别化教育,做到以人为本,满足每个学生的需求,发展个性,激发他们的潜力及创造力"[②]。与大班化的教学相比,"小班化教学的优势主要体现在,使教学具有更强的针对性,有利于因材施教,促进师生互动"[③]。在小班化的课堂上,学生参与发言和小组学习的机会更多,精力更集中,自主性更强,可促进低效课堂向高效课堂的转变,相反,大班化的教学难以调节课堂氛围,学生有效参与度低。

对于喜欢在哪里上学,苗屯小学38.1%的学生分别选择本村的学校和现在的学校,4.76%的学生分别选择离家近一点的邻村学校、中心学校、撤并前的学校,说明就近入学符合儿童的愿望。

---

① 储朝晖.超大规模的中小学校太危险[EB/OL].博客中国,http://chuzhaohui.blogchina.com/1052592.html,2010-11-29.
② 吴美娥.小班化教学好处多[J].小学时代:教师,2012(07).
③ 同上.

远距离上学带来的普遍问题是延迟入学,如长顺县冗雷小学被抽样的 9 岁男生,9.09% 推迟三年入学,36.36% 推迟两年入学,54.55% 推迟一年入学;其次是隐性失学,如威远镇永增小学 31.8% 的学生单程需要步行 2 小时以上上学,因体力消耗午餐补充不足导致胃痛晕倒的情况时有发生,严重影响了他们身心的健康及在学校的时间和学习的有效性。

课题组一项学生家庭生活的调查表明,学生和父母在一起的时候 52.38% 是"做家务",28.57% 是"做农活",9.52% 是"玩",4.76% 做"其他"事,说明孩子的生活教育是在家庭中完成的,而这正好弥补学校课程中生活教育的缺失。

课题组在调研中发现,基层政府和教育行政部门对大规模学校的价值预期,超出了现实的想象,以为大规模学校可以解决一切问题尤其是资源利用率的问题,这种预期掩盖了小规模学校的价值。美国的劳伦斯"总结了小规模学校存在的诸多教育和社会效益、对社区的积极影响,以及大规模学校对学生、教师的消极影响。他使用所收集的 489 所学校数据证明小规模学校的效益,反驳了小规模学校成本过高的看法"①。我国目前尚缺乏对此方面的系统研究。但从大规模学校的问题中我们至少可以反观,小规模学校的困境,是以管理为本代替了以人为本、以生为本的结果。当教育的原点回到学生,基础教育的关注点将是学生兴趣培养、习惯养成及人格形成,是培养心智健全、有一定道德素养的合格公民,而不是升学率和规模效应,当教育追求的不再是毛坦厂中学式的高考工厂,而是陪伴孩子成长,那么小规模学校小班化教育的优势就会重新被社会重视。从这个意义上说,复兴小规模学校不失为十年"撤点并校"纠偏、实现教育均衡发展的路子。

三、如何复兴小规模学校

雷万鹏建议,"基于小规模学校大量被撤并的事实,有必要由中央和省级政府实施教学点及小规模学校振兴计划,对于必须保留的教学点和小规模学校实行倾斜性政策,在教师配置、经费拨付、教学管理、校舍维修改造等方面给予更多支持"②。雷万鹏将小规模学校分为三类,一是需要关闭的,二是过渡期保留的,三是必须永久保留的。他建议对不同类别的学校采取"科学定位、分类发展"的政策:对于需要关闭的小规模学校,"应在学生分流、校车服务、校产处置等方面实施配

---

① 杜屏,赵汝英. 美国农村小规模学校政策变化分析[J]. 教育发展研究,2010(03).
② 马晖. 中国农村小规模学校也可以"小而美"[N]. 21 世纪经济报,http://www.21cbh.com.

套政策"①,对于过渡期保留的小规模学校,"应在校舍稳固、儿童安全、师资供给等方面保障儿童合法权益"②,对于永久保留的小规模学校,"应当在经费投入、师资配置、基建设施和学校管理实施倾斜性政策,促进农村小规模学校特色化发展"③。

有报道称,浙江斥资11亿完成对6个班建制以下的农村学校的调整改造,使保留的学校达到基本办学条件④,福建已出台政策支持"农村边远地区学校从'小而差'向'小而优'转化"⑤,不仅"农村小学中、低年级学生原则上不安排在'寄宿制'学校寄宿,同时将继续保留在校生数小于100人的农村小规模学校和教学点"⑥,而且将通过经费拨付、师资保障、装备配置等方面的扶持政策,加强学校软硬件建设,加大对农村小规模学校和教学点经费补助的倾斜力度。经济发达地区在复兴小规模学校方面走到了前面,欠发达的西部地区应该如何呢?我国西部的小规模学校大多属于应该"永久保留的小规模学校",但贵州、陕西、甘肃、宁夏、云南撤并了60%以上,新疆、青海达70%以上⑦,由于地理地貌环境、交通、地方财力因素的制约,"寄宿制"和校车安全与管理方面也出现了不少的问题。因此对后"撤点并校"时代西部农村学校的布局调整而言,小规模学校的复兴不失为一条纠偏的路径。建议从教育发展理念、资源投入、师资队伍建设、多元化教学模式与办学模式等方面进行因地制宜的考虑。

(一)树立以学生为本的教育发展思想,复兴小规模学校

1. 转换思维与资源投入方向,以边鄙为中心就近保留教学点

乐施会在给《国家中长期教育改革和发展规划纲要》的一份建议中提出:"资源逆向投入,由边鄙往中心,布局调整以学生家校间的实际行走距离为基准,减少或分化初小,就近保留一至三年级教学点。"⑧

在贵州的一些山区,由于自然村寨适龄儿童减少,"撤点并校"时往往是"管理

---

① 雷万鹏,张雪艳.论农村小规模学校的分类发展政策[J].教育研究与实验,2011(06).

② 同上.

③ 同上.

④ 浙江两年注资11亿农村小规模学校"转型升级"[Z].中国新闻网,http://china.rednet.cn/c/2010/05/19/1961018.htm.

⑤ 福建叫停小学"撤并"仍保留小规模教学点[Z].新浪教育,http://edu.sina.com.cn/zxx/2012-06-20/1014344394.shtml.

⑥ 同上.

⑦ 王帅.农村学校布局调整的调研与评价[A].杨东平.中国教育发展报告(2013)[C].北京:社会科学文献出版社,2013-03.

⑧ 马晖."撤点并校"在西部农村水土不服[Z].21世纪经济报道,http://finance.qq.com/a/20090630/000162.htm,2009-06-30.

优先"地将几个一至二年级或一至三年级的教学点合并到某一村寨,形成一至三或一至四年级的初小,结果是低幼年级的儿童依然要走好几公里去上学,越是上学不方便的地方越没有学校。

建议贵州云南等西部山区和少数民族地区,以自然村落的聚居形态及人口分散度为基础,综合考虑人口出生率等因素进行农村中小学的布局调整而不是单纯考虑学校规模大小的问题,比如一至三年级以村寨聚落就近设校点,四至六年级以步行不超过40分钟为原则布点。在硬件设备的投入上实行倾斜政策,优先考虑其校舍安全,结合学生数与班级数配备师资。

2. 一校多点,统筹安排,资源共享

乐施会建议:"对'撤点并校'的社区进行基础服务的支持,积极探索解决山区学校的辐射能力受地理条件制约的办法,尝试一校多点的模式,兼顾中心与边远,既改善生源集中区的学校建设,又采取补点的方式在边远山区建立教学网点,保证边缘区的适龄儿童能分享教育资源。"①

大多数县乡教育职能管理部门的领导以及校长都认为"撤点并校"节约了教育投入和教育管理成本。但这个成本是牺牲了部分边远儿童利益的成本,也是违反义务教育法的,可能促使弱势群体产生。一校多点的模式由中心校管理几个教学点,一方面可以减少行政人员编制,在教学上统筹安排,资源上互补共享,一方面又保障了弱势群体可及的教育权。

(二)设立小规模学校教师建设专项资金和发展计划

1. 为边远校点教师提供优先发展的机会和具有竞争优势的薪酬待遇

贵州基层学校普遍的做法是"挂末"考评,学生成绩在片区落在最后,老师即被"发配"到边缘的校点工作,造成教师的自卑感和教学质量差的恶性循环。通常的培训资源往往被中心校或完全小学的教师享有,包括以远程教学为主的国培计划,边远校点的教师又极端缺乏培训的机会。这非常不利于提供质量公平的教育服务,也不利于教育的均衡发展,一个良好的循环是不断给教师们充电的机会。因此建议:"师资循环流动,反向激励机制,鼓励优秀教师到边远校点工作,优先提供晋级、培训的机会,增加边远地区补贴和福利。"②

课题组在长顺县的调查显示,老师们大多数把家安在县城,村校没有教师宿舍,他们个人投入在交通上的费用每月至少500元,这也是没有人愿意到村小工

---

① 马晖."撤点并校"在西部农村水土不服[Z].21世纪经济报道,http://finance.qq.com/a/20090630/000162.htm,2009-06-30.

② 同上.

作的重要原因。因此建议合理提供安全的教师周转房,同时增加边远地区岗位补贴。

2. 对农村小规模学校的编制采取特殊政策

农村教师编制总量不足,代课教师的存在以及县城学校教师超编、边远校点教师不足是西部农村基础教育在人事方面存在的一个棘手的问题。每到教师招考的时候,报名人数往往是成百上千,而教师职数则是几十个,竞争异常激烈。改变这种局面的方法是有以下几点。

(1)中央财政落实经费,根据西部山区校点多而分散的特点编制教师职数

"农村教师编制小学的生师比是 24∶1,此比例是以全县适龄在校学生数设定的"①,如贵州雷山县 2006 年有学生 38400 余人,编制入册的教师 1488 人,如果以 24∶1 的生师比,仅从数量评估,教师缺编 112 人,但是如果考虑了校点分散、规模小、班级多、课头重及一师一校的因素,缺编远不止此数。因此建议根据西部山区校点多而分散的特点编制教师职数,由中央财政落实"学生规模不足 100 人的村小和教学点按 100 人核定公用经费"。

(2)教师编制增幅实行动态管理

"在一校多点的管理模式下,增幅名额由中心校根据学区校点的学生数确定,实行动态管理。"②由于每年的新生数和升学人数是动态的,教师也可以实行动态管理,以学生为中心,随学生流动在中心校与教学点之间流动,"这样也客观地促进了中心校与教学点教师之间的交流。但切忌变成考核流动,尤其避免与'挂末'联系起来"③。

(3)国家或省拨出专项资金以补贴事实上存在的代课老师,提升代课教师的工资福利

由于公办教师不愿到边缘的校点工作,有的地方仍然存在代课教师,他们的工资由学校自己筹集,或者接受一些民间机构的支持,少量由教育局补贴。如贵定县铁厂小学长期没有公办教师,由 2 个代课教师支撑了一个学校的发展,他们每月获 800～1000 元补贴,而贵州农村公办教师工资在 3000～3500 元,建议至少按当地公办教师工资的 70% 支付报酬,同时,在教师培训进修、"民转公"或公务

---

① 乐施会对《国家中长期教育改革和发展规划纲要》的建议[Z]. 西部阳光,http://www.westsa.org/a/jujiao_chuandi/jiaoyuxinwenchuandi/651.html,2012－08－13.

② 乐施会教育团队对《国家中长期教育改革和发展规划纲要》的建议[Z]. 豆丁网,http://www.docin.com/p－77321332.html.

③ 乐施会对《国家中长期教育改革和发展规划纲要》的建议[Z]. 西部阳光,http://www.westsa.org/a/jujiao_chuandi/jiaoyuxinwenchuandi/651.html,2012－08－13.

员的考核录用方面给予政策上的倾斜。

（4）为边远校点教师提供终身学习机会并落实到人

农村基础教育实现"两基"之后，面临着教师素质提升的问题。尤其是边远校点的教师，由于历史上的原因，他们一人一岗或一人数岗，"充电一次，放电一生"，几十年都没有机会培训进修，观念和方法都严重滞后于城镇中心校的教师尤其是城市的教师。因此需要投入专项的资金和组织优秀的教师，针对小规模学校的特点，对他们进行持续的培训、示范教学或轮岗进修，更新教育观念，改善教学方法。

（三）因地制宜采用适合少数民族山区的多元化教学模式提升教学质量

1. 对教学点采用新型的垂直式复式教学，提升教学质量

通常被撤的校点除了远之外，还有一个原因是教学质量差，其实集中并不能必然地带来质量的提升，教师能力的提升才是教学质量提升的关键。对于山区必然存在的教学点，可参考甘肃省联合国教科文组织协会开发的垂直式复式教学。"其特点是内容上将不同科目相同主题的部分结合起来设计教学单元，甚至不同的班级上同一节课，高年级带动低年级，促进同龄人的合作学习。"①

2. 对少数民族地区的教学点或中心校的低年级学生，实施双语教学

"少数民族的孩子，从母语的环境里一下子进入汉语教学的环境，在理解和接受能力上与汉族的孩子有相当大的距离，他们的汉语表达能力和作文水平，往往与汉族学生差三到五年。双语课本双语教学可以帮助他们更快地进入和理解，同时也可以巩固和传承本民族的语言文字与文化。"②

3. 对具有丰富地域文化和民族文化的学校实行特色教育

"撤点并校"造成的农村学校进城运动，使孩子们从小学就离开母亲的教育开始寄宿，轻易地改变与切断了中国乡村文化的传承通道，动摇了乡土教育的基础，加快了农村教育'去民族化''去乡土化'的进程"③，"甚至导致乡村文明衰落。而办在家门口的小规模学校，可以透过乡土课程的构建与参与式的体验教学，亲近乡村和社区，将优秀地域文化和乡村文化引进校园，在特色教育的过程中实现素质教育，从而链接乡村文化的传承通道"④。

（四）改革教育投资方式，鼓励社会力量办学

在毕节大方等地，"由于布局调整后中心校资源短缺，曾经出现了一批民办的

---

① 杨兰，张业强. 后"撤点并校"时代小规模学校的复兴[J]. 教育发展研究，2014（06）.

② 同上.

③ 同上.

④ 同上.

学校,缓解了中心校的压力,'两免一补'后,学生又拥向公办学校,民办校生存空间压缩,中心校压力骤增,课堂控制力下降。尽管如此,由于校点被撤,有的交通不便的村落自发办起了村校,他们都靠收取学生的费用维持运转"①。"多元办学模式可以缓解压力和矛盾,方便学生就近入学,对质量好的民办村校,政府应给予政策和资源上的支持,鼓励一些社会力量和民间资本引进边远贫困的农村"②,"通过软件和硬件的投入共同推进小规模学校的复兴与发展"③。

第五节 以中小学课堂为基地,构建乡土教育体系

乡土教育一直是学校教育的任务之一,并以渗透式为主,在相关学科中落实。例如,国家地理课程中有乡土地理,历史课程中有乡土历史等。这种渗透模式仍然在延续,构成了国家课程中的分散式乡土教育。

2001 年 6 月教育部颁布《基础教育课程改革纲要(试行)》④,"确定了课程管理实行国家、地方、学校三级管理的体系。实行国家基本要求指导下的教材多样化政策,鼓励有关机构、出版部门等依据国家课程标准组织编写中小学教材"⑤,通过乡土教材的途径去改变全国统编教材缺乏地方乡土知识的问题。

从 2002 年开始,贵州省教育厅、省民委先后下发在各级各类学校开展民族民间文化教育的实施意见,并先后命名了 40 余所民族民间文化进课堂的项目学校,在上千所中小学中开展了该项活动,一些民族歌舞进入了农村的中小学课堂,通过民族民间文化展演活动传承乡土文化,"逐步成为我省民族教育的一大亮点。民族民间文化教育活动的开展,不但丰富了课堂教学内容,培养了学生学习兴趣,而且传承了优秀的民族民间文化,培养了民族文化艺术人才,促进了素质教育和办学水平的提高"⑥。然而,中小学校的乡土教育在教材、师资、资金等方面还存在诸多问题。

---

① 马晖. 乐施会建言教改规划纲要工作小组:"撤点并校"在西部农村水土不服[Z]. 新浪网,http://www.sina.com.cn,2009 - 06 - 30.

② 同上.

③ 杨兰,张业强. 后"撤点并校"时代小规模学校的复兴[J]. 教育发展研究,2014(06).

④ 教育部. 关于印发《基础教育课程改革纲要(试行)》的通知[J]. 教育部政报,2001(Z2).

⑤ 张业强. 以中小学课堂为基地,构建乡土教育体系[J]. 贵州师范大学学报(社会科学版),2013(02).

⑥ 省教育厅,省民委. 关于大力推进各级各类学校民族民间文化教育的意见[Z]. Http://www.csmes.org/html/15594.html.

一、"撤点并校"割裂了教育与乡土的联系

"随着全球化、城市化、现代化进程的加快,我们的传统生活方式已发生了巨大的改变,乡土文化日益式微,'断裂'现象愈演愈烈。"①乡土教育是关于"根"的教育,这个"根"有适合其生存的土壤,孕育在乡土人民的生活方式和生存智慧中,然而大量外出务工导致乡村空巢,动摇了乡土教育的基础,乡村学校的撤并以及"寄宿制"学校的兴起又将儿童的成长环境由家庭社区转移到城镇封闭的学校,统一的应试教育课程割裂了教育与乡土的联系。

"乡土教育意指学生能在了解与认识自己生长或长期居住的地方的基础上,激发乡土情感、产生乡土关怀与乡土认同,贡献自己的力量来改善乡土环境、促进国家认同之教育。"②然而,"由全球化及城市化裹挟下的中国现代化进程,离乡弃土,但并未能融入城市的孤悬无根生活,暗藏着文化失却与社会秩序失谐的混乱"③。

二、乡土教育自身存在缺陷

雷山县近几年以乡村旅游和民族民间文化节日搭建舞台,迅速提升了在全国的知名度,民族文化价值凸显,但也"不免存在民族文化表演化、去生活化、乡土教育式微和失范的问题"④。为拯救地方民族文化,雷山县有 4 所学校被列为贵州省和所在地州的"民族文化进课堂"项目学校,每年共有 4 万元的专项经费,但并非连续拥有,而是以项目的方式报批,出现经费在项目在、经费断项目衰的局面。

课题组走访了雷山县的教育局、民宗局以及 2 所中心校、2 所完小,其中 3 所在公路沿线或乡镇所在地,1 所在行政村。被访者均为少数民族,30～40 岁占45%,40～50 岁占30%,16～30 岁占25%,45%的被访者教龄 6～10 年,25%的被访者11～15 年和20 年以上,5%少于 3 年;45%被访者教语文,35%教数学,20%教音乐美术,15%教思品,10%教体育,5%教英语和综合。

---

① 谢治菊. 转型期我国乡土文化的断裂与乡土教育的复兴[J]. 福建师范大学学报(哲学社会科学版),2012(04).

② 谢治菊. 乡土教育:概念辨析、学理基础与价值取向[J]. 贵州师范大学学报(社会科学版),2011(04).

③ 吴杰. 中国社会转型中的乡土教育想像[J]. 贵州师范大学学报(社会科学版),2010,(06).

④ 杨兰. 乡土教育的式微与失范[J]. 教育文化论坛,2011(02).

（一）学校乡土教育并没有得到实际的支持

少数民族地区的教师普遍认同开设乡土教育课程的必要性,绝大部分也愿意将乡土知识贯穿于教学中,然而却没有教过乡土课程的经历。

被访者中80%知道乡土教育,55%比较了解故土,85%认为有必要开设乡土教育课程;然而45%的被访者的学校没有开设乡土教育课程,15%的被访者不清楚是否开设;80%的被访者没有教过乡土课程,90%的被访者表示如果没有开设专门的课程,上课时会把乡土知识贯穿在课程中讲解,40%教授乡土知识是出于自己的教学需要,45%被访者在教授乡土知识时,感觉快乐幸福。50%被访者明确表示学校没有乡土教育经费,而50%的被访者不清楚是否有经费。

（二）师资不足、专业性不强、教材缺乏阻碍了乡土教育的发展

表5-4 乡土课程开发遇到的问题

师资不足	教师精力时间有限	教材短缺	教材不切当地实际	教师不知道如何编写乡土教材	经费不足
45%	30%	20%	20%	25%	20%

乡土课程开发面临的问题,首当其冲的是师资缺乏(75%),第二是教材短缺或不当(40%),第三是不知如何开发(25%)。在开展乡土教育的学校,30%的被访者认为效果一般,50%乡土教育的教材来自上级指派,5%自编;对所使用的乡土教材,45%的被访者评价内容一般,15%的被访者评价内容枯燥、不足,具有成人化倾向。

对于乡土教育可持续发展的阻碍因素,65%的被访者认为师资缺乏、专业性不强,50%的被访者认为教材缺乏,40%的被访者认为资金不足且不连续;40%的被访者认为上课时间、精力不能保证。

（三）乡土教育普遍缺乏课程保障及评价标准

在乡土教育的课程设置方面,40%的被访者认为课程时间被升学考试课程占用,25%的被访者认为课程不具有连续性,15%的被访者认为课程性质表述不准确;35%的被访者认为应该建立乡土教育效果的评价标准,同时35%认为应有标准,但标准不应统一;对于标准的设立,45%的被访者选择乡土教育教学效果,40%的地被访者选择有无专职教师、有无乡土教育的计划与方案,25%被访者选择有无具体的课程设置。

谢妮的研究也表明,"经费短缺不足以支撑长期发展、教学质量不能得到有效

保证、师资问题非常严重、管理有待厘清和强化"是贵州民族民间文化教育的现状①。

三、以教师培养为核心，以课堂为基地，链接学校与社区，提升乡土教育质量，构建乡土教育体系

尽管在乡土课程开发过程中面临着以上问题，但被访者依然认为农村学校开设乡土课程进行乡土教育是大有裨益的。课题组认为，乡土教育师资队伍建设是核心，课程的管理与评价是机制，资金是保障。

（一）以乡土教育促进教师成长

在乡土教育对老师教学的作用方面，55%的被访者认为可以拓展老师的专业知识，45%的被访者认为可提升老师的专业整体素养、端正老师的专业动机与态度、开发老师的专业能力，35%的被访者认为可以发展老师的专业情感。

（二）有针对性地培育乡土教育师资

被访者大部分承担了语文数学等主课教学，或部分承担音、体、美，没有专业的小学教育师资，95%的被访者认为乡土教育师资需要培训。乡土教育教师目前较欠缺以下能力：课程资源开发能力和教学活动的设计能力（60%），应用现代教育信息技术教学的能力（50%）；对于培训内容，被访者的选择为教学方法与技巧（40%），课程资源开发和指导编写教材（35%），教学内容和理念（30%）；关于特别需要的培训，首选课程资源开发，乡土教育的理论；次选教学方法与技巧，教学活动设计；第三为地方传统习俗、民族民间文化及其传承。

被访者认为最有效的培训方式依序为异地考察观摩（55%），校际交流、参与式培训（40%），案例讨论与分析（35%）；认为一次集中培训最合适的时间，45%选择10天，20%分别选择7天和5天。

（三）首选民间艺人为培训师资，保障乡土教育的"乡土性"

40%的被访者希望民间艺人作为培训乡土教育的师资，35%的被访者选择民宗局和高等院校的专家或老师，20%的被访者选择教育局。因为乡土教育的内核来自当地民间艺人、社区成员的共同传承和创造，这是民俗的沿袭性所决定的，所以前者可以使乡土教育成为"根"的教育，后者可以提供乡土教育理论与方法的指导，拓宽乡土教师的视野，有效提升其课程资源开发能力。

（四）以乡土课程建设为核心，建立可持续的评价机制

将乡土教育作为综合实践活动课程中的典型课来开发，融入乡土教育的理念

① 谢妮. 贵州省民族民间文化教育现状研究[J]. 贵州民族研究,2009,(03).

与价值观、参与式可视性的教学技巧,或者开发适合当地民族文化生态的地方课程和校本课程。乡土课程的建设离不开乡土教材,乡土教材的编写除切合地方文化特点外(如环保型、民族型),还必须适合不同年龄段学生的认知特点和多样的学习方式,切忌成人化。

乡土课程建设应逐步建立以学生成长为目标,以教学效果、专职教师、教学计划与方案、具体的课程设置为核心的评价标准,以适应新课改和国家三级课程管理的要求。在教育评价、课时安排、人才培养与考核方面,建立可持续的机制,成为常态的校本研修,以保障乡土教育成为新课程改革中不可或缺、充满活力的部分。

(五)以乡村校为基地,采取"政府主导、部门协作、社会参与、分步实施"的办法,在师资队伍、课程建设方面连续投入专项资金,提供乡土教育的物质保障

贵州的民族民间文化进课堂活动,由贵州省民委牵头,贵州省教育厅民教处具体安排实施,也有部分为民间机构协助地方教育局与乡村学校开发的校本课程,虽然取得了一定的成绩,但资金的后续性或师资培养的持续性都存在一定的问题,而乡土课程的效果和影响非一日之功,持续的投入乃乡土教育的物质保障。

第六节 精准扶贫:教育资源配置瞄准农村基础教育最底端

2013 年以降,学术界关于后"撤点并校"时代农村基础教育资源如何配置、小规模学校到底撤还是不撤、"寄宿制"如何完善、校车如何管理、学生安全如何保障、教师队伍建设与教学质量如何提升等都有不同程度的讨论。奚爱国(2015)对叫停"撤点并校",发出了疑问:"一刀切叫停,让学生在保留的教学点接受不完整、低质量的教育,是我们期待的教育公平吗,还是造成了另一种不公平?"[1]"撤点并校"应该"立足各地的地理特征和经济水平,综合考量教育公平、教育质量、教育效益三者的利弊关系"[2]。

我们认为,"撤点并校"要兼顾全局,不能再以农民的经济成本、学生的时间和安全风险为代价,也不能以规模效率优先,而要尊重不同地方地理环境、民族及人口聚落特征,有利于修复乡村文化生态、有利于学生身心健康成长、有利于新时期

---

① 奚爱国. 换一种思路支持乡村教育:叫停"撤点并校"不能"一刀切"[Z]. Http://edu. ce. cn/xw/201511/24/t20151124_3147921. shtml.

② 同上.

精准扶贫目标的实现。

一、教育是阻断贫困代际传递的重要途径

习近平总书记在 2015 年给国培教师的回信中指出："到 2020 年全面建成小康社会,最艰巨的任务在贫困地区,我们必须补上这个短板。扶贫必扶智。让贫困地区的孩子们接受良好教育,是扶贫开发的重要任务,也是阻断贫困代际传递的重要途径。"①那么,什么是贫困代际传递? 什么样的扶贫才能够阻断贫困代际传递? 教育扶贫如何才能精准?

"贫困代际传递,指的是贫困以及导致贫困的相关条件和因素,在家庭内部由父母传递给子女,使子女在成年后重复父母的境遇。"②造成贫困代际传递的因素是多方面的,其中教育是最重要的影响因素。我们认为我国贫困地区农村的空心化、家庭教育的缺失化、社会支持的无力化以及乡村教育的边缘化,是导致贫困家庭孩子基础教育薄弱、成年后陷入贫困代际传递恶性循环的重要因素之一。

2015 年 11 月 27 日,中央举行扶贫开发工作会议,将发展教育作为扶贫攻坚的五大工程之一。习近平总书记在讲话中指出："发展教育脱贫一批,治贫先治愚,扶贫先扶智,国家教育经费要继续向贫困地区倾斜、向基础教育倾斜、向职业教育倾斜,帮助贫困地区改善办学条件,对农村贫困家庭幼儿特别是留守儿童给予特殊关爱。"③新华网从中共中央《关于制定国民经济和社会发展第十三个五年规划的建议》中摘编了有关教育公平的规划建议："普及高中阶段教育,逐步分类推进中等职业教育免除学杂费,率先从建档立卡的家庭经济困难学生实施普通高中免除学杂费。完善资助方式,实现家庭经济困难学生资助全覆盖。"④而"在未来五年全面建成小康社会的背景下,如何让更多贫困孩子拥有可期的美好未来,正成为各地不断探索的命题"⑤。

---

① 习近平. 扶贫必扶智阻断贫困代际传递[Z]. 凤凰网财经,http://finance.ifeng.com/a/20150910/13964079_0.shtml.
② 黄健. 家庭结构视角下的农村贫困代际传递研究——以广西马山县为例[D]. 中南民族大学硕士学位论文,http://www.doc88.com/p-891572320916.htm.
③ 习近平. 在中央扶贫开发工作会议上的讲话[Z]. 中国网,http://www.china.com.cn/lianghui/fangtan/2016-03/01/content_37909596.htm.
④ 十三五规划建议的 10 大民生亮点[Z]. 新华网,http://news.xinhuanet.com/politics/2015-11/03/c_1117029989.htm.
⑤ 庾春云. 精准教育扶贫,遏制贫困的代际传递[Z]. 新浪网,http://news.sina.com.cn/o/2015-12-04/doc-ifxmihae8927802.shtml.

二、贵州省教育精准扶贫的对象与方式

贵州省教育厅官方网站于 2015 年 12 月 4 日发布《贵州省进一步加强农村贫困学生资助推进教育精准扶贫实施办法(试行)》的通知,说明"教育精准扶贫学生资助对象为在普通高中、中职学校、普通高校(不含研究生阶段)就读,具有全日制学历教育正式学籍和我省户籍的农村建档立卡贫困户子女;在普通高中、中职学校、普通高校(不含研究生阶段)就读,具有全日制学历教育正式学籍和我省户籍的因灾因病等特殊原因返贫的农村非在册贫困户子女"[①]。

主要扶贫方式是资金助免,例如普通高中"两助三免(补)"(每年每生新增助学金 1000 元、免/补学费 760 元、免/补教科书费 400 元、免/补住宿费 500 元),中职学校"两助三免(补)"(每年每生新增助学金 1000 元、免/补教科书费 400 元、免/补住宿费 500 元),普通高校"两助一免(补)"[每年每生新增助学金 1000 元、免/补学费费本科 3830 元、专科(高职)3500 元],均从学生入学开始直到完成当期学段学业为止。[②] 2015 年 12 月底,各地学校开始部署和评审"教育精准扶贫学生资助"工作,传达相关精神和评选条件。

从以上政策措施不难看出,贵州省教育精准扶贫瞄准的目标是非义务教育阶段的贫困学生,主要扶贫方式是资金助免,这无疑为高中(含职高)阶段以上的贫困青少年带来了良好的发展机会,将成为他们成年后突破贫困的代际传递,拓宽职业选择渠道、争取社会资源支持乃至参与公共事务机会的助力器。但以上的举措并不包含义务教育阶段和学前教育阶段的贫困儿童。同时,以上措施也不包括非经济因素的考量。

三、困境儿童突破社会阶层固化始于小规模学校的复兴

我们认为,贫困的代际传递从儿童开始,并且并非经济落后这唯一的因素,除了家庭经济困难,更重要的是在成长过程中缺乏接近文化、经济、社会、环境和政治等资源的机会,包括"人力资本发展机会的匮乏、家庭社会网络资源的贫乏、表

---

① 省教育厅,省财政厅,省扶贫开发办公室,省人力资源和社会保障厅. 贵州省进一步加强农村贫困学生资助推进教育精准扶贫实施办法(试行)[Z]. Http://pxsic. gzjgxy. cn/info/1007/2317. htm,2015 – 12.

② 蒋凌云. 贵州省进一步加强农村贫困学生资助推进教育精准扶贫实施办法(试行):新增多项目资助农村贫困学生[Z]. 乌蒙新报, http://news. bjsyqw. com/2015/1210/57075. shtml.

达自己要求和希望的权利缺乏,以及参与权利的缺失等"①。适切而可及、机会平等的教育,是贫困儿童突破社会阶层固化的途径。

贫困的代际传递某种意义上是家庭教育的贫困,是学前教育及小学教育阶段的贫困。从在校生数量来说,贫困地区的孩子完成小学阶段的义务教育基本没有什么问题,但进入初中会流失一批,初中毕业又会流失一批;从教学的品质来说,无论是应试教育还是素质教育,无论是普适性教育还是针对性教育,贫困地区的孩子接受的是远远无法与城市孩子相比的教育。

2014 年 12 月 25 日,国务院办公厅发布《国家贫困地区儿童发展规划(2014—2020 年)》,认为"集中连片特殊困难地区的 4000 万儿童,在健康和教育等方面的发展水平明显低于全国平均水平。进一步采取措施,促进贫困地区儿童发展是切断贫困代际传递的根本途径,是全面建成小康社会的客观要求,也是政府提供基本公共服务的重要内容"②,要求各地精确对准当前我国儿童发展的薄弱环节和重点领域,例如"新生儿出生健康、儿童营养改善、儿童医疗卫生保健、儿童教育保障、特殊困难儿童教育"③,采取针对性、可操作性强的措施促进农村贫困地区儿童发展。

教育部 2013 年统计,全国共有教学点 73555 个,村小 140328 个,人数少于 200人的小规模学校(村小和教学点)大约占了 20%。小规模学校普遍分布在贫困的山区县或牧区县,特别是集中连片的贫困区,学校的规模更小。例如,雷山县 100人以下的完小 20 所,平均班额 13.6 人,占小学校数的 27%。由于地理环境和人口聚落的特点这些小规模学校必须保留,但是出于投入规模效应的考虑,地方政府的资源仍然瞄准规模较大的学校,小规模学校的资源极其匮乏,从硬件到师资投入、从教学质量到学生管理,仍在拖着整个农村基础教育的"后腿"。

"儿童贫困既是贫困代际传递产生的重要原因,也是贫困代际传递的结果。"④小规模学校是中国基础教育的底端,也是最贫困最缺乏社会支持的部分,我们认为,就义务教育阶段和学前教育而言,西部贫困地区居住分散的特点,决定了

---

① 浅析贫困代际传递 [Z]. 百度文库,http://wenku. baidu. com/view/560bf73667ec102de2bd895e. html.

② 国务院办公厅. 关于印发《国家贫困地区儿童发展规划(2014—2020 年)》的通知(国办发〔2014〕67 号)[Z]. 国务院网站,http://www. gov. cn/zhengce/content/2015 - 01/15/content _9398. htm.

③ 中国消灭贫困从娃娃抓起专家:儿童教育是公共问题 [Z]. 人民网,http://edu. people. com. cn/n/2015/0112/c1053 - 26371034. html.

④ 浅析贫困代际传递 [Z]. 百度文库,http://wenku. baidu. com/view/560bf73667ec102de2bd895e. html.

小规模学校在农村基础教育中无可替代的价值。因此,实现教育的精准扶贫,必须从小规模学校的复兴开始,从关注农村基础教育学校中底端的20%学生开始。

2015年中央一号文件第三部分"围绕城乡发展一体化,深入推进新农村建设"中的第16条"提升农村公共服务水平",强调要"因地制宜保留并办好村小学和教学点"①。复兴小规模学校,并非让学生在保留的教学点接受不完整、低质量的教育,也并非不考虑教育公平、教育质量、教育效益三者的利弊平衡关系,而是优先考虑公平,在公平的前提下,探索一条小规模学校"小而优,小而美"的路径。

---

① 中央一号文件释放出的教育信号:村小能保尽量保[Z]. 搜狐教育, http://learning. sohu. com/20150204/n408503611. shtml.

第六章

贵州留守儿童面临的问题、原因及对策

据国家卫计委 2015 年 5 月发布的《中国家庭发展报告 2015》、全国妇联发布的《2013 我国农村留守儿童状况研究报告》调查显示，全国有农村留守儿童6102.55 万，占全国儿童总数的 21.88%。"与 2005 年相比，2012 年学龄前农村留守儿童(0~5 岁)增幅达 47.73%，规模快速膨胀。近 20% 的务工父母在儿童 1 岁前外出，其中 30% 在儿童出生 1~3 个月外出。两岁孩子留守比例最高，为44.1%，随后开始下降。近 1/3 的留守儿童与祖父母一起居住，10.70% 的留守儿童与其他人一起居住，3.37% 的农村留守儿童单独居住(约 205.7 万)。"①

十年"撤点并校"产生 3000 万农村住校生，住校生的主体即留守儿童。留守儿童以及因留守或家庭残缺、社会监管救助不到位的困境儿童的生存与教育等已经成为一个重大的亟须解决的社会问题。近年来连续出现的留守儿童监护失控导致死亡及暴力的事件，说明家庭学校政府和社会在留守儿童生存、保护与发展方面存在巨大漏洞。

截至 2015 年，贵州留守儿童达 120 万。2012 年 11 月，贵州毕节 5 名困境儿童因躲避寒冷取暖而命丧垃圾箱，他们的父母或外出打工或离异，至少"流浪"了两个月；2014 年 1 月 23 日，陕西 5 名小学生相约喝药自杀，5 个孩子中 4 个是农村留守儿童，幸而被过路村民发现后及时送往医院，生命无恙；2015 年 6 月 10 日，贵州毕节市七星关区田坎乡 4 名留守在家无大人照顾的 5~13 岁的四兄妹在家中喝农药自杀，经抢救无效死亡。幼小的孩子对生活的绝望震惊了所有的人，给整个社会敲响了警钟。

留守儿童指父母一方或双方长期在外打工，由爷爷奶奶照顾，或者亲戚代为照顾，甚至未成年的兄弟姐妹自我照顾、独自生活的儿童，困境儿童指因留守、缺乏经济来源或社区救助疏漏而处于经济、社会交往、情感困境的儿童。而留守儿

---

① 王琛莹. 卫计委 2015 报告：留守儿童中两岁孩子占 44.1% [N]. 中国青年报，http://zqb. cyol. com/html/2015 - 07/02/nw. D110000zgqnb_20150702_2 - 07. htm，2015 - 07 - 02.

童极易成为困境儿童。

第一节　贵州留守儿童面临的问题

一、亲子关系疏离，"分离焦虑"普遍

由于与父母长期分离，农村留守儿童与父母之间缺乏正常的情感交流和直接的情感体验，亲情关系比较淡漠，无法建立正常的亲子关系，这直接影响了他们"爱"的能力；同时由于缺乏来自父母和家庭道德与情感品质的教育，导致他们在正常的道德情感方面出现偏差。例如，J县的老师反映，有的三四年级的孩子性情暴躁，与同学打架甚至随时拿着棍子追打爷爷奶奶的例子也不少，可反观其亲子教育的缺失。

年幼的孩子离开父母，"容易造成分离焦虑和情感上的缺失，容易引起情绪上的孤独与不安。特别是夜晚睡觉前，孩子更容易想家和思念父母，出现睡眠障碍和噩梦；有调查表明有孤独感的学生比例高达 70%，而感到有恐惧感和内向敏感的人群比例也高达 40%"①。

"据资料显示，全国义务教育阶段中的留守儿童学生行为表现好的学生所占比例仅为 38.09%，14.95% 的存在违纪行为，0.15% 的存在违法行为。"②据某地方派出所的数据显示，在被送到派出所的孩子中，有 60% 是留守孩子。而湖北省某市调查显示，青少年犯罪案件自 2004 年起逐年下降，但"留守儿童"犯罪案件数量逐年上升。

二、家庭教育力量薄弱

双亲外出的"留守儿童"在原籍大部分由祖辈照看，小部分由叔辈等其他亲戚代管，有的地方很小一部分由"教师"托管，也有极少数孩子处于无人管教的"流浪"状态。表 6-1 显示黔东南凯棠乡中心小学能与自己父母住在一起的学生，其实只占了半数的比例，半数学生为留守儿童，留守儿童中的半数是与自己的兄弟

---

① 北京永青发展基金会. 新一千零一夜故事——住校生的好朋友 [Z]. Http://www. bjyongqingfoundation. org/web/info. aspx？ id = 8.

② 留守家庭亲子关系疏远问题值得关注[Z]. 中国论文网, http://www. xzbu. com/9/view -4100694. htm.

姐妹一起生活,其他的与爷爷奶奶一起生活,少量的与叔伯姑婶甚至是自己一个人生活。

表6-1 K校学生和家长一起生活的情况

家人	爸爸	妈妈	爷爷奶奶	叔伯姑婶	兄弟姐妹	自己	其他
人数(人)	37	28	23	3	32	1	4
占比(%)	28.91	21.88	17.97	2.34	25	0.78	3.13

这样的监管状况使得留守儿童缺乏来自父母双亲的教管,另外监管家庭或成员有其繁重的农业劳动,或能力有限,因此没有更多的时间和精力照管留守孩子的生活、学习和交友。例如,在对待"留守儿童"的教育态度方面,对四川留守儿童的调查数据显示,58.8%的隔代亲人及73.1%的亲戚表示"只照顾生活,别的不管",只要有所交代就可以了。这种状况说明"留守的孩子缺乏必要的家庭教育氛围,无论是祖辈还是其他亲戚,对孩子大多局限于吃饱、穿暖之类的浅层关怀,难以尽到对孩子的教育责任"①。由此可以确定,留守儿童家庭教育的力量受到了削弱。因此,很多留守儿童的父母把教育孩子的责任寄托到学校教育中来。

三、隔代教育忽视儿童心理健康和学业辅导

"祖辈与孩子之间的亲情、血缘关系,使留守儿童在情感和精神上有所依托,减少了寄养在他人家中的陌生感和畏惧感。"②但是,由于许多祖辈家长"处于文盲、半文盲状态,缺少对孙辈进行学习辅导、思想教育和人格培养的基本条件"③,限制了孙辈接受祖辈教育的效果,致使孩子们疏于管教,出现的心理健康问题也不能及时发现并予以干预。经研究发现:"留守儿童存在各种明显的心理健康问题,其中焦虑、学习压力、人际关系紧张与敏感抑郁、情绪不稳定等心理问题较为突出;留守儿童的强迫抑郁、焦虑偏执、人际关系紧张与敏感症状检出率显著高于非留守儿童。"④尽管能够进入公办学校读书,但学习成绩不好,自信心不足,容易

---

① 农村"留守儿童"生存与教育状况调查[Z]. 道客巴巴, http://www.doc88.com/p-710937399553.html.

② 李佳,冯丽婷. 影响农村留守儿童心理发展的环境因素[J]. 贵州师范大学学报(社会科学版),2008(05).

③ 同上.

④ 王东宇,林宏. 福建省284名中学"留守孩"的心理健康状况[J]. 中国学校卫生,2003(05).

产生厌学情绪,往往导致早早辍学。

四、学校对留守儿童的教育困难重重

为期10年的"撤点并校"消失了50%以上的农村学校,产生了大量农村"寄宿制"学校及3000多万的住校生。"寄宿制"学校成为"撤点并校"之后农村学校的主要类型,也被视为解决留守儿童教育问题的一种途径。然而,面对留守儿童和住校生大量出现,学校管理人员与管理经验都处在相当匮乏的状态,致使学生的一些基本生活需求,如吃饭、住宿、卫生等,都无法得到满足,但更重要的是,留守和住校生活对学生的心理发展带来很多负面影响。而学校事实上却无法承担监护人之职,对留守儿童的教育困难重重,包括家校无法配合、相关师资缺乏、住校生活单调,学生缺乏对学校的归属感、低龄段学生生活无法自理、学校对"问题少年"采取开除或勒令退学等消极办法解决问题等。其中比较普遍的问题如下。

（一）校园生活十分单调

学校通常不允许上网、看电视,也没有报纸、杂志,学校的藏书少而陈旧,可以说在基本学科教育以外,孩子的精神世界得不到丰富的刺激,常感生活无趣无聊。对外部信息的了解也非常匮乏,造成视野狭窄。

（二）归属感缺乏

孩子缺乏对学校的归属感,有问题不愿意找老师倾诉或解决。例如,贵州雷山县"寄宿制"学校的学生半数不喜欢"寄宿制"学校的生活,遇到不开心的事情时的诉说对象仅12%选择老师,不及同学(20%),生病时的求助对象15%选择老师,均排在倒数第三,与学生自己独自处理相当。

表6-2　K校学生遇到不开心的事情对诉说对象的选择

对象	老师	爸爸	妈妈	爷爷奶奶	叔伯姑婶	同学	不说
人数(人)	2	21	25	17	3	20	31
占比(%)	1.68	17.65	21.01	14.29	2.52	16.81	26.05

凯棠学校学生遇到不开心的事情的时候,占近三分之一的人会选择"不说",这说明学生在与人的沟通方面还比较薄弱,不利于孩子的健康成长。遇到不开心的事情对诉说对象的选择比例较高的依次为妈妈、爸爸,但是爸爸妈妈多在外地打工,诉说的可能性降低,在同学和爷爷奶奶之间,首选同学,说明同伴关系在学生的情绪管理方面是很重要的因素。

（三）普遍的孤独感与不安感

情绪上的孤独与不安较普遍，表现为出现睡眠障碍和噩梦。每晚入睡前，宿舍会出现烦躁不安的尖叫或哭闹，加上生活经验缺乏，宿舍关系冲突处理不当，人际交往不畅。

（四）易受不良文化及越轨行为的影响

"比较父母在家的非留守儿童，留守儿童更容易受到一些不良文化及越轨行为的影响。"[①]例如网瘾、过早抽烟、校园暴力，"长期下去会形成恶习，甚至走上犯罪的道路。而学校对留守儿童的管理由于得不到家长的有力配合和支持，因此有时学校只能对'问题少年'采取开除或勒令退学等消极办法解决问题，致使有的留守儿童流入社会，最终危害社会，成为社会中的不安定因素。近年来发生在留守儿童身上的各类犯罪案件就是一个证明"[②]。近几年频频曝光的校园暴力事件，很多发生在留守儿童之间，学校和教师对此几乎无计可施，集中反映了校园管理的"真空"和未成年犯罪法的"真空"。如何在这些问题发生之前早做预防，是迫切需要探讨的问题。

（五）教育实践者疏忽留守儿童教育的特殊性

教育实践者或有心无力缺乏心理健康知识而不能照顾到留守儿童特殊的成长需求。这一问题在西部贫困地区的农村由于师资力量薄弱而显得尤为突出。缺乏专业培训的基层教师甚至教育管理者在实践中常常有意无意地忽略了留守与非留守儿童的差异，或者即便注意到留守与非留守儿童的差异，也因为缺乏必要的知识和技术而无法为留守儿童提供所需的帮助，处于有心无力的状态。

（六）教师缺乏必需的心理辅导能力

农村学校的师资力量不足，教学工作压力大，无法根据不同学生群体提供针对性的保障服务。例如，C县被访者中的50%认为学校宿管、校医、厨卫等专职人员配置不足，面对学生们心理的普遍需要，特别是为有特殊需要的同学做心理辅导工作，是老师们非常急需的，但常常不知道如何去做。农村学校都设有留守儿童之家，除了少量城镇的学校外，农村的留守儿童之家往往没有开展任何相关的活动，成为摆设。

（七）家校无法配合

家长将留守儿童交由学校托管，除提供少量经济支持外，几乎完全放弃家庭

---

① 李佳，冯丽婷. 影响农村留守儿童心理发展的环境因素[J]. 贵州师范大学学报（社会科学版），2008（05）.

② 同上.

责任,老师不得不担任临时监护人。Z县的被访老师坦言,他们担任了孩子保姆的角色,一旦孩子生病或与同学打架或出现意外,家长会将责任全部推到学校,所以为避免孩子发生安全问题,学校往往将大门一锁了事,也不敢组织任何户外的活动,甚至体育课也不敢上。而一旦孩子离开学校,就处于无人监管的状态,甚至致使一些留守儿童流浪乡间。

五、留守儿童保护出现漏洞,女童遭受性侵情况时有发生

《新京报》新媒体10月16日报道,"贵州遵义习水县有多名留守女童被当地一名50多岁男子性侵。多名受害女童家长向记者证实网曝为真,并表示事情在最近两年持续发生,2015年5月才被发现"①。中国新闻网报道,广东省检察院的一份《调研报告》显示,"女童遭受性侵害案件呈多发趋势,三年半有2506名未成年女性被性侵害。加害人与女童为'熟人'身份的居多,占到了65.74%。侵害者包括邻里、朋友、同事、亲属、老师等"②。

第二节　造成留守儿童生存与发展问题的原因

一、打工经济成为常态,家庭的价值和功能弱化,核心家庭解体

外出打工是贵州贫困地区农民挣钱养家的首选,他们在离开家乡和土地的同时,也远离了最核心的家庭成员——自己的父母和孩子。家庭的价值和功能弱化为父母的职责就是挣钱,家庭的幸福就是有钱,因此亲子分离变成一种理所应当。父母的不在场、不陪伴,是造成留守儿童人格发展情感困境的首要因素,而"家长无力监护或长期不尽监护职责,女童因没有得到家庭的庇护和教育而易遭侵害"③。然而当打工的父母年老还乡之时,又是新生代农民工离开家乡外出打工之日,农村承接着不能打工的农民和新一代的留守儿童,困境循环往复。

---

① 程媛媛,宋奇波.贵州遵义五旬男子性侵多名女童检方下周提起公诉[Z].新京报网,http://www.bjnews.com.cn/news/2015/10/16/380675.html,2015-10-16.
② 邓新建.未成年女童频遭性侵调查称家庭监护不力成主因[Z].中国新闻网,http://www.chinanews.com/fz/2012/04-26/3846629.shtml,2012-04-26.
③ 广东三年间逾2500女童被性侵近半在14周岁以下[Z].中国青年网,http://news.youth.cn/jsxw/201410/t20141023_5892349.htm,2014-04-23.

二、学校无法替代监护人,校园生活的单调难以疗愈留守儿童的心理及为其提供有效的庇护

尽管留守儿童的寄宿条件和学习环境有了明显的改善,但父母对孩子的抚养教育及陪伴,是他人和社会机构难以替代的。现实的状况是学校被迫逾越法律取代家长成为临时的功能性的监护人,却因为缺乏必要的知识和技术而无法为留守儿童提供所需的帮助。校园生活的单调,不仅难以疗愈留守儿童的心理,成长教育缺乏,还可能加剧儿童的无望感及无助感。

三、农村空巢,相互支撑的邻里关系或社会组织功能丧失

大量的乡村学校被撤并,以及青壮年外出打工,乡村出现老人留守,生活自顾不暇,邻里关系疏远,社区缺乏互助的支持性、功能性组织。一旦遇到天灾人祸,留守儿童易陷入孤立无援的境地。

四、留守儿童教育缺乏制度性保障或可操作的实施办法

社会更关注困境儿童的生存状况,毕节民政局官网于 2012 年 10 月 30 日发布了《毕节市七星关区生活无着流浪乞讨人员救助管理实施细则》。[①] 尽管媒体报道中屡屡出现农村留守儿童的生存与被保护权、健康权、教育权和参与权等基本权利受到严重侵害的事件,学界也频频提出政策倡导和理论上的解决方法,但是,农村留守儿童的生存和发展难题仍然没有得到有效解决。

第三节　解决留守儿童问题的对策及建议

贵州省教育厅 2015 年 11 月 10 日发布《关于进一步加强留守儿童困境儿童关爱救助保护工作实施方案》,"要求到 2017 年,以县为单位实现基本普及 15 年教育和县域内义务教育初步均衡,小学、初中辍学率分别控制在 0.6% 和 1.8% 以内,有寄宿需求的农村留守儿童学生小学 80% 在校寄宿、初中 100% 在校寄宿;每个乡(镇)建成 1 所标准化农村"寄宿制"学校,并配套建成 1 个标准化农村留守儿

---

① 毕节七星关民政局. 毕节市七星关区生活无着流浪乞讨人员救助管理实施细则[Z]. Http://www. qxgmz. gov. cn/content－9－105－1. html,2012－10－30.

童之家和学校少年宫"①。"将留守儿童送进'寄宿制'学校,每所学校配备心理咨询室、亲情聊天室、学校警务室。"②"到 2016 年年底,实现每所义务阶段学校至少要有 1 名专兼职心理健康辅导教师。开设心理健康教育课,重点对留守儿童开展心理咨询、心理矫正活动,定期开展思想教育、情感教育、独立生活教育和理解父母、孝敬感恩教育等。"③

无疑,这是一个利好的消息。但留守儿童的关怀和教育不仅仅是学校内部的事情,需要政府、学校、家庭、社区或民间社会支持性组织及专业团队共同合力协作,才能达到预期的效果。

一、创造条件让父母陪伴在孩子身边

既然父母的不在场不陪伴,是造成留守儿童人格发展情感困境及易受损性的首要因素,那么首要的办法就是让父母陪伴在孩子身边。流出地的生计产业不足以维持基本的生活条件,外出打工才会成为农民工获得经济收入的主要来源,在不影响农民生计发展的前提下,政府和社会创造以下条件才能实现留守儿童得到父母陪伴的中国梦。

(一)政策和资源支持农民返乡就业或创业

在以镇为基的"集体农庄"发展模式中充分考虑农民的利益,农民以土地使用权入股参与农庄的利益分红,农民在集体农庄就业获取生计收益,使其总体收益不低于打工收益,且没有离乡背井带来的担忧和问题;政策鼓励农民返乡创业,在贷款、税收等方面给予优惠,将农民稳定在乡村,促进核心家庭的和谐发展。

(二)创造流动儿童在城市接受义务教育的政策及改善就读环境

一方面城市公办学校放开名额,吸纳农民工子女就近入读公办学校,并且制定奖励办法鼓励公办学校接受流动儿童就读;一方面降低民办流动儿童学校的准入门槛,给予生均经费的补贴,用于支持民办流动儿童的校园文化生活及社会融入度,支持师资培训,提高民办流动儿童学校的教学质量,提高流动儿童随迁父母的比例,减少留守儿童数量。

二、提供亲子教育咨询服务,强化家庭教育功能

父母在儿童身边并不意味着家庭亲子关系必然改善,如果父母仍然只养不

---

① 贵州省教育厅. 关于进一步加强留守儿童困境儿童关爱救助保护工作实施方案(黔教基发〔2015〕251 号)〔Z〕. Http://lqlx. gzsedu. cn/Item/120210. aspx,2015 – 11 – 10.

② 同上.

③ 同上.

育,不与孩子交流沟通,不能及时发现和处理儿童成长中的问题,儿童仍然无法从父母那里得到亲子抚慰和情感教育,孤独感不安感仍然会出现。因此,学校、政府相关部门、社区支持性社会组织应协调相关教育工作者和志愿者,免费为家长提供亲子教育咨询服务工作坊,引导家长陪伴儿童成长,改善亲子关系,甚至成立以家长为主体志愿者协助的"妈妈互助小组""亲子园",作为亲子教育活动平台。政府则通过政策鼓励、协调社区关系和购买社会服务的方式,推动家庭教育功能的完善。

三、通过社区营造,建构稳定和谐发展的乡村文化,完善社区留守儿童的保护机制

贵州农村少数民族的聚落呈现小聚居大杂居的特点,由于共同的生活方式和价值观连接了社区人与人之间的关系与情感,以及人与生活环境的情感,形成社区住民共同认同的社区感。既然打工经济导致农村社会相互支撑的邻里关系或社会组织功能丧失,就需要通过社区营造和社区建设达到社区自组织、自治理、自发展,解决社会福利、经济发展、社会和谐的问题。

农村社区的乡规民约和传统道德规范,在乡村社会自我管理的体系下对社区成员的行为举止有着强烈的约束作用,在乡村的"熟人"社会中形成无形的监督压力。可以通过社区营造恢复和弘扬其正能量的部分,加之国家有关儿童保护的法律咨询与可视宣传,如对性侵、强奸罪、遗弃罪、拐卖儿童罪、虐待儿童罪的量刑裁决的案例警示,引导社区建立和完善留守儿童保护机制,途径包括政府引导、民间自发、NGO帮扶。

乡村文化的价值感是凝聚乡村社会促进有序发展的重要因素,社区营造要尊重和挖掘乡村文化的价值,以乡村传统民俗生活如节日、婚丧嫁娶、民间艺术等活动为载体,凝聚乡村,提升村民的社区拥有感和乡村生活的幸福指数,进而降低乡村社会中留守儿童的易受伤害性,构建和谐家庭及和谐社区。在社区自组织或支持性社会组织的帮助下,将社区传统的游戏体育活动歌舞手工艺,打造成留守儿童课外活动的重要内容,培养儿童的审美情趣及文化自信。

四、防微杜渐,多种手段减轻"寄宿制"生活给留守儿童带来的负面影响

针对"寄宿制"生活给农村学生尤其是留守儿童带来的负面影响,一些民间机构通过阅读、班级管理与校园文化建设、驻校社工陪伴成长等途径进行干预和尝试,是可资借鉴的经验。

（一）阅读引领孩子成长

乡村学校普遍存在的问题是藏书陈旧数量小，适合儿童成长需要的图书更少，无法满足儿童精神生活的需要。好的故事可以拓宽孩子视野，是帮助他们建立对外部世界认知的重要渠道，是通向他人心灵和人类精神宝库的一道门。好故事可以改变行为，培养诚实、善良、勇敢、忠诚等优秀品质，并且抚平创伤、疗愈心灵，帮助孩子应对成长过程中种种难以言说的挑战、伤痛和迷茫。例如，K校的学生通过阅读变得开朗和自信、体会到诚实的重要、学会了坚强、找到了如何与朋友友好交往的方法，也懂得了父母的辛苦。

建议教育部门加大对乡村学校图书馆的投入，并积极引进社会资源建设图书馆。由学校少先队辅导员或科任老师担任阅读辅导工作，举办主题图书会活动，鼓励学生参与图书馆的管理。在互联网时代，也可以运用多媒体播放好故事视频或广播收听故事。针对寄宿孩子睡眠障碍问题，有选择地播放住校生睡前故事。例如，歌露营在18省70区县的484所学校开展的"新一千零一夜——乡村学校住校学生睡前故事干预"项目，因故事的陪伴而温暖了留守儿童的宿舍和心灵。

（二）通过班级管理和校园文化建设，培养留守儿童的合作交往能力和自我管理能力

边远贫困地区的儿童，往往在结束甚至没有结束初中教育之前就走上打工之路，学校提供的课程很难为他们打工之后的生活提供必需的技能。由于师资课程资源等原因，留守儿童虽然受到社会关注，但实际上在学校成长的过程中得到实际和有效的帮助仍然很欠缺，容易出现心理和社会交往问题。上海百特的阿福童社会理财教育，是以促进儿童自我认知和社会交往，培养儿童的金融理财技能、领导力及创业意识的综合素质教育，可以弥补过往教育的不足。其目标是在参与校园文化建设中提升学生的动手动脑能力以及团队合作、帮助弱势群体的儿童接受更适合他们生命成长的教育理念、教育方法，掌握必备的社会交往、生活理财技能，促进他们更有能力去改变自己的命运。阿福童课程在全国30多个省、市、自治区100多所学校开展财商教育，从2012年开始在贵州与本土民间教育机构和基层学校合作进行尝试。

（三）驻校社工陪伴孩子成长，以弥补农村"寄宿制"学校专职心理健康辅导师资不足

"农村学校没有配备合格的生活及心理辅导教师，学生在课堂之外的学校生

活与成长问题无人过问,生理及心理发育状况堪忧。"①2012年起,北京西部阳光基金会在甘肃成县农村小学开展驻校社工陪伴留守儿童成长的项目,主要方式是招聘并培养大学生志愿者,到农村"寄宿制"学校开展一至两年的驻校社工活动,以丰富学校的校园文化生活,缓解农村"寄宿制"学校孩子在成长中面临的问题,帮助他们健康全面地快乐成长。主要做法是:

1. 带领学生共同布置社工室。社工室内设置阅读、下棋、绘画、手工等功能区角,在课外活动时间开放,让社工室成为不一样的"快乐教室"。

2. 建立社工信箱。通过小信箱与学生沟通交流,增进彼此感情,了解学生需求,并通过回信或面谈的方式帮其解决问题。

3. 开设社工课堂。针对学生需求设计不同主题,对传统教育进行补充。

4. 因校制宜组织趣味运动会、歌咏比赛等大型文体活动。

(四)培养专职的心理辅导老师和生活老师并提供持续性的支持

"加快推进标准化农村'寄宿制'学校建设和标准化农村留守儿童之家、学校少年宫,配备心理咨询室、亲情聊天室、学校警务室"②无疑是亡羊补牢之举。而开设心理健康教育课、心理咨询与矫正活动,都是专业化很强的教学和心理咨询服务,现实则是老师们缺乏相应的训练。因此,培养专职的心理辅导老师和生活老师是亟待解决的问题。同时,建议基层学校根据实际掌握的情况,按合适的师生比进行配置,并且明确心理老师和生活老师的任务,有效地陪伴寄宿学校的留守儿童,缓解他们生活与学业上的压力,促进留守儿童的心理健康成长。

(五)加强留守儿童的安全教育和社会性别教育

轻信他人、自我保护意识不强,缺乏相关生理心理常识,是留守儿童易受伤害的原因之一。为此,社会和学校都应该对"性"脱敏,为孩子们提供直观的安全性教育和社会性别教育,清楚地知道自己身体的变化以及讨论如何避免身体受到他人的侵犯,并且进一步进行平等的社会性别教育。

(六)调动社会力量救助困境儿童

此外,对于因经济窘迫情感缺失、无助绝望的困境儿童,民政部门及时提供庇护所和基本的经济救助,民政部门也可通过互联网的平台寻求社会人士对他们进行一对一的帮扶。

---

① 农村"寄宿制"学校问题[Z]. 北京市西部阳光农村发展基金会,http://www. westsa. org/a/womenzaixingdong/peibanchengchang/74. html.

② 贵州加强留守儿童困境儿童关爱救助保护工作[Z]. 教育部网站,http://www. moe. edu. cn/jyb_xwfb/s6192/s222/moe_1756/201512/t20151217_225253. html.

2016 年 2 月 14 日,国务院出台《关于加强农村留守儿童关爱保护工作的意见》,这是首个专门针对留守儿童生存及教育发展的国家层面的政策,为全社会关爱留守儿童的生存发展提供了指导性的意见,明确了各级政府部门的责任。要求从中央到地方县乡各级政府、教育部门学校、公安机关、群团组织及社会力量共同合作,完善农村留守儿童关爱服务体系,建立健全农村留守儿童救助保护机制。支持社会工作专业服务机构的孵化培育、公益慈善类社会组织及志愿者开展的农村留守儿童监护指导、心理疏导、行为矫治、社会融入和家庭关系调适等服务。

总之,留守儿童问题不是单纯的教育问题,需要学校、家庭、社区、政府、社会多方各司其职,共同搭建关爱体系,建立留守儿童及困境儿童的保护救助机制。

附　录

调研问卷

问卷编号 ☐

学校布局调整情况调查问卷（A）

您好！为了研究"撤点并校"的资源配置问题，我们组织了这次调查，并有幸选中您作为调查对象。问卷中问题的回答没有对错之分，您只要把自己的真实情况及想法如实地告诉我们就行了。调查大约需要 30 分钟的时间。问卷采用不记名的方式进行，对您的回答，我们将严格按照国家有关法律规定进行保密，请您放心回答问题。谢谢您的积极支持和配合！

教育部社科规划基金课题调研组

调查乡镇：_____村组名称：_____

调查员姓名：_____

调查日期：_____

学生家长问卷

问卷填答说明：请根据实际访谈结果在空格处填写答案，要求如实记录。

1. 请问您的性别是_____

A. 男 B. 女

2. 请问您的年龄是多大？_____

3. 您的文化程度是_____

A. 不识字或识字很少 B. 小学 C. 初中 D. 高中（中专）E. 大学及以上

4. 您的职业是_____

A. 农民 B. 工人 C. 公务员 D. 教师 E. 经商 F. 其他

5. 您家有几口人?_____

6. 您孩子当前的受教育情况:

子女	性别	年龄	年级	上学距离	上学时间	主要的交通工具	是否住校	就读学校名称
老大								
老二								
老三								
老四								

7. 2005—2012 年学校有过撤并的情况吗?_____

A. 有:是_____年_____月撤并的 B. 无

8. 撤并前你们村有多少所学校(教学点)?_____撤并后的学校(教学点)数量是多少?_____

9. 您的孩子就读于现在所在学校的原因是?_____

A. 交通方便 B. 不需寄宿,较安全 C. 学校条件好 D. 以前学校被合并

E. 其他

10. 如果您孩子所在的学校被合并,您还会不会把孩子送去读书?_____

A. 会,原因是_____ B. 不会,原因是_____

11. 你们村的地形特征怎样?_____

12. 您所在的村,学生上学是在本村还是邻村?_____

13. 您的孩子从家到学校的路况如何?(可多选)_____

A. 公路 B. 石子路 C. 泥巴路 D. 山路 E. 其他

14. 请问您的孩子从家到学校的路好走吗?_____

A. 非常好走 B. 好走 C. 基本好走 D. 不好走 E. 非常不好走

15. 目前从你们家到学校的主要交通工具是什么?_____

A. 步行 B. 面包车 C. 摩托车 D. 汽车 E. 其他

16. 本村学校撤并前,从家到学校的距离是多少?_____公里;学生上学需多长时间?步行:_____小时;乘坐交通工具:_____小时(请注明是何种交通工具:_____)。

本村学校撤并后,从家到学校的距离是多少?_____公里;学生上学需多长时间?步行:_____小时;校车:_____小时;农用车:_____小时;营运客车中巴车:_____小时;黑面的:_____小时;摩托:_____小时。

17. 您是否经常送孩子去上学? _____

A. 是 B. 否

18. 您是否放心孩子一个人去学校? _____

A. 放心,原因是_____ B. 不放心,原因是_____

19. 本村学校撤并前,你们村有多少学生在学校读书? _____个

本村学校撤并后,你们村是否有学生辍学? _____个,原因:_____

20. 您对孩子目前所就读的学校满意程度如何? _____

A. 非常满意 B. 满意 C. 基本满意 D. 不满意,原因:_____

E. 非常不满意,原因:_____

21. 如果在你们村附近新建一座学校,您更关注那些方面? _____

A. 学校基础设施(教室、桌椅等) B. 学校教学质量(老师教课水平)

C. 交通状况(上学安全、上学路况) D. 是否住校 E. 学校的管理水平

22. 您全家一年的收入有多少? _____元;主要来源:_____

23. 本村学校撤并前,子女的教育花费是多少? _____元

本村学校撤并后,子女的教育花费是多少? _____元,增加或减少的原因:

_____

24. 本村学校撤并前后,家庭经济负担是否发生变化? _____主要体现在

哪些方面? _____

25. 您是否支持学校进行撤并? _____

A. 支持,原因:_____

B. 不支持,原因:_____ C. 不确定

26. 您认为"撤点并校"的原因是什么? (多选,按问题的重要程度排序)_____

A. 原来的学校入学人数减少 B. 原来的学校房子不好、教学设备不足

C. 原来的学校师资力量不足 D. 家长管理孩子压力大 E. 对学生有利益

F. 国家政策或教育主管部门规划要求撤并 G. 不清楚

H. 其他:

27. 对于"撤点并校",您有什么建议?

_____

28. 您是否了解当前校车的交通安全问题(校车引发的交通事故)? ____

A. 了解 B. 不太了解 C. 不知道

29. 中心校成立之初,对于学生远距离上学,您的态度是_____

A. 支持 B. 不支持 C. 不确定

30. 校车交通事故发生以后,您对于学生远距离上学的态度是否发生转变?

A. 是,原因:＿＿＿＿＿＿＿＿＿ B. 否,原因:＿＿＿＿＿＿＿＿＿

31. 您的孩子上学途中有无特殊的地形或天气(道路、渡河、泥石流、塌方),对上学有什么影响?

＿＿＿＿＿＿＿＿＿＿＿＿＿＿＿＿＿＿＿＿＿＿＿＿＿

32. 因为离家较远,您是否赞成学生在中心学校住宿?＿＿＿＿＿

A. 赞成,原因:＿＿＿＿＿＿＿＿＿

B. 不赞成,原因:＿＿＿＿＿＿＿＿＿

C. 不确定

33. 您对孩子就读学校的住宿条件是否满意?＿＿＿＿＿

A. 是,原因:＿＿＿＿＿＿＿＿＿

B. 否,原因:＿＿＿＿＿＿＿＿＿

C. 不清楚

34. 孩子在中心校住宿,你最担忧的是什么问题?＿＿＿＿＿＿＿＿＿

＿＿＿为什么?＿＿＿＿＿

35. 您认为学校撤并以后,对学生最大的影响是什么?＿＿＿＿＿＿＿＿＿

＿＿＿＿＿对家庭最大的影响是什么?＿＿＿＿＿＿＿＿＿

36. 您认为保留本村学校(教学点)和成立中心校,哪一个更有利于学生的教育和发展?

＿＿＿＿＿＿＿＿＿原因:＿＿＿＿＿＿＿＿＿＿＿＿＿

37. 您是少数民族吗?村民之间平常用本民族语言交流吗?＿＿＿＿＿

A. 是＿＿＿＿ A1. 经常用 A2. 很少用 A3. 不用 B. 否

38. 你们村保存的地方民族文化有哪些?(多选,具体记录)＿＿＿＿

A. 服饰 B. 民歌 C. 舞蹈 D. 戏剧 E. 游戏体育 F. 绘画 G. 特色食品 H. 其他

39. 由谁通过什么方式传承?(排序)＿＿＿＿

A. 民间艺人(歌师歌手、能工巧匠) B. 民间宗教人员(道公摩公) C. 普通村民 D. 学校老师 E. 电视报纸 F. 节日活动

40. 您的孩子在家里用本民族语言交流吗?＿＿＿＿

A. 经常用 B. 很少用 C. 不会用

41. 您所居住的地方历史上出过名人吗?有什么名胜古迹呢?孩子知道或去过吗?＿＿＿＿

A. 知道 B. 不知道 C. 不清楚 D. 去过 E. 没有去过

42. 您的孩子会哪些民族文化呢?(多选,具体记录)_____

A. 服饰(挑花刺绣) B. 唱民歌 C. 跳舞 D. 表演戏剧 E. 做游戏体育活动

F. 绘画 G. 做特色食品 H. 其他

43. 您知道学校为孩子开设了地方民族文化课程吗?_____

A. 知道(内容)_____

B. 不知道 C. 不太清楚

44. 您认为向孩子传承民族文化重要吗?_____

A. 重要。因为_____

B. 不重要。因为_____

45. 您希望您的孩子将来做什么?_____

A. 留在身边务农 B. 在县城工作或打工 C. 送到省城工作或打工

D. 送到外省工作或打工 E. 说不清楚

谢谢您! 如果愿意和我们联系,请留下您的电话号码_____

问卷编号 [   ]

学校布局调整情况调查问卷（**B**）

您好！为了研究"撤点并校"的资源配置问题,我们组织了这次调查,并有幸选中您作为调查对象。问卷中问题的回答没有对错之分,您只要把自己的真实情况及想法如实地告诉我们就行了。调查大约需要 30 分钟的时间。问卷采用不记名的方式进行,对您的回答,我们将严格按照国家有关法律规定进行保密,请您放心回答问题。谢谢您的积极支持和配合!

教育部社科规划基金课题调研组

学校名称:_____所在地:_____

学校类型:_____

A. 中心校 B. 完小 C. 教学点 D. 其他

调查员姓名:_____

调查日期:_____

教师问卷

问卷填答说明:请根据实际访谈结果在空格处填写答案,要求如实记录。

1. 请问您的性别是_____

A. 男 B. 女

2. 请问您的年龄是多大? _____

3. 您从事这一职位有多长时间了? _____

4. 请问您的第一学历(工作前的学历)是_____

A. 中专以下 B. 中专 C. 大专 D. 大学本科 E. 研究生及以上

5. 是否了解"撤点并校"的政策由来? _____

A. 非常熟悉 B. 了解,但不太清楚 C. 不知道

6. 2005—2012 年学校有过撤并的情况吗? _____

A. 有:是_____年_____月撤并的 B. 无

7. 当时被撤的学校是(校名)_____,校舍是_____结构的,_____年的历史,有_____间教室,是否危房_____,现在校舍使用情况。

8. 当时被撤的学校学生数_____人,有_____个年级,_____个教师,

服务_____个村寨,其中:距离学校3公里以下的有_____个村,_____个学生;

3~5公里的有_____个村,_____个学生;

5~7公里有_____个村,_____个学生;

7~10公里有_____个村,_____个学生。

9. 被撤的原因是_____。

10. 被撤的学校合并到(校名):_____,校舍是_____结构的,_____年的历史,有_____间教室。

11. 该学校现在学生数_____人,有_____个年级,_____个教师,服务_____个村寨,其中:距离学校3公里以下的有_____个村,_____个学生;

3~5公里的有_____个村,_____个学生;

5~7公里有_____个村,_____个学生;

7~10公里有_____个村,_____个学生;

10公里以上有_____个村,_____个学生。

12. 学生上学使用的交通工具是:_____

步行_____人,行走时间_____小时/公里;

校车_____人,时间_____小时/公里;

农用车_____人,时间_____小时/公里;

营运客车、中巴车_____人,时间_____小时/公里;

黑面的_____人,时间_____小时/公里;

摩托_____人,时间_____小时/公里。

13. 上学途中有无特殊的地形或天气(道路、渡河、泥石流、塌方),对上学有什么影响?

_____

_____

14. 是否"寄宿制"_____,有_____个生活老师,男_____人,女_____人,是否专职?_____

15. 学校有无医务室_____,有_____个医务人员,男_____人,女_____人,是否专职?_____

16. 最近的医疗机构距离学校公里,道路交通情况_____

17. 学生突发疾病怎么处理?_____

18. 学校是否有食堂?_____社会承包还是学校自我管理?_____

19. 如果社会承包,承包费_____元／年,学生每顿平均花费_____元,一天在学校吃_____顿,菜肴质量如何? _____是否经常有肉菜? 大概多久一顿? _____

20. 如果学校自我管理,有_____个工勤人员,平均工资_____元/月。

21. 是否享受寄宿生活补贴_____,每生每餐补助_____元,实际成本_____元。

22. 如果非寄宿,学生是否享受免费午餐_____,每生每餐补助_____元,实际成本_____元。

23. 寄宿管理方面存在什么问题?

_____

你最担忧的是什么问题,

_____

为什么? _____

24. "寄宿制"学校的好处是

_____

25. 实施免费午餐遇到了哪些问题?

_____

26. 对寄宿生管理及免费午餐,你有什么建议?

_____

27. 寄宿生人数变化情况(单位:人)

年级 年份	一年级		二年级		三年级		四年级		五年级		六年级		合计	少数民族
	男	女	男	女	男	女	男	女	男	女	男	女		
2007														
2008														
2009														
2010														
2011														
2012														
合计														

28. 您认为当前学校的生源数量怎么样? 未来学校的生源数量会有什么样的变化?

29. 您认为影响本校发展的因素主要有哪些？

30. 集中办学与分散办学(保留村校教学点)的成本效益分别如何？哪个更节约资源？为什么？

31. 哪个更利于公平教育？哪个后遗症最少？

32. 什么样的撤并标准是合理的？

33. 您认为你校办学的目的是什么？

34. 对"撤点并校"，您还有什么建议？

谢谢您！如果愿意和我们联系,请留下您的电话号码_____

问卷编号 ☐

学校布局调整情况调查问卷（C）

您好！为了研究"撤点并校"的资源配置问题,我们组织了这次调查,并有幸选中您作为调查对象。问卷中问题的回答没有对错之分,您只要把自己的真实情况及想法如实地告诉我们就行了。调查大约需要 30 分钟的时间。问卷采用不记名的方式进行,对您的回答,我们将严格按照国家有关法律规定进行保密,请您放心回答问题。谢谢您的积极支持和配合!

教育部社科规划基金课题调研组

学校名称：_____ 所在地：_____

学校类型：_____

A. 中心校 B. 完小 C. 教学点 D. 其他

调查员姓名：_____ 调查日期：_____

学生问卷

问卷填答说明:请根据实际访谈结果在空格处填写答案,要求如实记录。

被访者:年龄____ 年级____ 性别____ 民族____

1. 你是否了解目前就读的学校哪年撤并的? _____

A. 了解_____年 B. 不太了解 C. 不知道

2. 你当时支持撤并吗? _____

A. 支持 B. 不支持 C. 不确定 D. 无所谓

3. 请将学校撤并的原因进行排列(按问题的重要程度排序) _____

A. 原来的学校入学人数减少 B. 原来的学校房子不好、教学设备不足

C. 原来的学校师资力量不足 D. 家长管理孩子压力大 E. 对学生有利益

F. 不清楚

4. 学生因学校合并学业受益吗? _____

A. 受益很大 B. 有一些受益 C. 没有变化 D. 没有受益 E. 不清楚

5. 学校撤并的好处是什么? (多项回答,在选项上打钩) _____

A. 学生更多的教育机会(开足全部学科课程,老师人数增加,老师上课更好)

B. 资源的更优利用(能够使用现代信息教学设备、体育设施、实验设备)

C. 拓宽了朋友圈子

D. 其他

6. 如果没有变化或没有受益,主要表现在哪些方面?

_____

7. 您现在所在年级的班级有多少个? _____

8. 您所在班级有多少人? _____

9. 你们开设的课程主要有(按课程多少排序) _____

A. 语文 B. 数学 C. 思品 D. 实验 E. 音乐 F. 体育 G. 美术 H. 劳动 I. 地方民族文化。

地方民族文化课的名称是 _____ ,每周 _____ 节,是否经常被其他课占用_____

10. 你们经常使用学校电教设备吗? _____

A. 经常 B. 偶尔 C. 从没有

11. 您上学的地方离家的距离远不远? _____

A. 很远 B. 较远 C. 一般 D. 很近

12. 从你家到学校的道路好不好走? _____

A. 好走 B. 一般 C. 不好走

13. 您上学一般会乘坐的交通工具是什么? _____

A. 步行_____小时 B. 校车_____小时 C. 营运客车_____中巴车_____小时

D. 农用车_____小时 E. 黑面的_____小时 F. 摩托_____小时

14. 通常谁会陪你一起到学校? _____

A. 父母 B. 爷爷奶奶 C. 叔伯姑婶 D. 同学 E. 兄弟姐妹 F. 自己

15. 在路上,你会感到害怕吗? _____

A. 经常。为什么_____

B. 偶尔。为什么_____

C. 从不。为什么_____

16. 你一般_____点起床上学? 晚上_____点睡觉? 早上吃不吃早餐?_____如果吃的话,通常吃的是_____,由_____给你做的。

17. 午饭之前你会不会,感到饿? _____

A. 会 B. 不会

一般在第_____节课时你就会感到饿? 饿时你会不会吃零食? _____

A. 会 B. 不会

早上从家带零食或自己买零食吗? _____

A. 从家带 B. 买零食

18. 上课时你会不会感到疲倦? _____

A. 会 B. 不会

一般_____时间感到最疲倦?

19. 学校提供午餐前,中午吃不吃午餐? _____

A. 吃 B. 不吃

吃的是_____,现在吃的是_____

20. 在学校里午休时间主要干什么? (单选) _____

A. 玩 B. 体育活动 C. 做作业 D. 看课外书 E. 和同学聊天 F. 什么也不做 G. 其他

21. 你住校吗? _____

A. 住校 B. 偶尔住 C. 不住

22. 你喜欢住校生活吗? _____

A. 喜欢。原因是_____

B. 不喜欢。原因是_____

C. 无所谓。原因是_____

23. 你更喜欢在哪所学校上学? _____

A. 本村的学校 B. 离家近一点的邻村学校 C. 中心学校 D. 撤并前的学校 E. 现在的学校

24. 您父母一个月给您多少生活费? _____

A. 0~50 元 B. 50~100 元 C. 100~150 元 D. 150~200 元 E. 250 元以上

25. 主要开支在哪些方面? (排序题,由多到少) _____

A. 吃饭 B. 买学习用具 C. 买生活日用品 D. 打游戏 E. 买衣服 F. 坐车

26. 包括你在内,你们家有几个兄弟姐妹在读书? _____

A. 1 个 B. 2 个 C. 3 个 D. 4 个 E. 5 个

27. 在家里,你和谁一起生活? (多选题) _____

A. 爸爸 B. 妈妈 C. 爷爷奶奶 D. 叔伯姑婶 E. 兄弟姐妹 F. 自己 G. 其他

28. 他们平常跟你说得最多的话是什么? _____

29. 和他们在一起时通常做些什么? _____

A. 做家务 B. 做农活 C. 玩 D. 其他

30. 你感觉和家人在一起的时候_____

A. 很快乐 B. 快乐 C. 不快乐 D. 无所谓

31. 遇到不开心的事情你通常向谁述说？（由多到少排序）_____

A. 老师 B. 爸爸 C. 妈妈 D. 爷爷奶奶 E. 叔伯姑婶 F. 同学 G. 不说

32. 生病了你通常向谁求助？（由多到少排序）_____

A. 老师 B. 爸爸 C. 妈妈 D. 爷爷奶奶 E. 叔伯姑婶 F. 同学 G. 自己买药

33. 你最开心的事情是什么？（单选）_____

A. 上学 B. 放假 C. 和父母在一起 D. 其他

34. 你是少数民族吗？在家里和父母常用本民族语言交流吗？_____

A. 是_____ A1. 经常用 A2. 很少用 A3. 不用 B. 否

35. 你们村保存的地方民族文化有哪些？（多选，具体记录）_____

A. 服饰 B. 民歌 C. 舞蹈 D. 戏剧 E. 游戏体育 F. 绘画

G. 特色食品 H. 其他

36. 你从哪里知道这些地方民族文化的？（排序）_____

A. 父母 B. 家中老人 C. 普通村民 D. 民间艺人（歌师、巧匠、摩公、巫师等）

E. 学校老师 F. 电视报纸 G. 村里的节日活动

37. 你知道你所居住的地方历史上出过名人吗？有什么名胜古迹呢？你去过吗？_____

A. 知道 B. 不知道 C. 不清楚 D. 去过 E. 没有去过

38. 你会哪些民族文化呢？（多选，具体记录）_____

A. 服饰（挑花刺绣）B. 唱民歌 C. 跳舞 D. 表演戏剧

E. 做游戏体育活动 F. 绘画 G. 做特色食品 H. 其他

39. 你喜欢家乡的民族文化吗？_____

A. 喜欢。因为_____

B. 不喜欢。因为_____

40. 你认为你自己一定要上大学吗？（单选题）_____

A. 肯定要上 B. 能上就上 C. 不一定 D. 不知道

41. 你希望将来做什么？_____

A. 留在老家务农或照顾父母老人 B. 在县城工作或打工 C. 到省城工作或打工 D. 到外地工作或打工 E. 说不清楚 F. 其他

谢谢您！如果愿意和我们联系，请留下您的电话号码_____

问卷编号

学校基本情况调查表

您好！为了研究"撤点并校"的资源配置问题，我们组织了这次调查，并有幸选中您作为调查对象。问卷中问题的回答没有对错之分，您只要把自己的真实情况及想法如实地告诉我们就行了。调查大约需要30分钟的时间。问卷采用不记名的方式进行，对您的回答，我们将严格按照国家有关法律规定进行保密，请您放心回答问题。谢谢您的积极支持和配合！

教育部社科规划基金课题调研组

学校名称：＿＿＿＿＿＿　所在地：＿＿＿＿＿＿

学校类型：＿＿＿＿＿＿

A. 中心校 B. 完小 C. 教学点 D. 其他

调查员姓名：＿＿＿＿＿＿＿＿＿＿　调查日期：＿＿＿＿＿＿＿＿＿＿

1. 学校经费情况

历年来学校经费收支情况（单位：元）

收支情况 ＼ 年份		2008	2009	2010	2011	2012	2013
收入	财政拨款						
	学费						
	杂费						
	社会捐资助学						
	群众集资办学						
	其他						

续表

年份 收支情况		2008	2009	2010	2011	2012	2013
支出	教师工资、津贴、福利						
	办公费(业务费)						
	水电费						
	维修费						
	设备购置费						
	基建支出						
	招待费						
	差旅费						
	取暖费						
	培训费						
	工勤人员工资补贴(宿管)						
	其他(厨师)						
备注							

2. 教职工情况

(1)历年来学校教师基本情况

项目 年份	教师 总人数 (人)	女教师 人数 (人)	平均 年龄 (岁)	少数民 族教师 人数 (人)	教师合 格率 (%)	工勤人 员数 (人)	师生 比率 (%)	教师占 职工总 人数比 率(%)
2008								
2009								
2010								
2011								
2012								
2013								

（2）目前学校教职工基本情况（不填写具体姓名）

员工	性别	民族	年龄	职务或职称	学历	专业培训	教龄	工龄
负责人								
教师								
工勤人员								

教师总人数（　）人；骨干教师数：市（　）区（　）校（　）

3. 办学条件
(1)办学场地及教学设备情况

项目 \ 年份		2008	2009	2010	2011	2012	2013
场地	校园总面积(平方米)						
	建筑面积(平方米)						
	危房面积(平方米)						
教学设备	微机室(间)						
	语音室(间)						
	电教室(间)						
	实验室(间)						
	卫生室(间)						
	图书室(间)及图书册数(册)						
辅助	餐桌椅套数(套)						
	冰柜消毒柜(个)						
备注							

(2)基础设施情况

项目 \ 年份		2008	2009	2010	2011	2012	2013
教学楼	建筑面积(平方米)						
	结构						
	资金投入(元)						
学生宿舍	建筑面积(平方米)						
	结构						
	资金投入(元)						
厕所	建筑面积(平方米)						
	结构						
	资金投入(元)						
食堂	建筑面积(平方米)						
	结构						
	资金投入(元)						

4. 学生基本情况：

（1）年级/班人数变化情况（单位：人）

年级 年份	一年级		二年级		三年级		四年级		五年级		六年级		合计	少数民族
	男	女	男	女	男	女	男	女	男	女	男	女		
2008														
2009														
2010														
2011														
2012														
2013														
合计														

（2）学前班人数变化情况（单位：人）

年份 性别	2008	2009	2010	2011	2012	2013	合计	少数民族
男								
女								
教师								
合计								

5. 教育教学情况

（1）制定教育目标的依据：_____。

（2）教材情况

项目 年份	使用统一教材		学校所用 教材名称	出版社 名称	出版 时间	对主要教材的评价
	是	否				
2008						
2009						
2010						
2011						
2012						
2013						

（3）教研情况

是否设有教研组？ _____ 教研组成立时间 _____ 年 _____ 月；是否有专人负责教研组工作？ _____ 教研组开展的活动主要有 _____ 。

教研活动的频率比较高是从 _____ 年 _____ 月开始的，目前：

本校的教研活动 _____ 次／月 _____ 次／学期

乡镇校际间的教研活动 _____ 次／月 _____ 次／学期

参加全县的教研活动 _____ 次／月 _____ 次／学期

是否参加过校本课程的培训？ _____ 校本教研的形式 _____ 人次 _____

_____

是否有校本课程（地方课程）？ _____ 每周 _____ 学时，在 _____ 年级开设，从哪一年开设的？ _____ 有无中断？ _____ 如果中断原因是 _____

校本课程的教材名称、编者、出版情况 _____

校本课程是否纳入教师考核 _____

（4）开设的课程主要有 _____

（5）音、体、美劳及实验课的开出率？ _____

（6）学校是否有电教设备？ _____ 使用情况 _____ A. 经常 B. 偶尔 C. 从未使用

（7）学校是否有心理辅导室？ _____ 是否有心理健康教师？ _____ 开展了哪些活动？ _____

（8）目前在教育教学中存在的主要困难：

教师方面：_____

学生方面：_____

民族特色方面：_____

6. 办学理念：_____。

7. 办学特点：_____

（1）教学中民族性的体现 _____

（2）生活管理方面民族性的体现 _____

8. 其他

（1）您认为当前学校的生源数量怎么样？未来学校的生源数量会有什么样的变化？

_____

_____

（2）您认为影响本校发展的因素主要有哪些？

_____

(3)集中办学与分散办学(保留村校教学点)哪个更节约资源？为什么？

_____

(4)集中办学与分散办学哪个更利于公平教育？哪个后遗症最少？为什么？

_____

(5)什么样的撤并标准是合理的？

_____

(6)对农村中小学布局调整("撤点并校"),您还有什么建议？

_____

谢谢您！如果愿意和我们联系,请留下您的电话号码_____

调研手记

一

时间:2012 年 5 月　　地点:长顺县白云山中心校

被访人:金校长　　总务主任:陈主任

调查人员:杨兰　李亚军　成虹

金校长 2010 年调到白云山中心校,当时下辖 11 所小学,其中一至二年级校点两个,2011 年 9 月根据要求整合了这两个校点。

一个是团结小学,21 个学生 3 个老师,一个是大坪小学,23 个学生 2 个老师,距离白云山中心校分别为 9 公里、8 公里,均不通车。撤并后,两校的学生分别进入白云山中心校和施今小学("寄宿制"小学,距中心校 2 公里)就读。

白云山中心校现有 509 名学生,26 名教师,12 个教学班,平均班额 40 人,最大的班额是六年级 61 人,最少的学前班 35 人。家校距离 5 ~ 7 公里的学生 300 左右,3 ~ 5 公里的 100 人左右,3 公里以内的不足 100 人,在校就餐的学生 400 人左右。

服务最远的村寨是 7 公里之外的外坝村,团结小学、大坪小学的撤并是白云山中心校认为学生太少浪费资源打报告给教育局撤并的。而早在 2005 年,其下辖的新井小学由于外出打工者众多,最后只剩下 4 名学生而自然撤并。

金校长和陈主任都认为集中办学好。集中办学教师工作有激情,互相竞争促进教学,学生享受的资源多,比如能开齐课程,学生人数多有学校气氛;分散办学的话,教师安于现状,没有信心,教学质量受影响。

金校长认为撤并后社会反响很好,但是也提出施今是"寄宿制"学校,有 83 人住校,256 人吃饭,老师没有增加,工作量增大,食堂宿舍等设备跟不上资金不足。比如宿舍用教室改建,两个学生一张床,餐厅借用村委会的办公室。午餐费用国家补助 3 元,学生自筹 1 元,学校自聘 3 个工勤人员,每月 1100 元工资,从学校的生均经费(每生每年 500 元)中开支。

对于免费午餐,金校长提出,在零利润的情况下,午餐5~6元可以达到健康饮食的标准,现在没有工勤人员的配备,挤用了学校生均经费,教师不同程度地投入了工作,帮助工勤人员打饭给学生。午餐后有一个多小时的空闲,教师最担心学生的安全问题,轮流值班安排或监督学生休息写作业,包括食品卫生的监督,投入的精力很大。

在教室就餐的孩子　　　　　　　　课题组成员访问校长

关于集中办学与分散办学的成本效益问题,金校长认为,集中办学初期投入大,只要设施到位,长期成本低;分散办学表面上成本低,投入低,不用考虑新设备,但师资成本高。撤并后,教研活动频繁,全镇的每学期1~2次,各个学校每个月1次。当然,由于受地域限制,教师们走出去或请进来的机会也不多,校际间的交流每学期可达1次。

关于交通问题,学校的孩子均是步行上学,一般步行1~2小时,冬天是两头黑。学校冬季不敢上足课,上午8点20分上课,下午不上第三节课就放学。严冬将近半个月学生休息不好,来到学校影响学习。

乡村公路条件不足,老师们很多时候都会骑摩托下点检查教学。长顺没有校车。

二

时间:2012年5月　　地点:长顺县鼓扬中心校
被访人:毛校长
调查人员:杨兰　李亚军　成虹

鼓扬中心校是一所以布依族为主体的民族中心校,在长顺具有比较深的文化底蕴,校长毛德松带我们参观了学校的会议室,那里陈列着老师们的教学成绩,至少有4位老师在县州级的教育研究刊物上发表了教学研究文章。

毛校长说,鼓扬中心校下辖洪岩、三台、田哨、岩上、简庆5所村校,它们距离中心校4~7公里不等,学生低于100人的原则上撤并;而中心校直接服务的自然村寨3公里以内的有20个左右,300多名学生,3~5公里的10个左右,200多名学生,5~7公里的5个左右,30多名学生,孩子们均是步行上学,最远的需要步行3小时。由于孩子太小家长不放心安全问题或孩子们不愿意,目前鼓扬只有80名住校生,但是570名学生都享受到了国家的免费午餐补助,学校已经开餐一个月了。但是学校现有的条件满足不了,食堂只有100多平方米,集中就餐学生500多,只能解决一至二年级,三年级以上的打了饭在外面吃,冬天会很恼火。

午餐经费开支很大,国家给3元学生补1元是吃的成本,一顿一两肉,燃料水电、工资补助等一个月学校从生均经费中开支5000元,主要是6个工勤人员,3个负责午餐的每月600元,3个负责全天的1100元,晚上管学生的加200元。为节省开支,洋芋等干货定点采购,时蔬在本地农户家临时采购。

毛校长说农村学校有两个通病:一是留守儿童管理难,鼓扬30%~40%是留守儿童,隔代教育,很难管理;二是教师职业倦怠感很普遍。新课改教师不适应,难适应,新课改与农村教育有差距,老师信心不足,所以倦怠;没有竞争和福利,教师评价机制考核有问题,如工资与职称挂钩,职称有名额比例的限制,上升的名额有限。教师的培训计划落实程度很低,学校没有经费支持,如果培训机构承担往返车费,老师们不交培训费,学校负担吃住,可以考虑参加一些培训。

鼓扬中心校从开学第5周到期终前一个月,大约有12周的时间开展常规性多样化的教研活动,比如推荐好的老师上公开课评课,每个月1~2次。

关于学校撤并的成本效益和利弊,毛校长认为,撤并可以集中办学,国家会投入,住得远的学生会受影响;不撤并,方便学生就近入学,但浪费师资(有的学校只有几个学生)。他希望鼓扬的村级学校全部撤并,实现规模化寄宿管理。因为分散办学的成本大,应根据人口控制适当减少。鼓扬镇的简庆、田哨两所村校,2011年平均150名学生,2012年下降到120名,2012年下半年适龄儿童还要减少到100人以下,班额小,老师就浪费了。鼓扬中心校最辉煌的时候800人,现在只有500余人。鼓扬有81名老师1570名学生,如果两个老师包一个班,也会节约师资。撤并后新校拓修,村小办成幼儿园。如果要求搞食堂,鼓扬的5所村校都要投入,如果集中在中心校,就漂亮了。

但是撤并后人员集中,医疗卫生人员、工勤人员跟不上,学校压力大,自己解决工勤人员。村校一个老师顶一个班,一搞午餐,一个工人负责100个人的饭,老师不得不参与做饭,甚至连自己吃饭的时间都没有,中心校有值日老师值周领导维持就餐秩序陪学生用餐。

毛校长说,从社会效益来看,集中下来好,如三年级可以开英语,村小开不了英语,老师的教学观念比较陈旧。

三

时间:2012 年 5 月　地点:长顺县摆塘中心校

被访人:王校长　罗校长

调查人员:杨兰　成虹　余忠富

摆塘乡在长顺南部,离县城 15 公里,是离县城相对较近的乡镇。下辖 7 个行政村,有 1 所中心校,3 所完小。一听说是调查“撤点并校”的情况,王校长连称这是政治问题,似有回避之意,当我们说明来意后,王校长打开了话匣子,也真的感谢王校长,让我们了解了基层教育工作者对“撤点并校”的真实想法。

2011 年前摆塘有 3 所校点,县政府整合教育资源撤并了。目前县政府根据学校面积、校舍情况、生源、就近入学等因素,拟将 4 所学校合并为 2 所,1 所中心校,1 所村校。中心校现有的“寄宿制”初中,将并到县城,小学则搞成“寄宿制”。

谈到规划过程,王校长说,全县中小学校长到县里开会,汇报本乡镇的学校情况,县里调研并提出规划建议,发征求意见稿给大家讨论。我们也拿到了王校长所说的意见稿,其基本的思路是规模化“寄宿制”办学,高中进县城,初中进城镇,小学进一步合并为“寄宿制”学校。

摆塘乡现存的 3 所村级小学均分布在公路沿线(虽然路况并不好),其中距中心校 8 公里和 10 公里的雷坝小学、板沟小学计划 2015 年撤并,保留距中心校 9 公里的水波龙小学。

中心校的学生 40% 居住在学校 3 公里的村寨,30% 家校距离 3 ~ 5 公里之间,20% 家校距离在 5 ~ 7 公里之间,10% 家校距离在 7 ~ 10 公里之间(初中寄宿生);山区没有什么交通工具,孩子们都是步行上学,每小时能走 4 公里。学校夏季 8 点 20 分上课,16 点 20 分放学,冬季 8 点 50 分上课,16 点 50 分放学,需要早睡早起,放学回到家天就黑了,要做家务(80% 留守儿童与爷爷奶奶辈生活在一起),走出校门就没法写作业,上课打瞌睡是经常的事,7 ~ 8 岁才读书也常见。

合并学校,资源整合进来了,学生可以寄宿,解决了家长的后顾之忧,学生在学校有更多的时间学习,为提高教学质量奠定基础,但是存在的问题很多。

一是基础设施,学生宿舍不足,教师增加了但无住宿条件。

二是交通不便,班车有限,步行上学,如果有资金配校车,但是校车怎样管理?有的地方太远,翻山越岭,有车也达不到。

三是医疗条件不具备,学生生病很恼火,初中寄宿好管一点,因为学生大了自理能力强一些,而在小学,一个老师只管得了两个寝室,一至三年级的孩子尿床,穿衣不能自理,人力太恼火。

四是保卫,学校在外面请人来搞或者学校老师兼管安全问题。

课题组成员访问校长　　　学校投入4个老师参与食堂管理

五是饮食,即使有3元补助,成本只能保证学生吃饱吃好,零利润。全乡村小开食堂时,等不到下课校长就得去炒菜,学校教育教学的好手都得去分管食堂,从采购到剩菜剩饭的处理,每天6~7个教师参与,还要帮着切菜打饭,校长天天安排食堂工作无暇顾及教学。

食堂的好处是解决了学生的家庭负担,每餐标准4元,学生补贴1元,20元就可以吃一个月,伙食比家里的好,有肉、蛋,有的学生甚至周末都不想回家,不好的是老师们投入的精力太多,无暇顾及教学。县里乡里最重视食堂,命令一顿饭要保证每个学生1.5两肉,但实际上搞不下来,标准比80%的农户家质量好。

如果要办好食堂又搞好教学,应该解决工人的工资。设备、场地,学校只需要出一个人去管理账目和采购。目前摆塘中心校480人就餐,聘用了4个工人,投入教师4人,专职厨师需要6个才可以正常运转。教育局文件规定工人每人每个月工资800~1000元,找了很久才找到2个,要求他们家住学校附近、身体健康、会做饭。原来承包学校食堂的2个人不愿意做了,从早到下午3点都要做,1000元找不到人;目前学校食堂人工工资从生均经费中支付,搞晚餐的2人每月1600元,午餐的1000元,晚上管学生的1000元,每月开展6200元,加上水电煤保卫,每月共支出8000元。

配校车不现实。燃油、司机、维修是一大笔费用,而且只能送到公路边,还有更多的山路还得步行,安全也是问题,必须配备,除非修好路,否则宁可不要,或者另外成立校车营运公司。配校车比保留校点成本高。

罗校长插话说,一年级不能寄宿,至少需要一对二的保育员,一至二年级的校点不能撤并。摆塘中学撤的话,老师也得全部端上去,否则学生适应不了新老师,流失会很大。2002 年以前初中毕业的不超过 6%,吃住的成本增加,学生撑不住。合并的好处是师资增加课程开齐,但学生流失尤其是初中的流失是必然的,流失一半以上,撤并了小学,学生 8~9 岁才能来上学,安全、自理能力都成问题,三年级以上可以寄宿。

怎样才能稳定师资保留校点呢? 校点的老师国家给予津贴,村校高于中心校,幅度每个月 200 元以上。现在乡镇与县城的边补相差 130 元,村校的也相差 130 元,没有吸引力,村校的教师每个月消耗的交通费都在 500 元以上,因为公共交通不方便,好多老师都购买了小车或摩托。

摆塘中心校常态的教研活动,每月有 1 次小型的,全乡每学期 1~2 次,全县每学期 2 次,村校的教研活动由中心校拟计划,每学期有一天选拔优秀者到中心校进行示范教学。

从经济成本上看,集中办学的成本高,撤并的学校闲置了,集中的学校必须扩建基础设施,后期服务也是一笔大开支,所以山区学校资源整合还是要因地制宜。

从质量上看,集中办学要好得多,比如配套使用师资,管理水平上中心校高于校点,如果校点办成像中心校,投入师资,会提升教学质量,但是可能性不大,因为生源下降,生均经费也会减少,按师生比进行财政投入,国家不可能这么干。

比如三合教学点,去年(2011)一至四年级必须有 4 个教师,但只有 40 名学生。三合距离中心校 4 公里,就有必要撤,最近两年只有不足 10 人的新生。去年撤并后,有的到了中心校,有的到了雷坝小学。

在摆塘学校,我们访问了两个学生。一个是王长彬,一个是陈芬。

六年级的王长彬今年 13 岁,家住距学校 7 公里之外的小洞口,每天 5 点起床,步行 1.5 小时的山路到学校上课,如果遇到涨水就上不了了。下午第一节课的时候最累,想睡觉,学校没有午休的地方。原来每天的午餐是 3 元的粉条和饭,没有蛋和肉,一个月 60 多块钱;现在每个月交 20 元在学校吃午餐,有洋芋、白菜、肉,两菜一汤,与家里的伙食差不多,但在家里不是天天有肉,学校天天有。

五年级的陈芬今年 12 岁,家住距学校 6~7 公里的大洞口,每天 5 点 30 分起床,6 点就得出门,和哥哥一起(哥哥在本校读初中)步行 1.5 小时的山路到学校上课,否则就会迟到。不一定吃早餐,中餐 2~3 元的面包或米粉,下午第一、二节课的时候最累。

四

时间:2012 年 5 月   地点:长顺县摆塘乡三合教学点

被访人:陈老师 罗支书

调查人员:杨兰 成虹 余忠富

三合教学点,在长顺算得上有名的教学点,它的"有名",源自 2005 年长顺县首次"撤点并校"的时候,它被列入撤并的名单,那时候三合教学点还是破旧的老房子,村民自己投工投劳修的。由于村民们强烈反对,并获得燃灯基金会 3 万元的援助,村民投资几千元在现址重新修了 4 间教室的新校舍,这样三合教学点就保留下来了,2011 年三合教学点再次被撤并。

事隔 6 年,我们再次走近三合教学点。

四间教室只有一间传出孩子们的读书声,留守教师陈再富正在给孩子们上课。17 个孩子被分成两部分坐在教室的两边,一边是一、二年级的 10 个孩子,一边则是学前班的 7 个孩子。陈老师用的是一动一静的复式教学方法。见我们来,陈老师在黑板上抄下几排工整的词语让孩子们练习,便带我们到了办公室。

陈老师介绍,2006 年开始,三合就是一至四年级,2010 年有 38 名学生,2011 年 20 多人。按上级意图,三合已经撤并到雷坝(县乡公路边的村子,村委会所在地),群众接受不了,认为孩子太小,雷坝那边车多路远(有 2.5 公里),不放心,所以现在尽量维持。三合 100 多户人家,50 多名学生,去年听说要撤并,好多家长把学生带出去打工,三年级的都走雷坝去了,那里热闹,可以吃到午餐。群众希望越近越好,学校挨着家,不在乎午餐补助。

三合最多的时候有 4 名老师,对教学班级满意,现在一个人上两个班,顾不过来,一至二年级基础差,老师多质量好,一个人在这里很孤独,凭良心和责任心去做,教研活动到雷坝去。

从个人角度看,撤并趋势不可避免,也赞同,但要考虑群众的感受。开学到新华书店拿书,已经没有三合小学的了,书店告诉我,去看看雷坝小学有没有多的,多的教材就是三合的了。

最担心的是学生的安全问题。每个星期升降国旗,都要反复叮咛安全问题。

陈老师1991年参加工作,有20年的教龄。曾经在摆塘的中心校、营坝、水波龙、板沟等学校任教,在三合小学待了6年。陈老师家住威远镇,爱人务农,孩子4岁。现在爱人外出打工,农忙期间陈老师几乎每天都会骑1小时的摩托回家,学校9点30分上课。

陈老师希望(三合一至二年级)撤并后回老家上洪小学教书,听说那里的老师也不多,还缺编,如果去不了,希望去水波龙,自己曾经在那里工作过6年。

最后,陈老师叹了口气:这是大势所趋,撤并是早晚的事,群众、老师早晚会接受,但从感情上难舍这个学校。

雷坝村支书罗正中说,三合小学最早是1994年建立的,当时他带领老百姓投工投劳,最繁荣的时候有61名学生,后来当兵去了就由别人接手,所以被撤并自己也舍不得。村里还出钱出力修整了学校的操场。但是,三合外出打工的多,孩子6~7岁就被父母带走了,所以招生很困难,这是撤并最重要的原因。

三合雷坝并村,中心点在雷坝。三合的校舍产权应该是学校管,也许可以办学前班,给老百姓留点后路。因为乡里无幼儿园,送县里幼儿园不现实。办学前班的可能性要看乡里领导的意见。

<h2 style="text-align:center">五</h2>

时间:2012年5月　地点:政协长顺县委员会

被访人:陈主席

调查人员:杨兰

陈主席教师出身,曾经担任过乡长、县长,在政协的这个职位上连任了三届,对农村的情况非常熟悉和了解。2006年曾经就"撤点并校"问题向黔南州政协提交《恢复部分边远少数民族村级办学点,确保适龄儿童入学,巩固普九成果》的提案,州教育局回复"对原来已撤的校点,如确实造成新的入学难问题,应予恢复,同时,还要在办学条件上、师资配备上、利用远程教育手段上努力办好这些校点"。并且积极引进社会资源,对长顺县的边远校点及师资进行支持。所以,谈到农村中小学"撤点并校"及资源配置问题,陈主席的话语滔滔不绝。

资源优化如何把握?不要简单地过"左"地强调配置。首先,"存在"就是资源的配置和优化。过"左"的做法给老百姓满足教育资源的需求造成了更大困难,管理者认为越集中越好,老百姓认为就近入学最好。现在的情况是带来了更多的入学困难,说明这样的做法是错误的。

一是设施跟不上，二是交通要求不足以支持校点撤并，学生得多步行几公里上学。

学校的核心是老师，加大师资培训力度，派老师到边远的有需求的地方，才是解决问题的根本之道，而不是调学生到中心学校。党的政策是方便群众，这样做群众咋会服气？地方上错误地理解中央的"优化办学"。优化办学的目标应该是方便百姓就近入学，提高教学质量。而现在的做法是方便有水平的老师在城镇生活，方便管理，这样的结果是，百姓没有经济能力送孩子到城镇，大量的老师离开农村，不是提高了农村的教育水平。

中央提出各级政府"走进基层贴近百姓的生活"，撤并的思路相反了，让官员和政府离百姓越来越远了，所以百姓反感。百姓最关注的是子女同在一片蓝天下享受同样的教育。

这种做法持续十多年了，教育部门是应该反思的。如果办学方向正确了，百姓只会拍手称快。

现在基础教育出现了两极分化，这比经济的两极分化更可怕。大家只关注经济的两极分化，不关注教育的两极分化。在中国已经形成有钱人读好学校，没钱人读差的学校，与义务教育法背道而驰。有经济分化导致教育分化，最终导致感情分化，出现对抗。

边远乡镇都不准备设初中了，这是什么趋势？是为穷人办学还是为富人办学？为富人办学就不是人民的学校。美国总统杰克逊讲，如果人民怕政府，这个政府是暴政，如果人民不怕政府，这个政府才是真正的人民政府。农民生活好转是有过程的，虽然解决了温饱，但并不意味着能把孩子送上好学校，90%的农民希望享受国家更多更好的教育资源，有水平的老师都跑到城市那谁来教育农民的孩子？

所以建议，边远地区的学校好于城镇中心甚至城市的学校，真正享受为民服务的结果；把有水平的老师通过教育安心边远地区的教育工作，这是服务百姓的体现；而不是有些政策鼓励他们搞好工作后往城里走，远离老百姓。现在是盲目优化组合。什么叫资源优化？优化得百姓都没有资源了，只是城里人有资源，这是为谁着想呢？过去的政策是好的，梳理服务百姓的观念，通过改善教师的生活条件使他们安居乐业，可以在工资上补贴上倾斜，鼓励他们流动到边远地区服务。一个好的机制是奖励为主，有能力有水平的教师给予更高的待遇、更好的居住条件和生活，享受和城里同样的教学环境。

集中资源办学大量资金投向城镇，这是错误的导向。

成本上，分散办学的成本节约得多。分散办学老百姓负担低，国家投入也相对低,可以不考虑学生宿舍,原来投资的校舍是有的,集中后反而浪费了。

教育上,集中办学培养出来的学生,长期离开父母和亲人,离开农村,毕业后无论是否工作都不愿意回到农村,和父母交流少了,看不到父母的辛勤劳作,也不孝敬父母,一味向父母索要。过去农村 50～60 岁的人就不干活了,现在要承担繁重的劳动,还要带孙子辈,吃不完的苦受不完的罪。

办学方向上,学校培养出来的人才都流向城市,有文化的人在城市集中,没文化的人全部在农村,农村咋发展?城里与乡下对抗,包括子女与父母对抗。吃了午餐的孩子都不想回家了,因为家里午餐不好,更看重物质享受,不看重亲情了。

对"撤点并校"的反思,要从教育是否"为民"找突破口。从农村人口的比例来看,教育的重点应该在农村,作为普及的义务教育应该放在农村。九年制义务教育的小学高年级、初中、农村高中都往上走,这就违背了服务农民的规律。

教育部制定的集中资源办学的政策要求兼顾就近入学是好的,目前的结果是下面的人搞出来的,使老百姓寒心,偏离了共产党的要求。这在某种程度上和行政用人有关。搞研究的人,一定要了解中国国情,一切从实际调研出发,否则凭空杜撰出研究成果,会误导政策的制定和实施。

六

时间:2013 年 10 月   地点:镇远县尚寨乡政府、苗屯小学
被访人:镇远县教育局石局长,尚寨乡党委书记、乡长,尚寨小学校长等
调查人员:杨兰

这是一个随机的非正式的座谈。

在苗屯小学学校食堂建设资金的讨论会上,石局长坦言,苗屯在教育局的布局里只是一个点小,计划中早晚会撤并,仅仅保留一至二年级和学前班,所以不会对它有投入。贵州省教育厅的指导思想是丹寨模式,像苗屯这样的点小(虽然它现在是一至六年级加学前班的村级完小)是得不到省级财政投入的,这些学校的资金只有向中央要。

镇远不是国贫县,得不到扶贫资金,所有教育资金由县财政承担。就免费午餐来说,如果不是 2012 年被划入"连片区",也会像凯里那样自己解决。免费午餐对学生很好,但是工勤人员及食堂设备等必须由地方政府配备,镇远的教师工资 1000 多万,食堂设备及工勤这块就花了 500 多万。工勤人员的配备是 100∶1,有的点小不到 100 人,就按半个人配备(工资),由学校自己聘请,如果在编的老师能够承担,这个工资就给在编的。

　　每年各乡镇、学校都要统计上报辍学率,要求控制在2.8%以内,但是辍学的统计很有问题。比如,学生休学、转学、随父母转到外地读书都算辍学,去年已经搞了全国联网的学生的学籍号,应该可以追到学生的下落,所以只要学生有地方上学就不应该算辍学。当然,上海的学生是绝对不会转学到这里的,贵阳的辍学率也是负数。

　　刘校长说,我一点都不希望集中起来搞"寄宿制",老师和校长的责任无限大。学生小了,尿床、拉肚子在床上,甚至来不及跑厕所的一路屙起走,没有人打扫,只有老师去打扫,学生生病了,老师垫钱看病,甚至有的家长认为学生交到学校了,一切责任都是学校的,学生住院,家长让老师带钱去付医疗费,有个老师至今还垫付了1800元。

　　局长说,所以现在没有人愿意当校长了,县里曾经考虑照顾那些民转公的老师来担任宿管人员。校长责任无限大,班主任也没有人愿意当。白天上课,吃饭时陪餐,晚上管晚自习,津贴少。

　　有人插话说,初中搞"寄宿制"还可以,学生生活可以自理了。刘校长说,初中生你要防他们打架。"寄宿制"和免费午餐,老师们的精力都放到"安全"上去了,住校安全、食品安全,担忧学生出事,没有精力研究教学了。

　　老师和校长都不是监护人,也不可能成为监护人,但是,他们却实实在在担任了监护人的角色,"寄宿制"使家长——这个法定的监护人失去了对自己未成年孩子的实际监护权,也被剥夺了家庭教育的权利,使教师背负了不该背负的责任,学校教育取代了家庭教育,因此在孩子出现问题时比如生病,就会发生教师、学校和家长之间的冲突。"寄宿制"导致学校越俎代庖,和国家教育的越位。然而,政府能包办一切吗,校长和教师们的承受力到底有多大呢?"撤点并校"转嫁的不仅仅是家长的成本,也是教师的成本。

致　谢

　　本研究是教育部 2012 年规划基金一般项目"撤点并校"产生的教育资源配置均衡问题及其对策——以贵州省为例"（课题编号 12YJA880154）的终期成果,感谢教育部对本项目的大力支持!

　　本研究是集体智慧的结晶。贵州大学人文学院副教授张业强、贵州师范大学生命科学院教授李亚军、北京 21 世纪教育研究院执行院长黄胜利参加了课题的设计,感谢参与调研和部分资料整理的张业强、李亚军以及贵州省社科院李青研究员、贵州大学人文学院汉语言文学 2010 级(1)班的冯旭艳、唐富延、吴兴丽、谭玉珍、徐晶、龚诗棋、美学硕士研究生杨文青、高鹏,参与统计部分调研资料的 2010 级硕士研究生赵念,是你们为本报告提供了丰富的案例及问卷统计资料,你们的辛苦付出,是本报告得以完成的基础。

　　同时,还要特别感谢赵念,为本研究提供了 2001—2012 年《贵州教育年鉴》的数据分析资料,贡献于本书的第二章,感谢张业强、李亚军的阶段性论文写作,对本报告的第五章有贡献,吴兴丽、谭玉珍、徐晶的毕业论文选择本课题关注的议题,对本报告的第三章有贡献。

　　本项目在设计、立项的过程中,得到贵州大学文学与传媒学院及科研科、贵州大学社科处的支持。在调研的过程中,得到政协长顺县委员会、长顺县教育局、政协雷山县委员会、雷山县教育局、剑河县教师培训中心、凯里市凯棠乡中心校的支持,特别感谢陈祥斌主席、邱兆娟主席以及成虹、成其灵、李成杰、任福寿、杨通刚、杨秀志等老师提供的帮助。

　　最后,我们要特别感谢课题鉴定过程中贵州师范大学马克思主义学院章凤红教授、教育科学学院李祥教授、贵州大学公共管理学院任钢建教授、安世遨教授、哲学社会科学研究院陈爱东教授及徐丹老师提出的宝贵建议及支持。

杨兰

2017 年 7 月 28 日